맹랑한
국어사전
탐방기

맹랑한 국어사전 탐방기

2020년 9월 21일 초판 1쇄 찍음
2020년 10월 5일 초판 1쇄 펴냄

지은이 박일환

펴낸이 정종주
편집주간 박윤선
편집 김재영 강민우
마케팅 김창덕

펴낸곳 도서출판 뿌리와이파리
등록번호 제10-2201호(2001년 8월 21일)
주소 서울시 마포구 월드컵로 128-4 2층
전화 02)324-2142~3
전송 02)324-2150
전자우편 puripari@hanmail.net

디자인 가필드
종이 화인페이퍼
인쇄 및 제본 영신사

값 16,000원
ISBN 978-89-6462-147-9 (03710)

이 도서의 국립중앙도서관 출판예정도서목록(CIP)은 서지정보유통지원시스템 홈페이지(http://seoji.nl.go.kr)와 국가자료공동목록시스템(http://www.nl.go.kr/kolisnet)에서 이용하실 수 있습니다.(CIP 제어번호: CIP2020039953)

맹랑한
국어사전
탐방기

박일환 지음

뿌리와
이파리

제3부 — 호기심을 자극하는 말들

제4부 — 수상한 먹거리들

제5부 — 동물과 식물 탐구하기

일러두기

1. 단행본과 사전을 비롯한 책, 정기간행물, 신문 등에는 겹낫표(『』), 단편소설, 시, 기사, 책으로 묶인 글의 제목 등에는 홑낫표(「」)를 사용했다.

2. 노래, 그림 영화, 텔레비전 프로그램, 웹 사이트 등에는 홑화살괄호(〈 〉)를 사용했다.

3. 『표준국어대사전』과 『고려대한국어대사전』 두 국어사전의 겹낫표는 생략했다.

4. 별도의 설명 없이 쓰인 '국어사전'은 『표준국어대사전』을 가리킨다.

5. 『표준국어대사전』의 낱말풀이를 인용한 경우, 표제어의 '붙임표(-)'와 '띄어 쓰는 것이 원칙이지만 붙여 씀을 허용하는 기호(^)'는 생략했다.

6. 본문에서 표제어의 발음 표기는 홑화살괄호(〈 〉), 분류 항목은 대괄호([ ])를 사용했다.

7. 보조 용언은 띄어 쓰는 것을 원칙으로 하되, 『표준국어대사전』과 『고려대한국어대사전』 중 한 군데라도 한 단어로 인정한다면 붙여 썼다.

책을 내며

국어사전을 벗 삼아 지낸 지 꽤 되었다. 그러는 동안 내가 보고 있는 국어사전들이 어쩌면 '짝퉁' 내지는 '유사' 국어사전이 아닐까 하는 생각을 해 본 적도 있다. 그만큼 우리 국어사전들이 부실하다는 얘기가 되겠는데, 부실함의 정도가 어느 만큼인지 가늠이 어려울 지경이다. 그동안 이런 문제의식을 바탕으로 『미친 국어사전』과 『국어사전 혼내는 책』이라는 다소 건방진(?) 제목의 책을 내기도 했다. 그 후에 낸 『국어사전에서 캐낸 술 이야기』라는 책 역시 내용의 절반 이상은 국어사전에 실린 술과 관련한 낱말들의 오류를 지적하고 있다. 건설적인 이야기 대신 잘못을 들추어내고 꼬집는 이야기를 펼쳐 내는 일이 즐거울 리 없다. 그래도 이런 작업을 멈출 수 없는 건 잘못을 바로잡은 다음에야 바른길을 찾아 나설 수 있는 방도가 보이지 않을까 하는 생각 때문이다.

비판이 지닌 한계를 모르지 않는다. 단편적인 오류들만 모아서 꾸짖고 윽박지르는 형태로 일관한다면 비판을 위한 비판에 머물고 말 것이다. 그래서 2부의 몇몇 글에서는 내가 가진 언어관을 풀어놓기도 했고, 낱말풀이의 오류를 지적하면서도 틈틈이 국어사전이 갖추어야 할 자세에 대해 일러두는 걸 잊지 않았다. 오류도 문제지만 국어사전을 대하는 편찬자들의 태도가 변하지 않는다면 지금처럼 부실한 국어사전이 이어질 수밖에 없다. 무엇보다 낱말과 국어사전에 대한 애정이 필요하다는 생각을 한다. 제대로 된 국어사전을 만들겠다는 사명감 역시 그런 애정이 바탕을 이루고 있어야 가능한 일이기도 하겠다.

이 책을 쓰면서 염두에 둔 건 비판서와 교양서를 겸하면 좋겠다는 것이었다. 오류와 바로잡기의 단순 나열이 아니라 꼭지별로 읽어 가면서 낱말을 둘러싼 풍경과 배경지식을 탐색하는 기회를 제공하고 싶었다. 그런 의도가 얼마나 충실하게 반영되었는지는 모르겠으나 독자들에게 읽는 재미도 더해 주고 싶었다는 걸 밝힌다. 맹랑하다는 말은 듣기에 따라 혹은 사용하는 맥락에 따라 부정과 긍정의 어감이 엇갈려 든다. 그래서 제목에 붙은 '맹랑한'은 국어사전의 부실함을 지칭할 수도 있고, 그런 국어사전 탐방에 나선 나의 행동을 지칭할 수도 있다.

탐방은 눈에 보이는 것만 주워 담는 게 전부가 아니다. 제대로 된 탐방을 하려면 일단 호기심이 있어야 하고, 구석구석 눈에 잘 띄지 않는 것까지 살펴보려는 마음 자세가 중요하다. 그러다 보면 남들이 미처 보지 못한 걸 발견하는 소득을 얻을 수 있고, 이 책은 그런 소득의 결과물로 탄생했다. 내가 어쩌면 지루할 수도 있는 이런 식의 탐방을 이어 갈 수 있었던 건 그 과정에서 스스로 많은 공부가 되었기 때문이다. 그런 면에서 보면 부실한 국어사전이 역설적으로 내 공부의 훌륭한 길잡이가 되어 주었다고도 할 수 있다.

탐방의 결과물을 정리하다 보니 한 권의 책 안에 담기에는 너무 많아 일부는 덜어 내야 했다. 지금도 틈나는 대로 탐방을 이어 가고 있으니 언젠가는 후속편이 나올 수도 있겠다. 맹랑한 탐방기가 아니라 명랑한 탐방기를 쓰고 싶은 마음이 비집고 나오기도 하지만 당분간은 그러기 쉽지 않겠다는 생각이 든다.

뿌리와이파리에서 두 번째 책을 낸다. 둘 다 국어사전에 관한 책인데, 국어사전이 이토록 귀한 인연을 맺게 해 주었다고 생각하니 참 고마운 일이다. 무엇보다 내 책 안에 느닷없이 불려 온 낱말들의 어깨를 토닥토닥 두드려 주고 싶다.

한글날을 앞두고
박일환 씀

제1부
맹랑한
말들

얄개가 국어사전에 오른 이유

개구쟁이와 비슷하게 쓰는 말 중에 얄개가 있다. 개구쟁이보다는 좀 더 짓궂은 행동을 하는 아이에게 주로 쓴다. 표준국어대사전에서는 얄개를 다음과 같이 풀고 있다.

얄개 야살스러운 짓을 하는 아이.

야살스럽다는 건 '보기에 얄망궂고 되바라진 데가 있다'는 뜻이다. 이 말은 본래 함흥 사람들을 가리켜 '함흥 얄개'라며 놀리던 표현이다. 북쪽에서는 '함흥 얄개'와 함께 '덤베 북청', '정평 짜드라기', '홍원 참새', '평양 노랭이', '개성 깍쟁이'처럼 각 지역 사람들의 특성을 빗댄 말들을 만들어 썼다. '덤베'는 덤비라는 뜻으로 성격이 급하면서 분별없다고 해서, '짜드라기'는 성격이 비뚤어지고 꼬였다고 해서, '참새'는 참새처럼 말이 많다고 해서, '노랭이'는 불성실하면서 인색하다고 해서, '깍쟁이'는 이기적이면서 약삭빠르다고 해서 각각 붙인 별칭이다.

남한에서도 영남 사람들을 '보리문둥이', 호남 사람들을 '깽깽이', 충청도 사람들을 '핫바지', 강원도 사람들을 '감자바우' 등으로 부르곤 한다. 지역 사람들에 대한 멸칭이어서 가능하면 쓰지 말아야 할 말들이다. 북한에서도 위와 같은 말로 자신의 고장 사람들을 지칭하면 기분 나빠한다고 한다.

위 말 중 함흥 사람들을 가리키던 '얄개'라는 말이 어떻게 해서 남한에 널리 퍼지게 됐을까? 『얄개전』이라는 명랑소설을 떠올리는 사람들이 많을 듯싶다. 조흔파(1918~1980)의 작품으로, 큰 인기를 끌면서 나중에 얄개를 내세운 시리즈 영화가 여러 편 제작되기도 했다. 그러다 보니 얄개라는 인물이 대중들 사이에 친근하게 자리잡게 됐고, 미운 짓을 골라 하지만 그렇다고 미워할 수도 없는 인물을 얄개라고 부르기 시작했다.

『얄개전』은 조흔파가 1953년 부산에서 피난 생활을 하는 동안 쓰기 시작했다고 한다. 이듬해인 1954년부터 청소년 잡지 『학원』에 얄개전을 연재했고 단번에 독자들의 인기를 끌기 시작했다. '얄개전'이라는 제목은 조흔파의 머릿속에서 나온 게 아니라 부인인 수필가 정명숙의 아이디어였다. 『한국수필』 2007년 제144호 권두대담에서 정명숙은 다음과 같은 일화를 들려주었다.

이철호 얄개전의 제목은 정 교수님이 지으셨다던데 사실입니까?
정명숙 예 사실입니다. 처음엔 '도련님'이라고 지었는데 저는 함경도 출신입니다. 함경도에는 야사리꾼이라고 사고는 치지만 밉지 않은 말썽꾸러기를 얄개라고 합니다. 이분이 제목을 짓지 못해 화장실에 들어가서 끙끙거리고 있을 때 그 생각이 떠올라서 내가 "여보 여보 얄개전이라고 하면 어때요?"라고 했

더니 조 선생이 손뼉을 치면서 바로 그거다 했습니다. 얄개는 함
흥 사투리인데 그 후에 얄개라는 말이 국어사전에 올랐습니다.

조흔파는 평양 출신이다. 조흔파도 함흥 사람들을 얄개라고 부
른다는 걸 알고 있었기에 부인의 제안에 손뼉을 쳤을 것이다. 만일
'얄개전'이 아닌 '도련님'이라는 제목이었다면 얼마나 밋밋했을
까? 이처럼 특정 지역에서 쓰던 말이 어떤 계기를 통해 널리 퍼지
는 수가 있다. 조흔파 덕분에 얄개라는 말이 날개를 달고 날아오른
셈이 되었고, 결국 국어사전에도 오르는 영광(?)을 누리게 되었다.

고막과 꼬막

옛날 국어사전에는 '꼬막'이 아니라 '고막'으로 되어 있었다. 그러다가 '고막'과 '꼬막'이 같이 표제어에 오르더니 지금은 '고막'이 비표준어로 물러나고 '꼬막'이 확실한 표준어로 인정받아 국어사전에 올라 있다. 어찌 된 일일까? 국어사전에 '고막'이 표제어로 올라가 있는 동안에도 바닷가 사람들은 줄곧 '꼬막'으로 발음해 왔다.

꼬막 하면 조정래의 대하소설 『태백산맥』을 떠올리는 사람이 많을 듯하다. 『태백산맥』의 무대가 꼬막이 많이 나는 전남 벌교를 중심으로 펼쳐지다 보니 소설 속에 꼬막에 대한 묘사와 비유가 여러 차례 등장하고, 그게 독자들에게 깊은 인상을 주었다. 작가의 원고를 받아 본 출판사가 '고막'이 표준어이므로 '꼬막' 대신 '고막'으로 표기하자고 했으나 작가가 현지에는 '꼬막'만 있고 '고막'은 없다며 수정 요구에 응하지 않았다는 말이 있다. 그렇게 꼬막이 널리 알려지고 사람들 입에 달라붙으면서 국어사전 편찬자들도 '고막' 대신 '꼬막'을 쓰기 시작했다는 얘기가 퍼져 있다. '고막'이 '꼬막'이 된 게 꼭 조정래의 『태백산맥』 때문이라고 단정할 수는 없겠으나 어느 정도 영향을 주었을 거라고 짐작해 볼 수는 있다.

국어사전에 오른 '꼬막'에 대한 풀이를 보자.

꼬막 [동물] 돌조갯과의 하나. 껍데기에는 부챗살마루가 있다. 9~10월에 산란하며 모래 진흙 속에 산다. 한국, 일본 등지에 분포한다. ≒강요주·괴륙·괴합·꼬마피안다미조개·복로(伏老)·안다미조개·와룡자·와룡자. (*Tegillarca granosa*)

유의어가 무척 많다는 게 눈에 띈다. 기록에는 더 많은 이명(異名)이 있으나 모두 실을 수는 없었을 것이다. 정약전의『자산어보(玆山魚譜)』에는 맛이 단 조개라 하여 '감(蚶)'이라 표기하는 동시에 속명으로 '고막조개', 즉 '고막합(庫莫蛤)'이라 한다고 했다. 당시에도 바닷가 사람들은 '고막' 혹은 '꼬막'이라 했음을 알 수 있으며, '꼬'를 나타낼 수 있는 한자가 없어 '고(庫)'를 끌어와서 표기했을 수도 있다.

유의어 중 한자로 된 것들은 대부분 중국 사람들이 붙였다. 중국의 책『이아(爾雅)』와『옥편(玉篇)』등에 나오는 '와롱자(瓦壟子)'와 '와룡자(瓦龍子)'는 껍데기가 기왓골을 닮았다고 해서 붙인 이름이고, '괴륙(魁陸)'과 '괴합(魁蛤)'은 명나라 이시진의『본초강목(本草綱目)』에 등장한다. '복로(伏老)'는 중국 후한 때 허신이 편찬한『설문해자(說文解字)』에 나오는데, 노복익(老伏翼)이 변하여 괴합이 되므로 복로(伏老)라 한다고 했다. '복익(伏翼)'은 박쥐를 말하며, 꼬막의 생김새가 늙은 박쥐를 닮았다고 여긴 모양이다. 그에 반해 '강요주(江瑤珠)'라는 말은 꼬막의 생김새를 너무 미화해서 표현한 게 아닌가 싶다. '요주(瑤珠)'는 아름다운 구슬이라는 뜻인데, 아무리 생각해도 꼬막과 연결이 안 된다.

꼬막의 종류로 보통 참꼬막, 새꼬막, 피조개(피꼬막)가 있다고 한다. 꼬막 중에서 가장 작고 우리가 흔히 볼 수 있는 게 참꼬막인데, 이 말은 국어사전에는 없고 〈우리말샘〉에 '꼬막'을 일상적으로 이르는 말이라고 풀이해 놓았다. 사람들이 일상생활에서 많이 쓰는 '참꼬막'도 국어사전에 표제어로 올려야 한다고 본다.

새꼬막 [동물] 돌조갯과의 하나. 껍데기는 흰색으로 길쭉하고 도톰한 직사각형이며, 표면은 각피로 덮이고 30개 정도의 부챗살마루가 있다. 양식하는 조개류로 바닷속 모래 진흙에서 사는데 한국, 일본 근해에 분포한다. (*Scapharca subcrenata*)

새고막 [동물] 돌조갯과의 하나. 껍데기는 검은 갈색이고 달걀 모양이며 표면에는 42~43개의 부챗살마루가 있다. 살은 붉은색이며 단맛이 있다. 얕은 바다 밑의 고운 모래펄에 사는데 한국, 일본, 중국 북부, 필리핀 등지에 분포한다. =피조개.

풀이를 보면 '새꼬막'과 '새고막'은 다른 종류이며, 새고막은 동의어로 처리한 피조개를 이르는 말이다. 그런데 피조개를 새고막으로 부르는 게 정확한 걸까? 현지 사람들이 새꼬막과 새고막을

---

* 〈우리말샘〉은 시민들이 참여하여 함께 만들고 누리는 국어사전이라는 취지로 국립국어원이 개설한 웹 사전이다.

다른 종류로 인식하고 있는지도 의문이지만, 왜 하필이면 헷갈리기 쉬운 이름을 붙여서 구분하려고 했는지 이해하기 어렵다. '고막'이 '꼬막'이 되었다면 '새고막'도 '새꼬막'이 되는 게 자연스러운 일 아닐까? 의문이 꼬리를 문다. '피조개'는 꼬막 중에서 가장 크며 붉은 핏물이 배어 있다고 해서 붙인 이름이고, 꼬막의 한 종류이기 때문에 '피꼬막'이라는 말도 많이 사용한다. 그런데 왜 알아듣기 쉬운 '피꼬막'이라는 말을 버리고 그 자리에 '새고막'을 가져다 놓았는지 모를 일이다.

같은 대상이라도 지역마다 부르는 이름이 조금씩 다를 수는 있다. 그러다 보니 지역에 따라 같은 종류인데도 여기서는 '새꼬막' 저기서는 '피조개(피꼬막)'라는 이름으로 불렀을 수는 있다. 이럴 때 국어사전 편찬자는 어떤 역할을 해 주어야 할까? 혼동하기 쉬운 '새꼬막'과 '새고막'을 나란히 실으면서 둘이 다른 종류라고 하는 것보다, '새고막'을 버리고 '피꼬막'을 선택하는 게 바람직한 일 아닐까?

국어사전에 '새고막'을 표제어로 실어 놓다 보니 최근에는 새고막을 앞세운 수산업체와 축제 이름도 등장했다. 하지만 내가 보기에 '새고막'은 억지 이름에 가깝다. 참꼬막은 크기는 제일 작지만 맛이 좋아 값도 제일 비싸다. 그보다 조금 큰 새꼬막은 맛이 떨어져서 현지 사람들은 '똥꼬막'이라는 말로 폄하하기도 한다. 가장 큰 피조개(피꼬막)는 육질이 연해서 수출용으로 많이 나간다. 피조개를 이르는 피꼬막이라는 말이 없다면 몰라도 엄연히 사용되고 있는 말이므로 어설픈 새고막 대신 피꼬막이 제자리를 찾을 수 있도록 하면 좋겠다.

현지 어민들이 꼬막 채취를 할 때는 보통 뻘배를 이용한다. '뻘배'라는 말은 정식 국어사전에는 없고 〈우리말샘〉에 다음과 같이 올라 있다.

뻘배 [방언] 갯벌에서 꼬막 따위를 캘 때 이동을 쉽게 하기 위하여 타는, 좁고 긴 판상(板狀)의 기구(전남).

보성의 뻘배 어업은 제주 해녀 어업(1호), 남해 죽방렴 어업(3호)과 함께 2015년에 국가중요어업유산 2호로 지정됐다. 뻘배라는 말도 방언이 아닌 표준어로 인정받을 수 있기를 바란다.

비싸리구시가 뭐에 쓰는 물건인고?

우리나라 전국에 유명한 사찰이 많지만 그중에서 전남 순천에 있는 송광사를 특별히 좋아하는 사람이 많다. 송광사에는 세 가지 유명한 것이 있다. 비사리구시, 능견난사, 쌍향수가 그것이다. 셋 중에 두 가지가 표준국어대사전에 표제어로 올라 있다.

> **비싸리구시** 전라남도 순천시 송광사의 명물로, 댑싸리나무로 만든 구유. 쌀을 담아 두는 데 썼다. 길이 16자, 높이 3자 5치, 폭 4자 5치이다.
> **능견난사**(能見難思) [역사] 쇠로 만든 그릇. 전라남도 순천시 송광사에 있는데, 중국 원나라에서 보조 국사에게 주었다는 전설이 있다.

'비싸리구시' 풀이를 보면서 여러 가지로 안타까운 마음이 든다. 유물을 설명하는 안내판에 분명 오래전부터 '비사리구시'라고 표기해 놓았는데 어디서 '비싸리'라는 잘못된 표기를 가져왔을까? 풀이 중에 댑싸리나무가 나온다. 나무라고 부르기에는 보잘것없어 보통 '댑싸리'라고만 부르며, 국어사전에도 '댑싸리'만 있고 '댑싸리나무'라는 말은 없다. 엮어서 빗자루를 만드는 데 많이 쓴다고 해서 흔히 '빗자루나무'라고도 부른다. 국어사전에서 '비사리'를 찾으면 이렇게 나온다.

비사리 벗겨 놓은 싸리의 껍질. 노를 꼬거나 미투리 바닥을 삼는 데 쓴다.

'구시'는 '구유'의 사투리다. 그리고 비사리구시는 송광사에만 있는 게 아니고 경북 포항의 보경사에도 있으며, 비슷한 형태의 물건을 통도사 등 몇몇 절에서 발견할 수 있다.

송광사에 있는 비사리구시의 유래와 용도에 대해서는 그동안 여러 문제 제기가 있었다. 애초에 비사리구시 안내판에는 이렇게 적혀 있었다.

1724년 전라남도 남원 송동면 세전골에 있던 싸리나무가 태풍으로 쓰러진 것을 가공하여 만든 것으로 조선 영조 이후 국제를 모실 때 손님을 위해 밥을 저장했던 통이라 함.(약 7가마 분량의 밥 저장) 송광사 3가지 명물(능견난사, 쌍향수, 비사리구시) 중 하나.

안내판에는 밥을 저장했던 통이라고 했는데 국어사전에는 쌀을 담아 둔다고 했으니 이것부터 어긋난다. 문제는 어떻게 싸리나무로 7가마 분량의 밥을 저장하는 거대한 통을 만들 수 있느냐는 점이다. 나무 재질을 조사한 사람에 따르면 싸리나무가 아니라 느티나무라고 한다. 용도 또한 밥을 담아 두는 용기가 아니라 종이를 만들 때 닥나무를 짓이겨 물에 풀어 두는 지통(紙筒/紙䈽)이었을 거라는 주장도 나왔다. 옛날에는 절에서 직접 종이를 만들고, 그 종이로 각종 불경 등 책을 인쇄하는 일이 많았다는 것이다. 비사리구시 모양의 물건이 여러 절에 있다는 걸 근거로 내세운 주장이었다. 그래서 지금 송광사에는 예전 안내판을 치우고 새로운 내용의 안내판을 만들어 놓았다. 새로운 안내판에는 이렇게 적혀 있다.

송광사 비사리구시는 1724년 남원에서 태풍에 쓰러진 싸리나무를 옮겨와 만들어졌다고 하나 사실은 보성군 문덕면 내동리 후곡(너문골) 봉갑사 인근 마을의 느티나무(귀목)이다.
그 쓰임새는 국가 제사 시에 대중을 위해 밥을 담아 두는 것으로, 쌀 7가마(4000명분)의 밥이 들어간다고 한다.
송광사 이외에도 비슷한 용도를 지닌 구시가 있으나 많은 사찰들에서는 종이를 만드는 일에 지통으로 사용하였다고 한다.
송광사의 경우에는 여러 근거로 지통이 아니라 밥통이었음을 짐작해 볼 수 있다.
송광사 3대 명물로 비사리구시, 능견난사, 쌍향수가 있다.

문제 제기를 받아들여 안내판의 내용을 바꾼 것은 바람직한 일이다. 다만 밥통으로 쓰였다는 내용만큼은 기존 입장을 유지하고 있다. 여러 근거가 있다고 하면서도 근거의 내용은 밝히지 않아 궁금증만 불러일으킨다. 송광사가 잘못을 인정하고 안내판을 수정했듯이 국어사전도 표기와 내용을 수정하는 게 마땅할 텐데, 언젠가는 그렇게 될 것으로 믿는다.
이번에는 '능견난사'를 보자.

능견난사(能見難思) [불교] 쇠로 만든 그릇. 전라남도 순천시 송광사에 있는데, 중국 원나라에서 보조 국사에게 주었다는 전설이 있다.

그릇 이름치고는 참 독특하다. 표준국어대사전에는 "눈으로 볼 수 있지만 이치를 알기가 어려운 일"이라는 뜻의 '능견난사(能見難思)'를 또 하나의 낱말로 싣고 있는데, 고려대한국어대사전은 동음이의어로 처리하여 하나의 낱말에 두 개의 풀이를 나란히 실었다.

풀이에 고려시대의 승려 보조 국사(普照國師)가 원나라에서 얻어왔다는 전설이 있다고 했으나 원나라가 아니라 금나라라고 해야 한다. 원나라는 보조 국사가 죽은 이후에 들어섰기 때문이다. 전해 오는 이야기를 구체적으로 풀어 보면 이렇다. 능견난사는 고려 때 보조 국사가 병이 든 금나라 황제(황제의 부인이라는 설과 아들이라는 설도 있다)의 쾌유를 빌기 위해 기도할 때 쓰던 청동 그릇이었으며, 원래는 500점이었다고 한다. 이 그릇을 보조 국사가 황제에게 하사받아 들여온 뒤 부처님께 공양할 때 썼으며, 지금은 녹이 슬고 금이 간 30점만 남아 있다. 이 그릇들을 차곡차곡 포개면 똑같은 크기의 그릇인데도 안의 그릇과 바깥 그릇이 서로 꼭 맞아 틈이 보이지 않았다고 한다. 이 그릇들을 본 조선 숙종 임금이 그릇을 만든 기교에 감탄하여 볼 수는 있으나 헤아리기는 어렵다는 뜻으로 능견난사라는 이름을 붙여 주었다는 설이 송광사 사적에 기록되어 있다. 현재 전라남도 유형문화재 제19호로 지정되어 있으며 직경 16.7센티미터, 높이 4.7센티미터, 두께 0.1센티미터의 원형으로 된 그릇이다.

송광사의 세 가지 명물 중 왜 두 가지만 싣고 나머지 하나인 쌍향수(雙香樹)는 뺐는지 모를 일이다. 보조 국사와 담당 국사(湛堂國師)가 중국에서 돌아올 때 짚고 온 향나무 지팡이를 나란히 꽂자 뿌리가 내리고 가지가 뻗었다는 전설이 내려온다. 담당 국사는 어떤 사람인지 행적이 남아 있지 않으나 금나라 황제의 태자라는 이야기가 전한다. 곱향나무에 속하는 두 나무는 줄기가 배배 꼬여서 독특한 형태를 취하고 있으며, 이 나무에 손을 대면 극락에 갈 수 있다는 말이 있다. 현재 천연기념물 제88호로 지정되어 있다.

유명 사찰마다 진기한 유물들이 많은 편이다. 그런 유물들의 명칭을 모두 국어사전에 실을 필요가 있을까? 어떤 연유로 송광사에 있는 물건 두 개의 이름이 표준국어대사전에 오르게 됐는지 모르겠다. 그것도 3대 명물 중 하나인 쌍향수는 빼놓은 채로. 표준국어대사전에는 천연기념물로 지정된 생물이나 식물 이름 수십 개가 나온다. 선정 기준은 아무도 모른다. 송광사 3대 명물이자 천연기념물인 쌍향수가 자신만 빼놓았다고 표준국어대사전 편찬자를 향해 눈을 흘기고 있을지도 모를 일이다.

이석태 씨를 찾습니다

대형마트 수산물 코너에서 아내가 조기를 고르고 있는데, 침조기라는 이름표를 달고 있는 생선이 보였다. 처음에는 '참조기'인 줄 알았는데, '침조기'라는 게 따로 있단다. 집에 오자마자 검색을 해 보았다. 다른 국어사전에는 없고 〈우리말샘〉에 다음과 같이 나온다.

침조기(鍼--) 서부 아프리카 해역에서 나는 농어목 민어과 바닷물고기. 참조기와 비슷하나 입에 기다란 침이 있다는 점에서 다르다. 참조기는 육질이 부드럽고 값이 비싼 반면 침조기는 육질이 단단하고 값이 싸서 서민들이 즐겨 먹는다.

국어사전이 아닌 일반 검색에서는 '침조기'라는 명칭 옆에 괄호를 친 다음 '긴가이석태'라고 해 놓은 게 많이 보였다. 긴가이석태? 처음에는 이석태라는 이름을 가진 어류업자가 판매하는 조기의 한 종류인 줄 알았다. 그런데 더 검색을 해 보니 '영상가이석태'도 있고, '세네갈가이석태'도 있었다. 다들 조기 사촌쯤 되는 어류 이름이었다.

그렇다면 '가이석태'라는 게 있을 텐데 싶어 검색을 해 보았더니 『두산백과』에 '가이석태속 어류'라는 항목이 보였다. 학명은 'Pseudotolithus sp.'라고 되어 있고, 아프리카 서부 연안에 서식하는 농어목 민어과의 바닷물고기라고 설명해 놓았다. 학명 앞부분의 'Pseudo'를 보니 '가이석태'의 가는 '假'임이 분명했다. 그렇다면 '이석태'가 따로 있다는 얘기 아닌가! 역시 농어목 민어과의 '이석태속 어류'라는 게 있었다. 그리고 붉은이석태, 파마이석태, 대두이석태, 동등이석태 등 다양한 이석태들을 찾을 수 있었다.

이제 '이석태'의 정체만 밝히면 되는데 도무지 알아낼 길이 보이지 않았다. 해양수산부에서 침조기와 참조기가 혼동될 수 있으므로 침조기 대신 '긴가이석태'라는 공식 이름으로 부르도록 권고했다는 내용을 보았다. 그래서 온갖 어류 정보를 모아 놓고 있는 국립수산과학원의 수산생명자원 정보센터 홈페이지에 들어가 봤더니 거기도 한자 표기 없이 그냥 '가이석태'와 '이석태'로만 표기해 놓았다. 한자어 같기는 한데 구체적인 표기를 모르니 답답한 마음만 들었다. 그러다가 페이스북에 이석태의 정체를 아는 분이 있으면 알려 달라고 했더니 어느 분이 '이석(耳石)'과 관련이 있을 것 같다는 정보를 주었다. 참고로 이석은 고려대한국어대사전에서 "어류나 무척추동물의 귓속에 있는 뼛조각. 성장 연륜(年輪)이 나타나며, 물고기는 이로써 나이를 알 수 있다"라고 풀이하고 있다. 그분이 인터넷 페이지에 링크를 걸어 준 내용을 살피다 보니 거기에 '이석'의 영어 표현인 'otolith'가 있었다. 그걸 보는 순간 의문이 풀렸다. '이석태속 어류'의 학명이 'Otolithes sp.'였던 것이다. 마지막 남은 한 가지인 이석태의 '태'는 명태(明太)에 쓰인 '太'이며, 다른 한자가 쓰일 여지는 없어 보인다.

정리하면 '긴가이석태'는 '긴-假-耳石太'인 셈이다. 하지만 이 낱말은 어떤 국어사전에도 나오지 않으며, '이석태'가 붙은 다른 물고기들 이름도 마찬가지다. 해양수산부에서 '침조기'는 공식 용어가 아니므로 '긴가이석태'라는 이름으로 부르라고 했지만 어물전에서 널리 쓰이지는 않는 모양이다. 아무래도 '긴가이석태'는 부르기도 어색하고 '침조기'가 쉽게 다가오기 때문일 것이다. 말이란 자고로 쓰는 사람이나 듣는 사람이 알아듣기 쉬워야 한다. 해양수산부에서는 여러 가지, 즉 학명 같은 것을 고려해서 '긴가이석태'라는 말을 끌어왔겠지만 실제 말을 사용하는 사람들의 편리성은 전혀 고려하지 못한 셈이다.

그래도 '긴가이석태'가 공식 용어다 보니 그런 용어를 쓰는 어물전도 제법 있으며, 인터넷에서 검색을 하면 어렵지 않게 찾아볼 수 있다. 나처럼 궁금한 사람들을 위해서라도 '침조기'와 함께 '긴가이석태'도 함께 국어사전에 올리면 좋겠다. 표준국어대사전에는 해당 분야의 사람들도 잘 모를 듯한 수많은 전문 용어들을 실어 놓았는데, '긴가이석태'를 싣지 못할 이유가 없다. 다만 실을 때는 친절한 설명을 덧붙여 주기를 바란다.

황마차와 포장마차

포장마차라는 말이야 워낙 많이 쓰고 있어 모를 사람이 없지만, 황
마차라는 말은 낯설게 여길 사람이 많겠다. 표준국어대사전에 '황
마차'가 다음과 같이 나와 있다.

> **황마차**(幌馬車) 비바람, 먼지, 햇볕 따위를 막기 위하여 포장을 둘러친 마
> 차. =포장마차.

포장마차와 동의어로 쓰인다고 했는데, 같은 말을 고려대한국어
대사전은 이렇게 풀고 있다.

> **황마차**(幌馬車) 1. 비바람, 먼지, 햇볕 등을 막기 위하여 포장을 친 마차.
> 특히 미국에서 18세기경부터 사용되기 시작한 대형 마차를 이른다. 2. 작
> 은 수레에 포장을 치고 간단한 음식이나 술을 파는 음식점.

'황(幌)'은 덮개나 포장을 뜻하는 한자다. 18세기경부터 미국 사
람들이 만들어 사용하던 대형 마차를 가리킨다는 설명이 돋보이
는데, 다만 두 번째 풀이는 문제가 있다. 황마차라는 말은 길거리

에서 간단히 요기를 하거나 술을 마실 수 있도록 한 포장마차와 개념이 다르기 때문이다.

'황마차(幌馬車)'는 미국식 대형 마차를 지칭하기 위해 일본 사람들이 만든 한자어로, 음식을 파는 곳이 아니라 사람들이 타고 다니던 마차를 뜻한다. 일본 사람들 역시 미국 사람들을 흉내 내어 황마차를 만들어 타고 다녔다. 그뿐만 아니라 우리나라를 넘보던 대한제국 시기에 황마차를 조정에 선물로 건네기도 했다.

『순종실록』 부록 2권에 다음과 같은 기사가 나온다.

후작(侯爵) 윤택영(尹澤榮)에게 황마차(幌馬車) 1대를 하사하였다.

이 기록은 1911년, 즉 일본에게 병합당한 이후에 작성된 것으로, 그 무렵 순종은 궁궐의 재산과 물품을 정리하고 있었다. 순종이 윤택영에게 황마차를 하사했다는 건, 그전에 일본 정부로부터 받았던 선물을 신하에게 나눠주었음을 짐작게 한다.

황마차는 일제 강점기 시인들의 작품에 자주 등장한다.

꼬옥 당신처럼 참한 황마차, 찰 찰찰 황마차를 기다리노니
　　—정지용, 「황마차」

황마차에 올라앉아 아가위나 씹자.
카츄사의 수건을 쓰고 달리고 싶구나.
　　—노천명, 「황마차」

달랑달랑 외로이

황마차 태워 산에 보낼 거나

　—윤동주, 「장미 병들어」

　도쿄나 교토 등 일본의 거리에는 황마차가 다니고 있었을 테고,
경성 거리에서도 일본 사람들이 들여온 황마차를 어렵지 않게 볼
수 있었다. 당시 사람들의 눈에 황마차는 이국적인 정취를 느끼도
록 하기에 충분했으리라. 그런 까닭에 시의 소재로 자주 등장한 것
역시 자연스러운 일이었으리라.

　1950년대 중반에 '황마차'라는 제목의 영화가 상영되었다는 기
록은 있으나 그 후에는 거의 용례를 찾아보기 힘들다. 그런 황마차
가 다시 눈에 띄는 건 1990년대에 발표한 이가림 시인의 시 「내 마
음의 협궤열차 2」에 나오는 '늘 바람 설레는 황마차(幌馬車)'라는
구절이다. 수인선 협궤열차를 황마차에 비유한 것으로, 이가림 시
인의 머릿속에 옛 선배 시인들의 작품에서 본 황마차가 인상 깊게
남아 있었던 모양이다.

　황마차는 지금도 일본의 삿포로 등에 가면 만날 수 있다. 외국
여행을 하다 보면 마차 투어를 하는 경우가 있다. 삿포로 시내에서
관광객들을 태우고 다니는 관광마차를 가리키는 이름이 바로 황
마차다. 그러므로 진짜 말이 모는 마차를 가리키는 '황마차'와 음
식을 파는 '포장마차'라는 말은 엄연히 구별해서 사용해야 한다.

물항라의 정체는?

옛 노래 중에 〈울고 넘는 박달재〉가 있다. 반야월이 작사하고 김교성이 작곡한 노래로, 박재홍이 불러 큰 인기를 끌었다. 반야월이 지방 순회공연을 하다 충주에서 제천으로 가는 길에 부부로 보이는 젊은 남녀가 이별하는 장면을 보고 작사했다는 일화가 전해진다. 앞부분의 가사는 다음과 같다.

천등산 박달재를 울고 넘는 우리 님아.
물항라 저고리가 궂은 비에 젖는구려.

가사 중에 '물항라'가 나오는데, 이 낱말은 국어사전에 없다. 널리 쓰이던 말이 아니라 반야월이 만든 말이라서 그런 모양이다. 그러다 보니 많은 사람들이 대체 '물항라'가 무슨 뜻을 가진 낱말인지 궁금해한다. 일단 '항라'부터 찾아보면 표준국어대사전에 다음과 같이 풀어놓았다.

항라(亢羅) 명주, 모시, 무명실 따위로 짠 피륙의 하나. 씨를 세 올이나 다섯 올씩 걸러서 구멍이 송송 뚫어지게 짠 것으로 여름 옷감으로 적당하다.

위 풀이에 의하면 항라를 짜는 방식에 따라 두 가지가 있음을 알 수 있다. 그렇다면 두 가지를 따로 일컫는 말이 있을 거라는 짐작을 해 볼 수 있겠다. 다시 표준국어대사전을 찾으면 아래 낱말이 나온다.

오족항라(五足亢羅) 씨를 다섯 올씩 촘촘하게 하고 간걸러서 짠 항라.

그런데 어찌 된 일인지 세 올씩 걸러서 짠 '삼족항라'라는 말은 보이지 않는다. 고려대한국어대사전에도 '오족항라'만 보이고 '삼족항라'는 찾을 수 없다. 그렇다면 삼족항라는 아예 존재하지 않는 것인가?『한국민족문화대백과사전』에서 '항라' 항목을 찾으면 "조직에 따라서는 삼족항라·오족항라로 분류되고 가공상태에 따라서는 생항라·숙항라로 분류된다"라는 구절이 나온다. 국어사전을 만드는 이들의 무신경과 무원칙이 드러나는 장면이다. 여기서 다시 생항라와 숙항라를 찾아보러 가자.

생항라(生亢羅) 1. [역사] 예전에, 중국에서 만든 항라를 이르던 말. =당항라. 2. [공예] 삶아 익히지 아니한 항라.

'생항라'가 있으니 '숙항라'만 찾으면 된다. 짐작할 수 있듯이 '숙항라'는 표제어에 없다. 표준국어대사전과 고려대한국어대사전이 똑같은 실수를 저지르고 있다. 서로 참조하면서 국어사전을 만들다 보니 그랬으리라 싶다. 도대체 왜 이런 일이 발생하는 건지 이해하기 힘들다.

　이제 다시 노랫말로 돌아가 물항라에 대해 알아볼 차례다. 물항라는 〈우리말샘〉에만 올라 있다.

　　물항라(-亢羅) [공예] 물빛을 띤 항라.

　　물항라(-亢羅) [공예] 물세탁이 가능한 인견으로 짠 항라.

　보다시피 서로 다른 뜻을 가진 두 개의 낱말로 처리하고 있다. '물항라'의 뜻에 대해 사람마다 다른 견해를 내놓고 있는데, 〈우리말샘〉 관리자는 대표적인 두 개의 견해를 받아들이고 있는 셈이다. 하지만 물세탁이 가능한 항라라는 해석은 아무리 생각해도 억지로 보인다. 그런 뜻으로 쓰인 용례를 찾기도 어렵거니와 물[水]과 피륙 종류를 합쳐서 만든 말 역시 다른 사례를 찾을 수 없다. 정보 항목에 전문가가 감수했다고 표기해 놓고 있지만 정말로 전문가다운 감수가 이루어졌는지 의심이 든다. 내가 〈우리말샘〉을 정식 국어사전으로 보지 않는 이유를 이런 데서도 확인할 수 있다.

　여기서 잠시 물항라에 대해 다시 검토해 볼 만한 사례를 제시해 보려고 한다. 아래 낱말 때문이다.

　　문항라(紋亢羅) 무늬를 놓은 항라.

　반야월의 머리 속에 있던 '물항라'는 어쩌면 '문항라'였을지도 모르겠다는 생각을 해 볼 수 있지 않을까? '문항라'를 '물항라'로 오해해서 가사에 그렇게 적었을 수도 있겠다는 게 내 추론이다. 반야월이 작사를 하기 이전 시기의 문헌에서는 '물항라'라는 말이 거의 나오지 않기 때문이기도 하다. 당사자가 돌아가시고 없으니 물어볼 길은 없고, 내 추론이 정확하다고 할 만한 근거가 뚜렷하다고 보기도 어렵다. 그럼에도 이러한 추론이 물세탁과 연관 짓는 것보다는 개연성이 더 있지 않을까 싶다. '문항라'에 대응하는 '민항라'가 국어사전에 없다는 사실은 덤이다.

『한국민족문화대백과사전』에는 항라의 종류로 수많은 명칭이 등장한다. 해당 대목을 인용하면 다음과 같다.

조선 시대에 사용되었던 것으로서는 생항라·설백생항라·다롱생항라·백생항라·옥색생항라·남생항라·남송생항라·분홍생항라·진분홍생항라·양남생항라·일남생항라·청옥색생항라·숙항라·다홍숙항라·남숙항라·초록색숙항라·무문항라 등이 있다.

또한 진홍항라·다홍항라·유록듀항라·다홍문항라·설백유문항라·저항라·세저항라 등도 있다. 지금으로부터 80여 년 전에 사용되었던 것으로는 우리나라에서 제직된 항라·안항라·덕항라·삼족항라·오족항라가 있었다. 안항라는 안주에서 제조된 항라이고, 덕항라는 덕천에서 제조된 것이라고 한다.

또한, 중국에서 수입된 당항라(唐亢羅)·생저항라(生苧亢羅)·백저항라 등도 있었다고 한다. 오늘날에는 생항라·숙항라가 있으며 민항라·문항라가 있다. 민항라는 무늬가 없는 항라이고 문항라는 무늬가 있는 항라이다.

이 많은 명칭을 국어사전에 다 실을 수는 없다. 상당수는 같은 천을 색깔에 따라 분류한 것들이어서 그렇게까지 구분해 가며 국어사전에 올릴 필요도 없을 터이다. 그래도 표준국어대사전에 당항라(唐亢羅), 주항라(紬亢羅), 양항라(洋亢羅), 안항라(安亢羅), 안주항라(安州亢羅), 모시항라(--亢羅), 저항라(紵亢羅)가 올라 있으니 다행한 일이다. 다만 '양항라(洋亢羅)'의 풀이가 제대로 된 것인지에 대해서는 생각해 볼 지점이 있다.

양항라(洋亢羅) 무명실로 짠 항라.

'양항라(洋亢羅)'는 구한말 관청에 물품을 납품하던 지규식(1851~?)이 남긴 『하재일기(荷齋日記)』에 여러 차례 등장한다. 지규식은 1981년과 1892년경에 청나라 상인을 통해 양항라를 구매한다. 이 무렵 양(洋)이 들어간 새로운 말들이 많이 생겨나고 있었다. '양말', '양동이', '양철' 같은 말들이 그렇다. 서양에서 건너온 물건이라는 뜻을 담아 만든 말들이다. '양항라' 역시 서양에서 들여온 항라를 뜻하던 말이었음을 어렵지 않게 짐작할 수 있다. 지규식이 양항라를 청나라 상인에게서 구입한 건 당시에 서양 물건이 주로 청나라를 통해 들어왔기 때문이다. 그렇다면 낱말을 풀이할 때 이런 사정을 반영해서 풀었어야 한다. 최소한 서양에서 들여온 물건이라는 사실 정도라도 밝혀 주는 게 대사전의 이름에 걸맞은 자세가 아닐까?

마탕인가 맛탕인가?

간식에 속하는 음식 중 '마탕' 혹은 '맛탕'이라 부르는 게 있다. 쓰는 사람마다 제각각인데 과연 어느 게 맞을까? 표준국어대사전에는 둘 다 표제어에 없고, 고려대한국어대사전에는 '마탕'을 표제어로 삼아 다음과 같이 풀어 놓았다.

> **마탕**(-糖) 고구마나 당근 따위를 굵게 토막 내서 기름에 튀긴 다음 물엿이나 조청 등을 버무려 조린 음식.

표준국어대사전 편찬자들은 왜 아무것도 표제어에 올리지 않았을까? 궁금증을 참지 못한 이들이 국립국어원이 운영하는 질의응답 코너인 '온라인가나다'에 질문을 했더니, 아래와 같이 두 차례에 걸쳐 답변을 내놓았다.

> 사전에서는 문의하신 단어의 쓰임새를 찾을 수가 없어, 표기를 단정하기는 어렵습니다. 다만 의미를 고려해 볼 때, 문의하신 단어는 '맛'과 '탕'의 형태가 결합하여 만들어진 단어라고 판단됩니다. 그리고 국어원 누리집 로마자 표기에 '고구마맛탕(goguma-mattang)'과 같

은 용례가 제시되어 있는 점도 참고할 수 있겠습니다.

어휘 자료를 살펴보았는데, '맛탕'의 '탕'은 '당(糖)'에서 온 말로, 음이 달라진 한자라고 합니다. 그러므로 '맛탕'은 '고기, 생선, 채소 따위에 물을 많이 붓고 간을 맞추어 끓인 음식'을 이르는 '탕'과는 의미상 관련이 없다고 하겠습니다.

첫 번째 답변은 궁색하다. '맛'과 '탕'의 형태가 결합하여 만들어진 단어라고 판단된다고 하면서도 '사전에서는 단어의 쓰임새를 찾을 수가 없'어서 표기를 단정하기 어렵다고 했다. 엄연히 언중들이 활발하게 쓰고 있는 말을 자신들이 올리지 않았으면서 딴소리를 하는 형국이다. 국어사전이란 편찬자들이 만든 말을 언중들이 배워서 쓰도록 하는 게 아니라 언중들이 쓰는 말을 편찬자가 찾아서 제 표기와 뜻에 맞도록 설명해 주는 게 존재 목적에 맞다. 그런 면에서 위 답변은 무책임하며, 차라리 정확한 어원을 밝히기 어려워 표제어에 올리지 않았다고 하는 게 나았다.

그렇다면 고려대한국어대사전 편찬자는 '마탕'과 '맛탕' 중에서 왜 '마탕'을 표제어로 삼았을까? 국립국어원의 추론대로라면 '맛탕'이 어원에 가까울 텐데 말이다. 이 음식은 본래 '바쓰'라는 중국 음식을 본떠서 만든 거라는 데 많은 사람의 의견이 일치한다. 이 바쓰가 언제 어떻게 한국으로 들어왔는지, 누가 어떤 이유로 '마탕/맛탕'이라고 부르기 시작했는지는 정확히 확인하기 어렵다. 이럴 때 국어학자들이 많이 사용하는 게 '말뭉치'라고 번역하는 '코퍼스'다.

코퍼스(corpus) [언어] 언어 연구를 위해 텍스트를 컴퓨터가 읽을 수 있는 형태로 모아 놓은 언어 자료. 매체, 시간, 공간, 주석 단계 등의 기준에 따라 다양한 종류가 있다. =말뭉치.

이 코퍼스를 사용해서 해당 낱말이 쓰이고 있는 빈도수를 확인해 보는 방법이 있다. 고려대한국어대사전은 코퍼스를 활발하게 사용한다고 들었다. 그래서 고려대한국어대사전의 특징 중 하나가, 하나의 낱말이 여러 개의 뜻을 지니고 있을 때 기본 의미가 아니라 언중들이 많이 사용하는 뜻을 먼저 내세운다는 점이다. 가령 '무대'라는 낱말의 뜻풀이를 할 때 표준국어대사전이 기본 의미에 해당하는 "노래, 춤, 연극 따위를 하기 위하여 객석 정면에 만들어 놓은 단"이라는 뜻을 맨 앞에 배치했다면, 고려대한국어대사전은 기본 의미에서 갈라져 나온 "재능이나 역량을 발휘하거나 나타내기 위하여 활동하는 장소나 분야"라는 풀이가 먼저 나온다. 낱말의 실제 쓰임새를 더 중시하겠다는 편찬 의도를 분명히 하고 있는 셈이다.

다시 '마탕/맛탕'으로 돌아가 보자. 옛날 신문에서 두 낱말을 찾아보니 1962년에 이미 『동아일보』에 '마탕'이라는 표기가 보이고, 이후에도 간간이 같은 표기가 나타난다. 반면 '맛탕'은 1991년에 해태제과에서 '고구마맛탕'이라는 이름의 과자를 생산해서 판매한다는 광고를 내보냈으며, 그 이후 '맛탕'이라는 표기가 자주 등장하고 있다. 이렇게 본다면 고려대한국어대사전 편찬자들이 '마탕'을 선택한 이유가 무엇이었는지 짐작된다. 그렇다고 해서 '맛탕'이 틀렸다고 주장할 생각은 없다. 나중에 생긴 표기가 언중들의 호응을 더 많이 받을 수도 있기 때문이다. 표준국어대사전 편찬자들이 낱말을 대하는 자세에 적극성이 부족한 건 아닌지 돌아볼 수 있기를 바란다.

'화탕지옥'이 국어사전에 실리지 못한 이유

1400만 명 이상의 관객을 모았다는 영화 〈신과 함께―죄와 벌〉에
는 일곱 개의 지옥이 나온다. 그중에 표준국어대사전에는 다음과
같이 세 개의 지옥 이름이 표제어로 실려 있다.

> **도산지옥**(刀山地獄): [불교] 칼을 심어 놓은 산이 있다는 지옥.
> **발설지옥**(拔舌地獄): [불교] 말로써 죄를 지은 사람이 죽어서 간다는 지
> 옥. 보습으로 혀를 가는 고통을 준다.
> **검림지옥**(劍林地獄) [불교] 불경, 불효, 무자비한 죄를 지은 사람이 떨어
> 지는 지옥. 시뻘겋게 단 뜨거운 쇠 알의 열매가 달리고 잎이 칼로 된 나무
> 숲속에서 온몸이 찔리는 고통을 받는다. ≒검수(劍樹)·검수지옥.

나머지 네 개의 지옥은 화탕지옥(火湯地獄), 독사지옥(毒蛇地獄, 독
사가 우글거리는 지옥), 한빙지옥(寒氷地獄, 얼음으로 뒤덮인 지옥), 거해
지옥(鋸骸地獄, 톱으로 몸을 자르는 지옥)이다. 이 용어들도 불교 경전
에 나오는 말인데, 다들 어디로 갔을까? 표준국어대사전의 표제어
선정 기준은 워낙 들쭉날쭉이어서 굳이 따지고 싶은 마음이 없다.
다른 세 개의 지옥은 일상생활에서 사용되는 예가 그리 많지 않지

만 '화탕지옥'이라는 말은 제법 널리 쓰이는 편인데 왜 빠졌을까? 이 말은 꼭 불교 용어로만 사용되는 게 아니라 날씨가 지나치게 더울 때도 '마치 화탕지옥에 들어온 것 같아'처럼 비유적인 표현으로도 많이 쓴다. 그런데 이 말이 고려대한국어대사전에도 보이지 않으니 왜 그런 건지 이유가 궁금했다. 그러던 중 이리저리 사전을 들추다 아래 낱말이 표제어로 올라 있는 걸 발견했다.

> **확탕지옥**(鑊湯地獄) [불교] 쉿물이 끓는 솥에 삶기는 고통을 받는 지옥. 부처의 금계를 깨뜨린 이, 중생을 죽여 고기를 먹은 이, 불을 질러 많은 생물을 죽인 이, 중생을 태워 죽인 이가 가는 지옥이다.

'확(鑊)'은 가마솥이라는 뜻을 지닌 한자다. 고대 중국에서 죄인을 끓는 가마솥에 넣어서 삶아 죽이던 형벌을 뜻하는 '확탕(鑊湯)'과 '확팽(鑊烹)'이 따로 표제어로 올라 있기도 하다. '화탕지옥'이라는 말은 필시 '확탕지옥'에서 왔을 것이다. '확탕'보다는 '화탕'이 훨씬 기억하기 쉽고 간명하다 보니 시간이 지나면서 말의 변용이 일어났을 가능성이 충분하다. '화탕지옥'은 현재 〈우리말샘〉에 '확탕지옥'과 같은 뜻을 달고 실려 있으나, 다른 국어사전에서는 찾을 수 없다.

그렇다면 '화탕지옥'이라는 말은 버려야 할까? 앞으로는 '화탕지옥' 대신 '확탕지옥'이라는 말만 쓰라고 하는 게 옳을까? 하지만 말의 쓰임새는 국어사전 편찬자가 정하는 게 아니라 언중들이 정하는 거라는 사실을 염두에 둔다면 그렇게 쉽사리 버릴 수 있는 게 아니다. '화탕지옥'이 국어사전에 실리지 않더라도 언중들은 앞으로도 계속 사용할 것이다. 그러므로 두 낱말을 동의어로 처리해서 함께 표제어로 올리는 게 바람직한 방법이라는 게 내 생각이다. 화탕지옥이 확탕지옥에서 온 말이라는 사실을 풀이에 덧붙여 주기만 하면 되는 일이다. 말이란 시간의 흐름에 따라 변하기 마련이고, 그걸 되돌리는 건 쉬운 일이 아니다. '자장면'으로 갔던 '짜장면'이 결국 제자리를 찾은 것만 보아도 그렇다. 다른 예로는 '괴발개발' 대신 하도 많은 사람이 '개발새발'이라고 쓰니까 2011년에 '개발새발'도 표준어로 인정한 경우를 들 수 있다. 이제는 '화탕지옥'도 어엿한 표제어로 국어사전에 오를 때가 되었다. 아니 진작에 올렸어야 한다.

담마진과 심마진

한의학에서 사용하는 말들은 양의에서 쓰는 외국말 못지않게 어려운 것들이 많다. 대부분 한자로 이루어진 데다 그중에서도 어려운 한자만 골라 쓰고 있는 것처럼 보이기 때문이다. 아래 기사에 나오는 '담마진' 같은 말도 그런 경우에 해당한다.

> 새정치민주연합과 정의당은 만성 담마진(두드러기)으로 인한 병역 면제, 법무법인 태평양 근무 시절 고액 수임료, 역사관 및 종교적 편향성, 법무부 장관 시절 국정원 댓글 사건 등 정치 사건 대처 논란 등 전방위적으로 문제를 제기할 예정이다.
> —『서울신문』, 2015년 6월 8일자

위 기사는 황교안 씨가 국무총리로 지명받았을 때 인사청문회에서 제기된 문제를 다룬 내용이다. 당시에 과연 담마진으로 병역 면제를 받을 수 있느냐는 의문이 제기되면서 꽤 많은 논란이 있었다. '담마진'이라는 생소한 말을 처음 접하는 사람들이 많았기에 기사에서도 괄호 안에 '두드러기'라는 쉬운 말을 넣어서 설명을 돕고 있다. 그러다 보니 겨우 두드러기로 병역 면제를 받는다는 건

상식에 비추어 이해가 안 간다는 반응이 많았다.

기사를 접한 다음 담마진이 정확히 어떤 병인지 알고 싶어 국어사전을 찾았으나 이상하게 눈에 띄지 않았다. 너무 어려운 용어인 탓에 안 실렸나 싶기도 했지만, 표준국어대사전은 일상어는 몰라는 전문 용어만큼은 거의 다 모아서 실었을 정도여서 의아심이 생겼다. 그러다가 찾은 게 다음 낱말이다.

심마진(蕁麻疹) [한의] '두드러기'를 한방에서 이르는 말.

이번에는 두드러기를 찾아보았다.

두드러기 약이나 음식을 잘못 먹거나 또는 환경의 변화로 인해 생기는 피부병의 하나. 피부가 붉게 부르트며 몹시 가렵다.

'담마진'을 실어 놓은 곳은 〈우리말샘〉이다. 다음과 같이 풀이했다.

담마진(蕁麻疹) [의학] 약물, 감염, 음식물, 곤충에 쏘임 등과 같은 명확한 원인 또는 명확하지 않은 원인에 의하여 피부에 홍반과 함께 일시적으로 부종이 발생하는 병.

'두드러기'와 '담마진'의 풀이를 보면 증세를 설명하는 내용은 비슷하다. 다만 〈우리말샘〉에서는 홍반이나 부종처럼 한자말을 써서 불친절한 느낌을 준다. 심마진(蕁麻疹)과 담마진(蕁麻疹)에 쓰인 한자는 똑같이 '蕁'이다. 이 한자가 '심'과 '담' 두 개의 음을 갖고 있다 보니 어떤 이는 '심마진'으로, 어떤 이는 '담마진'으로 부르게 된 것이다.

황교안 씨의 병을 다룬 기사는 대부분 '담마진'이라는 용어를 썼다. 병역 기록부에 '담마진'이라고 표기되어 있어서 그랬을 것이다. 그런데 국어사전에서는 그동안 왜 '담마진'은 안 싣고 '심마진'만 실었던 걸까? 둘 다 실으면서 동의어로 처리해도 되었을 텐데 말이다. 국어사전 편찬자들이 한의학 용어를 정확히 알 수는 없는 일이므로 한의학계에 자문을 하거나 그쪽에서 발행한 용어 사전을 참고해서 표제어를 선정했을 것이다. 아니면 '蕁'을 '심'으로 읽을 것인가 '담'으로 읽을 것인가를 두고 편찬원들끼리 내부 토론을 거쳤거나 한학자들에게 의견을 구해 '심'으로 읽는 게 타당하다고 여겼을지도 모를 일이긴 하다.

혼란을 줄이기 위해서라도 둘 중의 하나로 용어를 통일하는 게 좋겠다. 그전까지는 두 용어를 모두 실어서 동의어로 처리하고, 다만 '심마진'이 옳으니까 '담마진'을 버리라고 하는 건 썩 좋은 방안은 아니라고 생각한다. 이미 너무 많은 사람들이 '담마진'이라는 용어에 익숙해졌으므로 그런 현실을 인정해야 한다.

〈우리말샘〉에 '담마진'이 표제어로 오르게 된 건 필시 황교안 씨와 관련한 논란 때문이었을 것이다. 그전까지는 그런 병명이 있다는 것도 몰랐을 테니. 그런데 너무 급했던 걸까? 어처구니없는 실수를 하고 말았다. '담마진'과 함께 실은 두 낱말을 보자.

급성담마진(急性蕁麻疹) [수의] 가축에게 발생하는 급성 피부병의 일종. 붉은색으로 부어오르고 가려움증을 동반한다.

만성담마진(慢性蕁麻疹) [수의] 가축에게 발생하는 만성 피부병의 하나. 붉은색으로 부어오르고 가려움증을 동반한다.

동물에게도 담마진이 발생하긴 한다. 하지만 위 두 낱말처럼 수의학 용어라며 가축에게 발생하는 병으로만 풀이한 건 실수치고는 정도가 심각하다.

이쯤에서 왜 두드러기에게 '심마진' 혹은 '담마진'이라는 병명을 붙여 주었는지 알아보자. 표준국어대사전에 아래 낱말이 실려 있다.

심마(蕁麻) [식물] 쐐기풀과의 여러해살이풀. 높이는 80센티미터 정도이며, 잎은 마주나고 긴 타원형 또는 피침 모양이며 가장자리에 뾰족한 톱니가 있다. 7~8월에 줄기의 끝부분에 연한 녹색의 꽃이 수상(穗狀) 화서로 피는데 위쪽의 꽃이삭에는 암꽃이, 아래쪽의 꽃이삭에는 수꽃이 핀다. 산기슭에서 자라는데, 한국, 일본, 중국, 시베리아 동부, 캄차카반도 등지에 분포한다. =가는잎쐐기풀.

쐐기풀에 쏘여 본 사람은 그 고통이 얼마나 심한지 잘 안다. 심마진은 바로 이 쐐기풀의 잎사귀를 만졌을 때 나타나는 증상과 비슷하다고 해서 붙인 이름이다. '심마(蕁麻)'는 고려대한국어대사전도 같은 내용을 담아 표제어로 올렸다. 대신 '담마(蕁麻)'는 표준국

어대사전에는 없고 고려대한국어대사전에만 있는데, 이 대목에서
또 황망함을 금할 길이 없다. 고려대한국어대사전에 나온 '담마'의
풀이는 이렇다.

> **담마**(蕁麻) 풀가사릿과에 속한 바닷말. 밀물과 썰물의 경계에 있는 바
> 위에 붙어서 번식한다. 거죽은 미끄럽고 끈적하며 광택이 난다. 식용하
> 며, 이것을 삶은 물로 명주나 비단 따위의 옷감에 풀을 먹인다. 학명은
> *Gloiopeltis tenax*이다.

분명히 같은 한자 '蕁'을 썼다. 그런데 '심마'와 '담마'가 정말 다
른 식물일까? 고려대한국어대사전 편찬자는 어디서 저런 풀이를
가져왔을까? 풀이한 내용을 보니 '풀가사리'를 뜻하는데, 어디서
도 풀가사리를 '담마(蕁麻)'라는 한자로 표기한다는 정보를 찾을
수 없다. 국어사전이 길을 잃어도 단단히 잃었다.

참고로, 북한의 조선어사전에는 '담마진'과 '심마진'이라는 말
이 안 나온다. 대신 '심마(蕁麻)'는 표제어에 있으며, 쐐기풀을 뜻하
는 말이라고 되어 있다. 담마진을 뜻하는 용어가 국어사전에 하나
더 나온다.

> **은진**(癮疹) [한의] '두드러기'를 전문적으로 이르는 말.

역시 들어 본 사람이 드문 용어일 것이다. 한의학에서 사용하는
용어들이 워낙 어려운 한자로 이루어진 탓에 일반인들은 이해하

기 힘들다. 북한의 사전은 같은 뜻을 가진 말로 '풍은진(風癮疹)'이
라는 용어를 올려놓았다.

권구와 찜뿌

1930년대에 김일성을 주인공으로 한 소설이 있었다는 걸 아는 사람이 얼마나 될까? 1938년에 현덕이 발표한 「권구시합(拳球試合)」이라는 제목으로 된 아동소설의 첫대목은 다음과 같이 시작한다.

"김일성!"
"김일성!"
등 뒤에 자기를 부르는 소리를 들으면서 일성이는 못 들은 척 그대로 골목을 꺾어 돌아섰다. 피해 달아나듯 걸음을 빨리 반찬 가게 앞을 지날 때, 뒤에서 바삐 덜걱덜걱 책보 흔드는 소리가 가까워지며,
"일성아!"
하고 기수의 붉은 얼굴이 모자를 벗어 손에 들고 달음박질로 따라온다. 일성이는 걸음을 늦추지 않을 수 없었다.

위 작품에 나오는 김일성이 우리가 익히 아는 김일성이 아님은 당연하다. 혹시나 낚시에 걸려들었다 싶은 마음에 불쾌한 마음을 가진 독자가 있다면 정중히 사과드린다. '권구(拳球)'라는 낱말에 대해 이야기하려던 참에 서두를 재미있게 풀어 보려는 속내가 작

용한 것으로 이해해 주면 좋겠다. 그런데 이 낱말은 국어사전에 실려 있지 않다. 1930년대에 소설 제목으로 쓰일 정도면 당시에는 폭넓게 사용하던 말임을 알 수 있고, 그 후로도 상당 기간 쓰였음이 분명한데 왜 국어사전에서 빠졌는지 모르겠다. 신영복 선생이 감옥에서 보낸 편지를 묶은 책 『감옥으로부터의 사색』에 같은 낱말이 나온다.

> 운동 시간에는 세탁공장과 영선공장이 매일이다 싶은 미원 내기 권구(拳球: 야구 흉내의 찜뽕) 시합을 벌이는데, 저는 오늘도 심판이었습니다.

1977년에 쓴 편지의 한 구절인데, 돌베개 출판사에서 나온 책의 구절을 그대로 옮겼다. 권구라는 낱말이 낯설게 느껴져서였을까? 괄호 안에 친절하게 낱말풀이를 해 놓은 게 보인다. 그렇다면 '찜뽕'은 국어사전에 있을까? '찜뽕'은 없고 대신 '찜뿌'라는 말이 올라 있다.

> **찜뿌** 고무공을 가지고 야구 형식으로 하는 아이들의 놀이. 투수와 포수가 없이 한 손으로 공을 공중에 띄워 다른 손으로 그것을 친다.

그런데 왜 신영복 선생의 책에서는 '찜뿌'가 아닌 '찜뽕'으로 표기했을까? 편지 원본에 있는 그대로인지, 아니면 출판사 편집자가 끼워 넣은 건지 궁금했다. 그래서 이번에는 신영복 선생이 쓴 자필 편지를 그대로 찍어 영인본으로 만든 『엽서』를 찾아보았다. 그랬더니 당사자가 직접 괄호 안에 낱말풀이를 한 건 맞는데, 거기는 '찜뽕'이 아니라 '찜뿌'로 되어 있었다. 편집자는 왜 원문을 바꾼 걸까? 그것도 멀쩡하게 표준어로 되어 있는 걸 방언으로! 나 역시 어릴 때 동무들과 찜뿌를 많이 했는데, 그때는 분명 찜뽕이라고 했던 걸로 기억한다. 서울 변두리에 살 적의 이야기다. 출판사 편집자가 어릴 적에 동무들끼리 찜뽕이라고 부르며 놀던 기억을 떠올려서 그랬는지는 모르겠으나, 원문을 훼손한 사례라고 하겠다.

그냥 끝맺기 아쉬워 한 가지 덧붙인다. 권구라고 부르던 저 공놀이는 그냥 놀이가 아니라 옛날에는 엄연한 스포츠였으며, 심지어 전국대회까지 열렸다. 당시의 신문기사에도 여러 번 등장한다.

시내 서대문뎡에 있는 광서유년체육부(光西幼年體育部)에서는 권구(拳球)를 장려(奬勵)하기 위하야 이십사일에 전선권구대회(全鮮拳球大會)를 개최하리라는데 참가 단체가 20여 개 단체라 하고 운동장은 영성문안 중앙불교포교당(中央佛敎布敎堂)이라 합니다.
　　―『동아일보』, 1927년 7월 23일자

기사에 나오는 권구(拳球)는 일제 강점기에 고무공과 함께 국내에 처음 들어와 소년부, 청년부, 장년부로 나뉘어 전국대회가 열릴 정도로 유행했다. 자료에 의하면 1920~1930년대 서울에는 동네마다 소년체육부가 있어 키 150센티미터 이하 소년이 참가하는 권구대회가 자주 열렸다. 야구만큼이나 열기가 뜨거웠고, 심판의 편파

판정 시비로 욕설과 주먹다짐이 일어나는 사례도 종종 있었다.

고무공을 주먹으로 쳐서 하는 야구식 경기인 권구는 해방 후에도 서울과 지방에서 크고 작은 대회가 개최됐다. 그러나 세월이 지나고 놀이문화가 다양해지면서 운동 경기가 아니라 아이들 놀이가 되었다. 배트를 사용하는 야구는 시설이 갖춰진 넓은 운동장이 필요하지만, 주먹이 배트였던 권구는 골목이나 추수가 끝난 논밭, 개천가에서도 가능했기 때문이다.

딩동은 우리말일까 외래어일까?

표준국어대사전 표제어에는 '딩동'과 '딩동댕'이 없다. 대신 고려대한국어대사전에는 아래와 같은 풀이들을 달고 여러 개의 낱말이 실려 있다.

딩동 초인종 따위가 울리는 소리를 나타내는 말.

딩동딩동 초인종 따위가 잇따라 울리는 소리를 나타내는 말.

띵동 초인종 따위가 조금 세게 울리는 소리를 나타내는 말.

딩동댕 1. 실로폰이나 차임벨이 울리는 소리를 나타내는 말. 2. 합격이나 정답을 알리는 소리.

'딩동'에 외래어 표기가 없는 것으로 보아 우리말로 처리했다는 건데, 의아스러운 면이 있다. 왜냐하면 영어에 '딩동(dingdong)'이라는 낱말이 있기 때문이다. 다음은 『옥스퍼드 영어사전』의 풀이이다.

dingdong 1. [U] 딩동, 땡땡(종소리) 2. (英, 비격식) 다툼, 싸움.

그리고 표준국어대사전에 아래와 같은 낱말이 실려 있다.

> **딩동설**(dingdong說) [언어] 언어의 기원에 관한 이론. 사람들이 사물의 소리를 흉내 내는 데에서 언어가 시작되었다고 보는 이론이다.

우리가 의성어로 쓰는 '딩동'은 영어 'dingdong'을 받아들였기 때문일 것이다. '딩동'이 신문에서 쓰인 걸 찾아보니 아래 기사가 보인다. 그 후로 안 보이다가 70년대 이후부터 조금씩 나타난다.

> 딩동댕동하는 피아노 치는 소리가 들려온다.
> ─『동아일보』, 1935년 4월 28일자

이런 정황으로 보아도 딩동은 영어 'dingdong'에서 온 말일 거라는 느낌이 굳어진다. '딩동댕'이나 '딩동댕동'은 '딩동'에서 파생된 말일 테고. 그렇다면 딩동은 외래어인가, 아니면 우리말인가? 예전에 우리가 작은 종을 쳐서 나는 소리를 나타낼 때는 '댕댕'이나 '땡땡'을 썼다.

> **댕댕** 작은 종이나 그릇 따위의 쇠붙이를 잇따라 두드리는 소리.
> **땡땡** 작은 종이나 그릇 따위의 쇠붙이를 잇따라 두드리는 소리. '댕댕'보다 센 느낌을 준다.

그러다가 초인종이나 전화 같은 근대 문물이 들어오고, 거기서 나는 소리는 예전에 익숙하게 듣던 소리가 아니었다. 그래서 다른 표현을 찾아야 했을 것이다. 참고로 초인종 소리로 표준국어대사전에 아래 낱말이 올라 있다.

찌르릉 초인종이나 전화벨 따위가 울리는 소리.

목일신이 작사하고 김대현이 1933년에 작곡한 동요 〈자전거〉를 모르는 사람은 거의 없을 것이다. 이 동요는 "따르릉 따르릉 비켜나세요"로 시작한다. 그런데 애초의 가사는 "따르릉 따르릉"이 아니라 "찌르릉 찌르릉"이었다는 사실을 아는 사람은 많지 않다. '찌르릉'과 '따르릉'이 같이 쓰이다가 시간이 지나면서 점차 '찌르릉'이 '따르릉'에게 밀려났음을 알 수 있다.

'따르릉'을 표준국어대사전은 다음과 같이 풀고 있다.

따르릉 전화벨이나 자명종 따위가 한 번 울리는 소리.

이에 반해 고려대한국어대사전의 풀이는 다음과 같다.

따르릉 전화벨이나 자전거 벨, 자명종 따위가 급히 울리는 소리를 나타내는 말.

자전거 벨이 울리는 소리를 풀이에 포함한 고려대한국어대사전이 더 친절하다는 걸 알 수 있다.

앞서 말한 '딩동설'과 관련해서 국어사전에 올라 있지는 않지만 비슷한 용어로 '푸푸설(pooh-pooh theory)', '멍멍설(bow-wow theory)', '야호설(yo-he-ho theory)' 같은 것들이 있다. 표준국어대사전에 '멍멍설'이라는 말 대신 대신 아래 용어가 실려 있다.

멍멍이론(--理論) [언어] 언어의 기원을 설명하는 이론. 인간의 언어는 다른 동물의 소리를 흉내 내면서 시작되었다고 주장하는 내용이다.

대인배는 잘못된 말일까?

'소인배(小人輩)'라는 말이 있다. 마음 씀씀이가 좁고 간사한 사람들이나 그 무리를 이르는 말이다. 그렇다면 소인배와 반대되는 사람들을 무어라 일러야 할까? 언뜻 생각하면 '대인배'라고 하면 되지 않을까 싶을 것이다. 실제로 요즘 '대인배'라는 말을 쓰는 사람들이 늘고 있다. 하지만 이런 말은 성립할 수 없으며, 잘못 사용하고 있는 말이라는 비판이 나왔다. '배(輩)'는 무리를 뜻하며, 주로 안 좋은 행위를 일삼는 사람들을 가리킬 때 사용한다. 불량배, 폭력배, 모리배 같은 말의 쓰임만 보더라도 알 수 있는 일이다. 마음이 넓고 행실이 바른 사람들은 무리를 짓지 않는 법이라는 사실도 덧붙일 수 있겠다.

하지만 그런 논리적인 비판 이전에 '대인배'라는 말이 이미 상당히 퍼져 있다는 사실을 무시하기는 어렵다. 그러다 보니 표준국어대사전에는 실리지 않았지만 고려대한국어대사전에서는 이 말을 다음과 같이 표제어로 올리는 일이 생겼다.

대인배(大人輩) 도량이 넓고 관대한 사람을 소인배(小人輩)에 상대하여 이르는 말.

고려대한국어대사전 편찬자들은 무슨 생각을 하며 이 말을 표제어로 올렸을까? '대인배'라는 말은 언어에 대한 교양이 부족한 사람들이 잘못 만들어 쓰는 말이라는 비판이 있다는 걸 몰랐을까? 본래 '소인배'에 상대하여 쓸 수 있는 건 '대인(大人)' 혹은 '군자(君子)' 같은 말이다. 하지만 요즘에는 이 낱말들을 쓰는 사람이 드물어 옛말로 밀려나고 있는 중이다. 그 자리를 요즘은 '대인배'라는 말이 빠르게 대체해서 차지하고 있는데, 잘못 만든 조어이긴 하지만 실생활에서 다수의 사람들이 쓰고 있는 만큼 그런 현실을 인정해야 한다고 판단했을 것이다.

특정 낱말의 쓰임새에 대한 적합성 여부를 따지는 건 자주 논쟁의 대상이 되곤 했다. 가령 '역전앞'이나 '초가집' 같은 겹말은 이미 '역전(驛前)'에 '앞 전(前)'자가 있고, '초가(草家)'에 '집 가(家)'자가 있으므로 '역전'과 '초가'로만 써야 한다는 식이다. 이런 원론적인 지적에 대해, 겹말을 만들어 쓰는 건 뜻을 강조하거나 더욱 분명하게 밝히기 위해서이므로 문제 삼을 필요가 없다는 반론이 뒤따른다.

원칙주의자와 현실주의자 사이의 대립으로 볼 수도 있는데, 쉽게 끝날 논쟁은 아니라고 보인다. 자신들이 보기에 잘못된 말을 어떻게든 바로잡으려는 의지와 책임감을 가진 사람들이 있다. 하지만 원칙주의자들의 노력에도 불구하고 그런 계몽이 성공하는 경우는 드물다. 실제 언어생활을 하는 사람들은 논리를 따지기 전에 자신들이 사용하기에 편하고 서로 알아듣는 데 무리가 없다면 굳이 언어 습관을 바꾸려 하지 않기 때문이다. 소인이 있으면 대인이 있고, 그에 따라 소인배가 있으면 대인배도 있을 수 있는 거 아니냐는 식으로 인식할 수 있다. 그런 인식이 잘못된 거라고 아무리 이야기해 봐야 언어 사용자들에게 쉽게 가 닿지 않는다.

표준국어대사전은 국립국어원이 편찬 주체다. 국립기관이라는 특성으로 인해 아무래도 언어를 대하는 태도가 보수적인 관점에 가까운 편이다. 그에 반해 고려대한국어대사전 편찬 팀은 조금 더 열린 태도로 언어 현실을 바라보고 있다.

아래 낱말을 하나 더 보자.

> **프림**(Frima) 커피에 넣어 먹는 '크림(cream)'을 흔히 이르는 말. 상표인 프리마(Frima)에서 온 말이다.

이 낱말 역시 고려대한국어대사전에만 실려 있다. '프림'은 잘못 사용하는 말이라고 주장하는 사람들도 있지만, 실생활에서 많이 쓰이고 있는 현실을 고려해 사전 밖으로 내치지 않으려는 태도가 드러난 경우다. 이렇듯 배척 대신 그런 말이 쓰이게 된 배경까지 친절한 풀이를 담아 표제어로 올리는 게 국어사전 이용자들에게는 득이 되지 않을까? '대인배'라는 말도 그런 측면에서 바라보면 배척의 대상이 아니라 끌어안고 가야 할 낱말이라는 생각이 든다. 국어사전이나 국어학자들이 아무리 잘못된 말이라고 해도 어차피 실제 사용자들은 그 말을 버리지 않을 테니.

한 가지만 덧붙이자. 우리말을 사랑하고 아끼는 사람들이 한탄하는 사례로 자주 거론하는 게 '착하다'라는 말이다. 이 말이 언제부터인가 '착한 가격', '착한 몸매'처럼 이상한 용법으로 쓰이기 시작하더니 지금은 꽤 많은 사람들이 그런 의미를 담아 사용하고 있다. 이런 현상을 반영해서 고려대한국어대사전은 '착하다'를 다음과 같이 풀이하고 있다.

착하다 1. (사람이나 그 마음이) 곱고 어질다. 2. (가격이) 품질이나 성능에 비해 싸다.

몸매를 가리키는 용법은 아직 풀이에 담지 않았지만 언젠가는 담기게 되지 않을까? 그런 현실을 개탄하는 사람들도 있겠지만 말은 그 말을 사용하는 사회 집단의 성격과 인식을 반영하는 것이라고 할 때, 일부 사람들의 바람처럼 엄숙하고 도덕적인 쪽으로만 발전하거나 변화하는 것은 아니라는 사실을 인정할 필요가 있다.

민폐와 민생고

어떤 말이 애초에 지니고 있던 뜻에서 점차 쓰임새가 넓어지는 경우는 꽤 많다. 예를 들자면 크게 혼나는 걸 일러 '치도곤을 당한다'고 표현하는 것을 들 수 있다. 그런데 '치도곤'이 구체적으로 무얼 뜻하는지 모르는 사람이 많다. 표준국어대사전에서 '치도곤'을 찾으면 다음과 같이 나온다.

치도곤(治盜棍) 1. [역사] 조선 시대에, 죄인의 볼기를 치는 데 쓰던 곤장의 하나. 가장 큰 것은 길이 5자 7치, 너비 5치 3푼, 두께 4푼이나 되며 주로 절도범 등에게 쓰였다. 2. 몹시 혼남. 또는 그런 곤욕.

곤장의 종류를 뜻하던 것이 곤욕을 뜻하는 의미로 변하면서 애초의 낱말 뜻 자체가 희미해져 버린 경우이다. 그러다 보니 국어사전의 풀이에 두 번째 의미가 자연스레 담기게 되었다. 하지만 그런 식으로 확장된 쓰임을 반영하지 못한 풀이도 눈에 띈다.

민폐(民弊) 민간에 끼치는 폐해.

민간에 폐해를 끼치는 주체가 누굴까? 관이나 관변단체를 쉽게 떠올릴 수 있겠다. '민폐'라는 낱말은 『조선왕조실록』에도 심심찮게 등장할 만큼 오래된 낱말이다. 그만큼 관리들의 횡포가 심했음을 짐작할 수 있다. 하지만 이 말의 쓰임새는 그리 활발하지 않은 편이었다. 일제 강점기 시절에는 거의 용례를 찾아보기 힘들 정도였다가 해방 이후에 갑작스레 쓰임새가 늘었다.

『경향신문』 1949년 6월 22일자 기사 제목에 「민생고(民生苦)의 표현 '민폐(民弊)' 유행어」라고 한 게 있다. 목포에 나가 있는 특파원이 보내온 기사인데, 다음과 같은 내용이 실려 있다.

전라도 지방에는 민폐(民弊)라는 새말이 유행하고 있는데 이는 주로 각종 기부금 등쌀로 도민의 생활고가 어느 정도인가를 가히 짐작할 수 있는 표현의 하나다. 해방 직후부터 격증의 일로를 걷고 있던 여러 가지의 비등비등한 사설 단체가 난립되어 그후 정부의 중앙 방침에 순응하여 일단 정비되었으나 그후엔 여수·순천 반란 사건이 일어나는 바람에 모모 단체는 다시 부활하여 재정면의 대부분을 기부금이라는 명목으로 민간 부담에 의존 연명하여 왔다. 이러한 기부금 부담액이 작년도 일년 통계만 보더라도 경찰관지서 후원회비 경찰서 후원회비 민보단 시국대책비 호국군비 대동청년단 기부금 물가행정처 기부금 등 무려 93종목에 도합 16억 원이라는 방대한 돈을 추렴했다.

'민폐'라는 말이 새로운 유행어로 등장하고 있음을 보여주는 생생한 기사이다. 이렇듯 '민폐'라는 말은 관공서 혹은 권력을 이용한 힘 있는 단체가 민간인들에게 끼치는 폐해를 뜻하던 말이었고, 혼란한 시대일수록 그런 경향이 심했음을 알 수 있다.

그런데 이 말이 요즘에는 다른 용법으로 많이 쓰인다. 〈우리말샘〉에 다음과 같은 낱말이 올라 있다.

민폐 하객(民弊賀客) 신부보다 더 예쁘게 꾸미고 결혼식에 참석한 하객.

이런 말이 표제어로 성립될 수 있겠느냐는 의문을 가질 수도 있겠지만, 일부에서나마 이런 말을 쓰는 사람들이 있다는 걸 부정할 수는 없다. 여기서 민폐를 끼치는 주체는 관청이나 관변조직이 아니라 가까운 관계를 맺고 있는 사람이다. 이렇듯 요즘은 '민폐를 끼친다'는 말이 친구나 이웃에게 폐를 끼치거나 신세를 진다는 뜻으로 많이 사용되고 있다. 그렇다면 국어사전에서 이런 쓰임새를 반영한 풀이를 보충해 주어야 한다.

앞서 소개한 기사에서 '민생고'라는 말이 나오는데, 이 말도 해방 직후부터 주로 쓰기 시작한 말이다. 국어사전에서는 이렇게 풀이하고 있다.

민생고(民生苦) 일반 국민이 생활하는 데 겪는 고통.

'생활고' 정도로 바꿔 쓸 수 있는 말이긴 한데, 이 말도 점차 쓰임새가 변해 왔다. 가령 '배고픈데 우선 민생고부터 해결하고 보자'는 식의 표현을 쓰는 사람들이 많다. 이럴 경우에 사용한 '민생고'는 배고픔이나 시장기를 뜻한다. 생활의 고통 중에 먹는 일이 가장 중요하고 시급한 일이므로 그렇게 에둘러 표현하기 시작한 셈이다. 이런 용법도 국어사전에 반영할 수 있어야 한다. 말의 쓰임새는 고정불변이 아니라 시간이 지나면서 변하기 마련이라는 사실을 알게 해 주는 사례이다.

제2부
안아야 할 말,
버려야 할 말

표준어와 방언의 관계

SNS에서 소설가 고종석 씨와 출판편집인 변정수 씨가 주고받은 글을 본 적이 있다. 두 분 모두 우리말에 대해서라면 누구나 인정하는 전문가다. 고종석 씨가 이해하기 어렵다는 투로 전라도 사람들이 주로 쓰는 '거시기'가 왜 표준어로 인정받았는지 의문을 표했다. 그러자 변정수 씨는 특정 지역에서 주로 쓰는 말이라 해도 다른 지역 사람들이 무리 없이 이해하고 알아들을 수 있는 말이라면 표준어로 인정하는 게 바람직하다는 의견을 내놓았다. 여기서 굳이 '교양 있는 사람들이 두루 쓰는 현대 서울말로 정함을 원칙으로 한다'라는 표준어 규정을 들먹일 필요는 없겠다. 현재의 표준어 규정이 가지고 있는 문제점에 대해서는 그동안 많은 논의가 있었다. 그런 논의를 다 끌어들일 수는 없고, 내가 갖고 있는 생각을 간단히 덧붙이고 싶다. 그러기 전에 먼저 표준국어대사전에 나온 '거시기'라는 낱말의 풀이를 보자.

거시기 1. 이름이 얼른 생각나지 않거나 바로 말하기 곤란한 사람 또는 사물을 가리키는 대명사. 2. 하려는 말이 얼른 생각나지 않거나 바로 말하기가 거북할 때 쓰는 군소리.

'거시기' 말고 '저거시기'도 방언이라는 표시 없이 표제어로 올라 있다.

저거시기 1. 어떤 말이 잘 떠오르지 아니할 때 쓰는 말. 2. 말을 꺼내기가 거북하거나 곤란할 때 쓰는 말.

두 낱말을 보면서 나는 비슷하게 쓰이는 '머시기'라는 낱말을 떠올리곤 한다. 이 낱말은 표준국어대사전에는 없고 고려대한국어대사전에 다음과 같이 나온다.

머시기 '무엇'의 방언(강원).

'거시기'와 '저거시기'는 표준어인데 왜 '머시기'는 방언일까? 둘 사이에 어떤 차이점이 있는 걸까? 이런 의문을 품어 볼 수 있겠다. 일단 '머시기'보다 '거시기'가 폭넓게 쓰이고 있기 때문일 거라는 추론을 해 볼 수 있다. 그럼에도 '거시기'가 표준어 규정에 나오는 '서울말로 정함'이라는 원칙에 들어맞지 않는 부분이 있다는 건 분명하다. 그렇다면 다른 이유는 뭘까? 아주 단순무식하게 내가 추론하는 건 표준어 사정을 담당했던 이들의 '내 마음대로'식 처리가 가져온 결과가 아닐까 싶다. 객관적인 기준이 아니라 주관적인 판단이 개입했을 거라는 얘기다.

표준국어대사전은 예전에 방언과 북한어를 포함하고 있었는데, 홈페이지를 개편하면서 표준어만 남기고 모두 〈우리말샘〉으로 옮겠다. 그중의 몇 개를 살펴보자.

과메기 [방언] 청어나 꽁치를 차게 말린 것(경북).

혼불(魂-) [방언] 사람의 혼을 이루는 바탕. 죽기 얼마 전에 몸에서 빠져
나간다고 하는데, 크기는 종발만 하며 맑고 푸르스름한 빛을 띤다고 한
다(전남, 전북).

테왁 [방언] 박의 씨 통을 파내고 구멍을 막아서 해녀들이 작업할 때 바
다에 가지고 가서 타는 물건(제주).

격얼숭어 알을 낳은 직후의 숭어(경기).

이 낱말들은 고려대한국어대사전에도 모두 방언으로 표기되어
있다. 다들 서울말이 아닌, 즉 특정 지역에서 주로 사용하는 말이
라고 해서 방언으로 분류했을 것이다. 하지만 그런 기준으로 보았
을 때 방언으로 분류해야 마땅하다고 보이는 낱말들이 방언이라
는 설명 없이 표제어에 오른 것들도 꽤 많다.

드베 씨 뿌릴 때 쓰는 그릇의 하나. 속이 빈 박통에 작은 구멍을 여러 개
뚫어 만들며 함경도에서 주로 조의 씨를 뿌리는 데 쓴다.

디기밭 고원의 평지에 있는 밭. 강원도 화전민 마을에서 볼 수 있다.

신후리 고등어를 잡을 때 쓰는 후릿그물. 강원도 통천 지방에서 쓴다.

굴목숭어 3월 초 경칩 직후에 평안북도 철산군 다사도 부근에서 잡히는
숭어.

이 낱말들도 특정 지역에서만 쓰는 말일 텐데 왜 방언이 아닐까? '디기밭'은 필시 표준어로 되어 있는 '더기밭'에서 왔을 것이다.

더기밭 고원의 평평한 땅을 일군 밭.

'더기밭'이 표준어라면 거기서 갈라져 나온 게 분명한 '디기밭'은 당연히 방언이 되어야 하는 게 아닐까? '무수'나 '무시'가 '무'의 방언이고, '발고락'이 '발가락'의 방언이듯이. '테왁'이 제주도 사람들이 쓰는 물건 이름이라서 방언이라면, 함경도 사람들이 쓰는 '드베'나 강원도 사람들이 쓰는 '신후리' 역시 방언이 되어야 할 테고. 하지만 일관된 기준이 없다 보니 특정 지역에서 쓰는 말이 어떤 건 표준어가 되고 어떤 건 방언이 되는 모순이 발생하고 말았다.

반면에 아무리 봐도 방언이라고 하기 어려운 낱말을 방언으로 처리한 것도 있다.

병아리장(---欌) '육추사'의 방언(경기).
병아리집 '육추사'의 방언(경기).

'병아리장'이나 '병아리집'이라는 말이 방언이라고 하면 그렇다고 고개를 끄덕일 사람이 누가 있을까?

앞서 변정수 씨가 특정 지역에서 사용하는 말이라도 다른 지역 사람들이 알아들을 수 있는 말이라면 표준어에 포함시키는 게 좋겠다고 한 말을 소개했는데, 나는 거기에 한 가지 조건을 추가하고 싶다. 지역 말이라 해도 표준어로 대체할 수 없는 것들은 표준어로 인정하면 좋겠다는 것이다. 제주도 사람들이 주로 사용하는 '숨비소리'와 '쉰다리'라는 낱말을 예로 들어 보자. 이 낱말들은 표준국어대사전에는 없고, 고려대한국어대사전에 다음과 같이 실려 있다.

숨비소리 [민속] 잠수하던 해녀(海女)가 바다 위에 떠올라 참던 숨을 휘파람같이 내쉬는 소리.

쉰다리 [방언] 밥과 누룩으로 담가 만든 여름철 음료. 제주 지방의 방언이다.

'숨비소리'에는 방언이라는 말이 없는데, 이유는 분류 항목을 [민속]으로 처리했기 때문일 것이다. 일종의 전문 용어로 해석한 셈이다. 민속이라고 하면 대체로 풍습이나 놀이, 전통 행사 같은 걸 말할 텐데, 해녀들이 내쉬는 숨소리는 민속과 관련된 게 아니라 생존을 위해 내는 자연적인 소리라고 보아야 한다. '숨비소리'가 [민속]에 해당한다면 해녀들이 사용하는 '테왁' 역시 [민속]으로 처리해야 할 텐데 그러지 않은 이유 역시 설명할 길이 없다. '쉰다리' 역시 제주만의 특산물인데, 이 말도 [민속]이 아니라 방언으로 처리했다.

'과메기'를 대신해서 '관목(貫目)'이라는 말이 '말린 청어'라는 풀이와 함께 표준어로 등재되어 있다. '관목'이 변해서 '과메기'가 됐다는 게 정설처럼 되어 있지만, 지금 '관목'이라는 말을 쓰는 사람은 없으며 어원 의식마저 희미해진 상태다. 그러므로 '과메기'를 포함해서, 특정 지역에서 주로 쓰던 말이지만 다른 지역 사람들도 알아듣고, 대체할 수 있는 다른 말이 없으면 모두 표준어의 울타리 속으로 끌어들이는 게 바람직한 방법이라고 본다. 그럴 때 〈우리 말샘〉에 있는 아래와 같은 낱말도 표준어가 되지 못할 이유는 없 지 않을까?

> **해루질** [방언] 밤에 얕은 바다에서 맨손으로 어패류를 잡는 일(전라, 충 남).

표준어와 방언을 가르려고만 하기 전에 '해루질'처럼 방언으로 밀려나 있는 말들을 찾아 표준으로 인정해줄 때 우리말 사용자들 이 지금보다 풍요로운 언어생활을 누릴 수 있을 거라는 점을 깊이 생각해 보면 좋겠다.

비표준어로 밀려난 말들

글을 쓸 때마다 답답함이 밀려오곤 한다. 내가 자주 쓰는 말이지만 그게 표준어가 아니라고 할 때 곤혹스러움이 찾아드는데, 글 쓰는 일을 업으로 삼고 있는 이들 중에 같은 느낌을 받은 이들이 꽤 있을 것으로 생각한다. 가령 다음과 같은 문장이 있다고 하자.

너무 슬퍼서 가슴 한 켠이 아렸다.

책을 읽다 보면 위와 비슷한 문장을 자주 만난다. 그런데 여기 쓰인 '켠'이라는 낱말은 표준어일까 아닐까? 국어사전에서는 '켠'을 '편(便)'의 비표준어로 처리하고 있다. 하지만 '가슴 한 켠'을 '가슴 한 편'으로 바꾸면 글맛이 사라진다. '가슴 한 쪽'으로 바꾸면 조금 낫긴 하지만 그래도 '켠'이라는 말이 주는 어감을 온전히 살릴 수는 없다.

그렇다면 '뒤켠'이라는 말은 어떨까? 표준국어대사전에서는 아예 찾을 수가 없고, 고려대한국어대사전에는 다음과 같이 되어 있다.

뒤켠 '뒤쪽'의 비표준어.

인터넷에서 '뒤켠'을 치고 검색해 보면 수많은 사람들이 쓰고 있는 말임을 알 수 있다. 그런데 이 말을 왜 비표준어로 밀어내야 했을까? 더 이상한 건 같은 사전에 아래 낱말이 표제어로 올라 있다는 사실이다.

뒤켠길 어떤 길의 뒤쪽으로 나 있는 길.

이 말에는 비표준어라는 설명이 없다. 이런 현상을 어떻게 이해해야 할까? '뒤켠길'과 '뒤켠' 중 어떤 낱말이 더 많이 쓰이고 있을까? 아마 '뒤켠'이 더 많이 쓰일 것이다. 이런 모순은 비슷한 말에서도 발견된다. 표준국어대사전에 이렇게 나온다.

뒤안 → 뒤꼍.
뒤안길 1. 늘어선 집들의 뒤쪽으로 나 있는 길. 2. 다른 것에 가려서 관심을 끌지 못하는 쓸쓸한 생활이나 처지.

'뒤안'은 비표준어이므로 '뒤꼍'을 쓰라는 얘기다. '뒤안'이 '뒤꼍'에 비해 많이 쓰이지 않는다고 해서 '뒤꼍'을 표준어로 삼고 '뒤안'을 비표준어로 밀어냈을 것이다. 하지만 지금도 '뒤안'이라는 말은 엄연히 살아 있으며, 그 말을 사랑하는 이들도 있다. 〈우리말샘〉도 '뒤안'을 비표준어로 처리하고 있긴 하지만 다음과 같은 설명을 달아 놓고 있다.

현대 국어 '뒤안'의 옛말은 16세기 문헌에서부터 나타나 현재까지 이어진다. 16세기의 『신증유합』에 '뒤안'이 '園(원)'에 대응하는 것을 보면 오늘날의 '뒤안'보다 이때의 '뒤안'은 가리키는 범위가 넓었던 것으로 보인다. 그러나 19세기 『한불자전』의 '뒤안'은 그 의미가 '後庭(후정)'으로서 오늘날과 동일하다.

지금도 활발히 쓰이고 있는 말을 비표준어로 몰아내는 폭력을 행사하는 힘을 누가 주었을까? 더구나 '뒤켠'과 '뒤안'은 비표준어고, 그 말을 사용해서 만든 합성어인 '뒤켠길'과 '뒤안길'은 표준어라는 모순된 상황을 이해하기 어렵다. 비슷한 예가 또 있다. 표준국어대사전에 '뜨락'이 표준어로 나오지만 '뒤뜨락'은 비표준어이므로 '뒤뜰'을 쓰라고 했다. 그리고 '앞뜨락'이라는 말은 아예 표제어에 없다.

멀쩡하게 잘 쓰고 있는 말들을 비표준어로 몰아낸 것들이 꽤 있다. '총각무'를 취하고 '알타리무'를 버리라고 했는가 하면 '오도독뼈'를 취하면서 '오돌뼈'를 내쳤다. '삐걱대다'와 '삐걱거리다'는 인정하면서 '삐걱이다'는 나 몰라라 하고 있다. '곰장어'에 밀린 '꼼장어'도 억울한 마음을 지니고 있을 듯하다. 이런 경우가 무척 많은데, 내가 보기에 이해하기 어려운 낱말들 중심으로 몇 가지 사례를 제시해 보려고 한다. 앞의 것이 비표준어, 뒤의 것이 표준어다.

낼름→날름

삐그덕→삐거덕

깡총깡총→깡충깡충

쨍그렁→쩽그렁

오똑하다→오뚝하다

뾰쪽→뾰족(**뾰죽** →뾰족)

빠꼼→빠끔

새벽별→샛별

까망→깜장(**꺼멍**→껌정)

살풋, 살풋이→살포시

부비다→비비다

닐리리→늴리리

외골수→외곬

테두리선→계선(界線)

예를 들자면 이보다 몇 배 많은 낱말들을 제시할 수 있다. 나로
서는 비표준어로 분류해 놓은 앞의 말들이 왜 그런 취급을 당해야
하는지 모르겠다.

'외골수'를 버리고 '외곬'을 쓰라고 하는데, 표기와 발음이 어려
운 저 낱말을 굳이 써야만 하는 걸까? 사용자의 편의를 무시한 처
사라는 생각이 든다. 우리말은 모음의 변화에 따라 어감이 달라지
는 경우가 많다. '깡충깡충'보다 '깡총깡총'이 더 귀엽게 느껴지지
않는가! 상황에 따라 둘 중의 하나를 골라서 사용하면 안 되는 이

유가 있을까? '깜장'은 되고 '까망'은 안 되는 이유는 어디 있을까? '계선(界線)'이라는 한자어보다 '테두리선'이 훨씬 이해하기 쉬운 말인데 왜 이 말이 표준어의 테두리에서 밀려나야 하는 걸까?

다음 낱말들은 또 어떤가?

책덮개(冊--)→책가위

책껍데기(冊---)→책의

'책가위'나 '책의'라는 낱말을 사용하거나 들어 본 사람이 얼마나 될지 모르겠다. 두 낱말의 풀이는 다음과 같다.

책가위(冊--) 책의 겉장이 상하지 아니하게 종이, 비닐, 헝겊 따위로 덧 씌우는 일. 또는 그런 물건.

책의(冊衣) 책의 맨 앞과 뒤의 겉장.

국어사전을 뒤지면서 이런 말도 있구나, 하고 신기하게 여길 수는 있겠으나 저 말들을 살려 쓸 사람은 거의 없을 거라는 게 내 판단이다. '책덮개'나 '책껍데기'처럼 들으면 금방 이해할 수 있는 좋은 말을 놔두고 옛날 사람들이 쓰던, 이미 사용 시효가 지난 말들을 고집할 필요는 없지 않을까?

표준어와 비표준어를 가르기 위한 국어사전 편찬자들의 기준이 있을 수 있고, 그런 필요성을 부정하지는 않는다. 지나치게 무원칙한 처리도 바람직한 건 아닐 테니까. 다만 국어사전 편찬자들이 실제 사용자들의 입장에 서서 다시 한번 고민해 보면 좋겠다. 그리고 비표준어로 몰아낸 말들을 표준어의 울타리 안으로 조금 더 과감하게 끌어들이면 좋겠다. 그래야 우리말이 더 풍부해지고, 말글살이의 영역도 넓어질 거라 믿는다. 그러고 보니 '말글살이'라는 말도 아직 국어사전 표제어에 오르지 못했구나!

북한말에 대한 생각

세상살이를 하다 보면 옳고 그름을 따지기 어려운 일들이 참 많다. 그것은 맞춤법이나 낱말의 경우도 마찬가지인데, 남한과 북한의 국어학자들이 각자 만들어 놓은 규정 중 어느 게 옳고 어느 게 그르다고 말할 수 있을까? 그건 편의상 혹은 자신들의 학설이나 주장을 앞세워 적당한 틀에 맞춰 놓은 것에 지나지 않을 수도 있다. 이것과 저것 중에 어느 것을 고를 것이냐 하는 선택의 문제일 수도 있다는 얘기다.

남한의 맞춤법 규정에 따르면 '올바르다'가 맞지만 북한의 규정에 따르면 '옳바르다'고 해야 맞다. 이럴 때 어느 표기가 정확하다거나 과학적이라고 말할 근거는 없다. 그저 남북의 국어학자들이 그렇게 규정했기 때문에 남북의 언중들이 그대로 따라서 표기하고 있을 뿐이다. 북한은 대체로 합성어를 만들 때 애초의 어형을 그대로 유지하는 것을 선호하고, 남한은 실용성을 내세워 간편하고 쉬운 표기법을 선택했기 때문에 벌어진 차이에 지나지 않는다. 그래서 북한은 '닭알'이라 하고 남한은 '달걀'이라고 하는 것인데, 여기에 무슨 거창한 문법 이론이나 언어 철학 같은 걸 갖다 댈 이유는 없다.

우리가 쓰는 '달걀찜'이라는 말 대신 북한은 '닭알공기찜'이라는 말을 쓴다. 달걀을 풀어 밥공기에 찐다고 해서 그런 표현을 얻게 된 낱말이다. 언뜻 들으면 '닭알공기찜'이라는 말이 낯설고 어쩌면 촌스럽게 들릴 수도 있겠다. 하지만 그건 남한 사람들이 오랫동안 '달걀찜'이라는 말에 익숙해졌기 때문에 느끼는 감정일 뿐이다. 가령 우리는 '헤엄'이라고 하지만 북한에서는 '헤염'이라고 한다. 북한에서는 전설 모음 'ㅣ, ㅔ, ㅐ, ㅟ, ㅚ' 다음에 'ㅓ' 모음 대신 'ㅕ' 모음을 쓴다. '되었다'를 '되였다', '쉬엄쉬엄'을 '쉬염쉬염'으로 표기하는 식이다. 이 역시 옳고 그름의 잣대로 따질 문제가 아니다. 전설 모음 뒤에 'ㅓ' 모음보다는 'ㅕ' 모음이 오는 게 발음하기 쉬워서 그런 표기법을 택했다고 이해하면 되는 일이다.

표기법뿐만 아니라 표준어냐 문화어냐를 따지는 일 역시 마찬가지다. 표준국어대사전에서는 한동안 북한말이라는 분류 항목으로 구분해 놓은 낱말을 실었다가 〈우리말샘〉을 만들면서 그런 낱말들을 모두 그쪽으로 옮겨 놓았다. 남한에서는 안 쓰고 북한에서만 사용하는 말이라면 북한말이라고 구분해 주는 게 타당성 있는 조치일 것이다. 당나귀를 '하늘소', 양배추를 '가두배추', 라면을 '즉석국수'나 '꼬부랑국수'라고 부르는 것들이 그런 예에 해당할 것이다. 외래어에 있어서도 러시아말의 영향을 받아 점퍼를 '슈바', 케이크를 '똘뜨'라고 하는 것들도 북한식 어휘라고 하는 점에 있어서는 이론의 여지가 없다. 하지만 엄연히 남한에서도 쓰는 말을 단지 남한에서 만든 국어사전에 실리지 않았다고 해서 북한말로 분류해 놓은 것들이 꽤 있는데, 그 부분에 있어서는 쉽게 동의할 수 없다. 예를 들자면 다음과 같은 낱말들이다.

양털가죽 [북한어] '양모피'의 북한어.

담벽(-壁) [북한어] '담벼락'의 북한어.

잔등 [북한어] '등'의 북한어.

신들메 '들메끈'의 북한어.

심술머리(心術--) '심술딱지'의 북한어.

구유통(--桶) [북한어] '구유'의 북한어.

애저녁 [북한어] '애초'의 북한어.

앞뜨락 [북한어] '앞뜰'의 북한어.

까악 [북한어] 산까치가 우는 소리.

병아리기르기 [북한어] '육추'의 북한어.

모두 남한 사람들도 흔히 쓰는 말들인데 북한말로 처리해 놓았다. 이런 낱말을 다 모으면 몇 페이지는 채워야 할 것이다. '깍'은 남한의 까마귀나 까치가 우는 소리이고 '까악'은 북한의 산까치가 우는 소리라고 하는 걸 누가 판별해서 정했을까? '육추(育雛)'라는 어려운 한자어보다 '병아리기르기'라는 말이 얼마나 부르기 쉽고 좋은가. '뜨락'은 표준어로 처리해 놓았으면서 '앞뜨락'과 '뒤뜨락'은 북한말이라고 하는 것도 이상하지 않은가. '양모피'라는 한자어 대신 '양털가죽'이라는 우리말을 쓰면 얼마나 좋은가. 그런데 표준국어대사전에는 '양가죽'을 표제어로 삼으면서 '양털가죽'은 북한말로 밀어냈다. '양가죽'과 '양털가죽' 둘 다 쓰면 큰 문제라도 생기는 걸까? 표준국어대사전에 실린 낱말을 보자.

구슬양피(--羊皮) 털이 동글동글하게 말려 오그라든 양털 가죽.

하미(Hami[哈密]) [지명] 중국 신장 웨이우얼 자치구(新疆維吾爾自治區)
동쪽에 있는 오아시스 도시. 톈산산맥(天山山脈) 남쪽 기슭에 있으며, 한
(漢)나라 때부터 동서 교통의 요충지였다. 멜론·밀 재배가 활발하며, 양
털 가죽의 집산지이다. ≒코물.

풀이에 '양털 가죽'이라는 말이 나온다. '양털'과 '가죽'을 붙이
지 않고 띄어 씀으로써 하나의 낱말로 인정하지 않고 있음을 보여
주고 있다. 하지만 이는 남한에서 '양털가죽'이라는 말을 널리 쓰
고 있음을 보여주는 사례인 셈이다. 그럼에도 '양털가죽'을 북한
말이라고 처리하는 게 타당한 것일까 하는 의문을 갖지 않을 수 없
다. 다음 낱말은 또 어떤가?

나락 1. (일부 속담이나 관용구에 쓰여) '벼'를 이르는 말. 2. [방언] '벼'의
방언(강원, 경남, 전라, 충청). 3. [북한어] [식물] '벼'의 북한어.

풀이를 세 가지로 구분해 놓았다. '나락'이라는 낱말이 일부 지
역의 방언이며, 속담이나 관용구에 쓰일 때만 표준어라는 식의 규
정을 어떻게 받아들여야 할까? '나락'을 그냥 표준어로 인정하면
이런 식으로 복잡하게 구분해서 풀이하는 수고를 겪어야 이유가
없다. 북한어라고 할 이유도 당연히 없을 테고. 표준어의 범위를

너무 협소하게 잡다 보니 괜한 말이 방언이나 북한말로 밀려나는 서러움을 안게 되고 말았다.

북한말과 관련해서 더 짚어 볼 만한 문제들이 있다.

사귐점 [수학] '교점'의 북한어.

도로사귐점(道路--點) [교통] '도로 교차점'의 북한어.

'사귐점'이라는 말을 보고 참 잘 만든 말이라는 생각을 했다. 그렇다면 우리도 저런 낱말을 적극적으로 끌어들여서 사용할 수는 없을까 하는 데까지 생각이 미쳤다. 일부러 순화어도 만들어 보급하느라 애쓰는데 멀리서 어렵게 찾을 필요 없이 북한의 『조선말대사전』에 있는 말 중에서 좋은 말들을 찾아 함께 쓰는 노력을 기울이면 좋겠다.

사마귀풀 [식물] 닭의장풀과의 한해살이풀. 줄기는 땅 위로 뻗어 나가며 가지가 갈라지고 옅은 자주색을 띠며, 각 마디에 수염뿌리가 나 있다. 잎은 어긋나고 선형의 피침 모양이며 잎자루는 칼집 모양이다. 6~8월에 연한 보라색 꽃이 잎겨드랑이에 하나씩 피고 열매는 삭과(蒴果)를 맺는다. 가축의 사료로 많이 쓴다. 못가 습지에 나는데 한국, 일본, 북아메리카 등지에 분포한다. ≒애기닭의밑씻개. (*Aneilema keisak*)

풀이가 참 자세하다. 그런데 왜 하필 이름이 '사마귀풀'일까 하는 궁금증이 일었다. 무척 길게 풀이해 놓았음에도 사마귀와 관련한 내용은 보이지 않는다. 알아보니 이 풀을 피부에 돋은 사마귀에 붙이면 사마귀가 떨어진다고 해서 '사마귀풀'이라는 이름을 붙였다고 한다. 또한 이 풀은 사마귀 제거뿐만 아니라 생즙을 내거나 탕으로 달여 약으로도 쓴다고 한다. 그래서 북한의 『조선말대사전』에는 '사마귀풀' 대신 '사마귀약풀'이라는 이름으로 올라 있다. '사마귀풀'과 '사마귀약풀' 중 어느 이름이 풀의 특성에 더 어울릴까?

북한말을 호기심 차원으로만 접근하거나 편견을 가지고 바라보는 경우가 종종 있다. 그런 시각에서 벗어나 북한말도 엄연히 우리말이고, 남북한 말의 차이란 게 실은 그리 크지 않다는 점에 주목할 필요가 있다. 처음에 말한 것처럼 낱말에는 옳고 그름이 없다. 무엇을 선택하느냐의 문제일 따름이니 낱말마저 남과 북으로 갈라치려 하지 말고 선택의 폭을 넓혀 언어생활을 더 풍성하게 하는 게 중요하다는 사실을 잊지 말 일이다.

비표준어와 북한말에 대한 보충

앞에서 비표준어와 북한말에 대한 이야기를 했는데, 그에 해당하는 모든 예를 들어 설명하자면 꽤 많은 분량을 차지한다. 그렇게까지 할 필요는 없어서 줄였지만 그래도 하나만 더 짚고 넘어가기로 하자. 같은 말인데 한 군데서는 비표준어로, 다른 한 군데서는 북한어로 처리했다. 앞은 고려대한국어대사전, 뒤는 〈우리말샘〉의 풀이다.

> **순치기**(筍--) '순지르기(筍---)'의 비표준어.
> **순치기**(筍--) [농업] '순지르기'의 북한어.

표준어로 설정된 '순지르기'의 뜻은 이렇다.

> **순지르기**(筍---) [농업] 초목의 곁순을 잘라 내는 일. ≒곁순치기, 눈따기, 순따주기, 순뽕따기, 순지름, 적순, 적심, 적아.

'치다'라는 말을 버리고 '지르다'를 취해서 표준어로 삼았다. 그런데 이상한 건 표준국어대사전에 아래와 같은 낱말들이 비표준어나 북한어라는 표시 없이 그냥 표제어로 올라 있다는 사실이다.

순치다(筍--) [농업] 식물의 발육을 좋게 하기 위하여 순을 자르다.

곁순치기(-筍--) [농업] 초목의 곁순을 잘라 내는 일. =순지르기.

'순지르기'가 표준어라면 위 낱말들도 '순지르다', '곁순지르기'가 되어야 하지 않을까? 하지만 이런 낱말은 어디에도 표제어로 실리지 않았다.

끝순치기(-筍--) [북한어] [농업] 농작물의 줄기나 가지의 윗부분을 잘라 주는 일. 참외, 수박, 목화, 담배 따위의 작물에 주로 이용한다. 끝부분에 가던 영양이 다른 부분으로 가기 때문에 포기가 균일하게 자라고 빨리 여물며 수확량이 많아진다.

〈우리말샘〉에만 있는 낱말이다. 곁순뿐만 아니라 끝순도 잘라 주어야 하는 식물이 있음을 알게 해준다.

'치다'와 '지르다' 말고 다른 동사를 활용한 낱말도 표준국어대사전에 실려 있다.

햇순따기(-筍--) [농업] 묵은 가지에서 새로 자라난 잎이 달린 햇순을 따는 일.

곁순따기(-筍--) [농업] 식물이 잘 자라도록 곁순을 따 주는 일.

이 낱말들은 '따다'라는 동사를 결합시켰는데, 지금까지 나온 세 개의 동사가 모두 같은 의미로 사용되었다. 아래처럼 더 특별한 경우도 있다.

순따주기(筍---) [농업] 초목의 곁순을 잘라 내는 일. ＝순지르기.

이런 상황에서 처음에 살펴본 '순치기'만 왜 비표준어나 북한어로 밀려나야 했는지 국어사전 편찬자들에게 물어보면 어떤 대답이 나올까? 실제 밭에서 일을 하며 작물을 키우는 분들은 표준어냐 아니냐를 따져서 말을 사용하는 게 아니다. 스스로 자신들이 부르기 좋은 말을 찾아서 쓸 뿐이다. 그리고 '순치기'라는 말을 남한에 사는 많은 사람들이 자연스럽게 쓰고 있다는 건 쉽게 확인할 수 있다. 문제는 그런 말들을 보듬는 대신 국어사전 편찬자들이 특별한 기준도 없이 적당하게 선을 그어 놓은 다음 낱말들을 금 밖으로 밀어내고 있다는 점이다. 죄 없는 낱말들이 하소연도 못 하고 억울한 표정을 짓고 있는 중이다.

합성어를 인정하는 기준은?

우리말은 두 낱말을 합쳐서 합성어나 파생어를 만드는 경우가 많다. 파생어는 실질 형태소에 접사를 결합하여 만드는 것으로, 국어사전마다 큰 차이가 없다. 하지만 둘 이상의 실질 형태소를 결합하여 만드는 합성어의 경우 특별한 기준이 없다 보니 국어사전마다 차이가 있다.

가령 고려대한국어대사전에는 '마주서다', '마주앉다', '마주보다', '마주잡다'가 표제어로 올라 있지만 표준국어대사전 표제어에는 그런 낱말들이 보이지 않는다. 합성어로 인정하지 않는다는 얘기다. 그러면서도 다음과 같은 낱말은 표제어로 삼았다.

마주나다 [식물] 줄기의 마디마다 잎이 두 개씩 마주 붙어 나다.

'마주나다'가 앞서 말한 낱말들과 어떤 차이가 있어 합성어로 인정받았을까? 분류 항목이 [식물]로 되어 있어 전문 용어라는 특수성을 인정받은 걸까? 이해하기 어려운 일이다. 이런 경우는 꽤 많다. '정신탓'과 '마음탓'은 분류 항목을 [심리]로 처리해서 합성어로 인정한 반면 같은 형태인 '기분 탓'은 띄어 써야 하기 때문이다. 전문 용어가 아닌 '정신머리'는 합성어로 인정하면서 '정신줄'은 '정신 줄'로 띄어 쓰라고 하는 것도 이해하기 어렵긴 마찬가지이다. '피부밑'이라는 말이 하나의 합성어로 인정될 수 있을까? 고개를 갸웃거릴 이들이 많겠지만 이 말은 엄연히 하나의 낱말로 표준국어대사전에 올라 있다. '피하(皮膚)'를 대신해서 쓸 수 있는 순화어로 의학계가 만든 전문 용어이기 때문이다.

'저물녘'을 합성어로 인정한 표준국어대사전은 같은 뜻을 지닌 '해질녘'과 '석양녘'을 합성어로 인정하지 않는다. 합성어로 인정하는 기준이 있느냐 하면 그렇지도 않은 것 같아 더 답답하다. 표준국어대사전과 고려대한국어대사전이 취하고 있는 합성어 인정 여부에 있어 내가 답답하게 여기는 사례 몇 개를 살펴보자.

봄볕, 가을볕: 두 군데 모두 인정.

여름볕: 고려대한국어대사전만 인정.

겨울볕: 두 군데 모두 불인정.

봄바람, 가을바람, 겨울바람: 두 군데 모두 인정.

여름바람: 두 군데 모두 불인정.

봄옷, 여름옷, 겨울옷: 두 군데 모두 인정.

가을옷: 고려대한국어대사전만 인정.

전인구(全人口)**:** 두 군데 모두 인정.

전국민, 온국민, 온나라: 두 군데 모두 불인정.

만세계(萬世界)**:** 표준국어대사전만 인정.

전세계(全世界)**, 온세계:** 두 군데 모두 불인정.

예를 들자면 훨씬 많은 사례를 제시할 수 있겠지만 이 정도에서 그치기로 한다. 표준국어대사전을 펴낸 국립국어원은 합성어 인정에 매우 인색한 편이다. '신나다'를 예전에는 '신 나다'로 표기해야 했고, 하나의 낱말로 인정받은 건 그리 오래되지 않았다. 문제는 같은 형태인 '신명나다', '신바람나다' 같은 경우는 아직도 하나의 낱말로 인정하지 않고 있다는 사실이다. 두 낱말 모두 고려대한국어대사전은 하나의 낱말로 인정하고 있다. 그런 면에서 볼 때 고려대한국어대사전 편찬자들이 합성어 인정 폭을 상당히 열어두고 있음을 알 수 있다.

표준국어대사전에서 합성어로 인정하고 있지 않지만 고려대한국어대사전에 합성어로 인정해서 표제어로 올려 둔 것들을 대충 모아 보았다.

붙어다니다, 옮겨다니다, 불려다니다, 묻어다니다, 싸질러다니다

→표준국어대사전에서 '몰려다니다'는 합성어인데. '붙어다니다'와 어떤 차이가 있는 걸까?

눈치보다, 돌려보다, 돌이켜보다, 올려보다, 내려보다

→표준국어대사전은 '올려다보다'와 '내려다보다'만 인정하고 있으나, '올려보다'와 '내려보다'라는 말도 실생활에서 많이 쓰고 있다.

숨어살다

→표준국어대사전에서 '붙어살다'와 '얹혀살다'는 합성어다. 얹혀살더라도 숨어살지는 말라는 교훈을 주고 싶었던 모양이다.

맛들이다, 눈독들이다

→표준국어대사전에서 '사들이다'는 합성어다. 눈독들이거나 맛들이지 말고 그냥 사들이라는 걸까?

차려놓다, 마음놓다

→표준국어대사전에서 '널어놓다', '밀쳐놓다', '긁어놓다', '침놓다'는 합성어다. 널고, 밀치고, 긁어놓는 건 돼도 차려놓으면 왜 안 되는 걸까?

해먹다, 주워먹다, 살라먹다

→표준국어대사전에서 '누워먹다'는 합성어다. 누워먹는 건 봐줘도 해먹거나 주워먹는 건 못 봐주겠다는 걸까?

문제삼다, 빌미삼다

→표준국어대사전에서 '참고삼다(參考--)', '주장삼다(主張--)', '장난삼다'는 합성어다. 이런 걸로 빌미삼거나 문제삼지 말아 달라는 걸로 알아들어야겠다.

이런 식으로 찾아가다 보면 한이 없다. '나무뿌리'는 양쪽에서 합성어로 인정하지만 '풀줄기'는 고려대한국어대사전에서만 합성어다. '뛰쳐나가다'는 되고 '달려나가다'는 안 되는 이유는 무엇이며, '등돌리다', '주눅들다' 같은 말이 왜 고려대한국어대사전에서만 합성어 처리를 하고 있는지 모르겠다.

고려대한국어대사전이 비교적 폭넓게 합성어를 인정하고 있지만, 거기서도 합성어로 인정받지 못하는 것들도 있다. '티나다'는 '티 나다'로 써야 하며, '실어나르다'와 비슷한 의미를 지닌 '퍼나르다'도 여전히 '퍼 나르다'로 쓰도록 하고 있다. '얻어먹다'와 '잡아먹다'는 한 낱말이고 '사먹다'는 한 낱말이 아니므로 '사 먹다'

라고 쓰라는 건 무슨 까닭일까?

　내가 국어사전을 뒤져가며 이런 작업을 하고 있는 이유가 그냥 재미삼아 그러는 걸까? 방금 쓴 앞 문장에서 '재미삼아'를 붙여 써 보았다. 하지만 국어사전에 따르면 '재미 삼아'라고 해야 한다. 그리고 '붙여쓰다'라고 하고 싶지만 이 말 역시 '붙여 쓰다'라고 해야 한다. '붙여쓰기'는 표제어로 당당히 자리를 차지하고 있지만 '붙여쓰다'는 찬밥 신세를 면하지 못하고 있다.

외래어 표기에 대해

외래어 표기를 할 때 가끔 헷갈릴 경우가 있다. 가령 '케잌'이 맞는지 '케이크'가 맞는지 확신이 서지 않아 국어사전을 찾아보고 나서야 "아하, 케이크가 맞는구나" 하는 경험을 해 본 이들이 많지 않을까? 가끔은 찾고자 하는 외래어를 국어사전에서 아무리 찾아도 보이지 않을 때가 있다. 이건가 저건가 하며 머릿속에 그려 놓은 몇 가지 표기가 모두 맞지 않는 경우도 있기 때문이다.

한번은 자동차 경적을 뜻하는 외래어를 찾기 위해 표준국어대사전을 검색했는데, 도무지 찾기가 어려웠다. 클랙션을 찾으니 안 나오고, 클락션인가 했더니 그것도 아니고, 크랙션, 크락션 모두 해당이 없었다. 한참을 헤맨 끝에야 정확한 표기가 '클랙슨'이라는 걸 알게 되었다. 이런 식으로 내가 잘못 알고 있었던 표기의 예를 들자면 꽤 많다.

비바크([독일어]Biwak) [체육] 등산에서, 텐트를 사용하지 않고 동굴이나 바위, 큰 나무 따위를 이용하여 하룻밤을 지새우는 일.

픽(pick) [예체능] 기타, 만돌린과 같은 악기를 칠 때에 사용하는 작은 채. 셀룰로이드 따위를 작은 삼각형이나 사각형으로 오려 내어 만든다.

라포르([프랑스어]rapport) [심리] 두 사람 사이의 공감적인 인간관계. 또는 그 친밀도. 특히 치료자와 환자 사이의 관계를 말한다.

벌컨포(Vulcan砲) [군사] 여섯 개의 총신(銃身)을 함께 묶어 돌아가면서 연속적으로 쏠 수 있는 기관포. 구경(口徑) 20밀리미터로, 비행기에 탑재하여 사격하거나 대공(對空) 방어에 사용한다.

위 외래어들의 표기를 비박, 피크, 래포(라포), 발칸포로 알고 있던 사람들이 많지 않을까? 다른 사람들은 몰라도 나는 그렇게 발음해 왔다. 하지만 국립국어원이 정한 외래어 표기에 따르자면 그동안 내가 잘못 이해하고 있었던 게 된다. 그럼에도 선뜻 이해하고 받아들이기 어려운 것도 사실이다.

투피크(tupik) 에스키모의 여름용 천막. 바다 표범의 가죽으로 만든다.

이 외래어의 표기는 왜 '투픽'이 아닌지 궁금하고, 독일어 'Biwak'에서 'a'가 장음이 아닌데도 굳이 '-바크'라고 음절을 늘린 이유도 궁금하다.

어떤 경우에는 분명 같은 낱말인데, 뜻에 따라 표기가 달라지기도 한다. 'cut'을 영화 용어로 쓸 때는 '컷'이고 미용 용어로 쓸 때는 '커트'라고 표기하는 식이다. 'shot' 또한 마찬가지여서 영화 용어로 쓸 때는 '숏'이지만 골프 등에서 운동 용어로 쓸 때는 '샷'이다.

외래어를 한글로 표기하는 원칙은 외래어 표기법에서 자세하게 규정하고 있다. 하지만 그런 규정을 일일이 지키지 못하는 경우도 있을 수 있다. 그래서 외래어 표기법 제1장 제5항에서 "이미 굳어진 외래어는 관용을 존중하되, 그 범위와 용례는 따로 정한다"라고 해 놓았다. 그러므로 같은 철자를 지닌 외래어라도 오랫동안 사용해 온 관용 표현이라면 규정을 벗어난 표기도 인정할 수 있다는 식으로 문을 열어 둔 셈이다. 하지만 가능하면 원칙을 벗어나지 않으려는 게 규정을 만든 사람들이 지닌 속성이어서 논란이 되기도 한다. 국립국어원은 바닷가재를 뜻하는 'lobster'를 오래도록 '로브스터'로 표기해야 한다고 했다. 하지만 대다수의 사람이 '랍스터'를 현실 발음으로 사용해 왔고, 이런 불일치에 대해 꾸준히 불만을 제기했다. 결국 2016년에 국립국어원이 '랍스터'를 받아들이기로 하고 '로브스터'와 동의어로 처리해서 표준국어대사전에 올렸다. 그럼에도 비슷한 경우인, 개의 품종을 뜻하는 외래어 'bulldog'는 여전히 '불독'이 아니라 '불도그'로 표기해야 한다.

이렇게 현실 발음과 표기가 일치하지 않는 경우는 무척 많다. 흑인 음악인 'soul'을 '소울'이 아니라 '솔'로 표기해야 하고, 'rainbow'를 '레인보우'라고 쓰고 싶어도 '레인보'라고 해야 하며, 'Marx'는 '맑스'가 아닌 '마르크스'라고 표기해야 한다.

표준국어대사전을 보면 외래어 표기의 일관성을 지키지 않고 있는 것들이 더러 눈에 띈다.

아콰마린(aquamarine) [광업] 짙은 푸른색을 띠는 녹주석. 아름다운 것은 갈아서 장식품으로 쓴다.

아쿠아리움(aquarium) 물속에 사는 동식물을 관찰하고 체험할 수 있도록 대형 수족관 따위를 다양하게 갖추어 놓은 곳.

리우데자네이루(Rio de Janeiro) [지명] 브라질 동남부의 대서양에 면하는 항구 도시.
리오데오로(Rio de Oro) [지명] 북아프리카 구(舊)에스파냐령 사하라의 북위 26도 이남에 있는 지역.

똑같이 'aqua'로 시작하는데 하나는 '아콰' 다른 하나는 '아쿠아'로 되어 있으며, 똑같은 'Rio'를 하나는 '리우' 다른 하나는 '리오'로 표기했다.

예전부터 지금까지 외래어 표기법에 대한 불만은 꾸준히 제기되고 있고, 사람마다 자신이 생각하는 표기 방식을 내세운 주장을 펴고 있기도 하다. 규정 자체를 없애자는 이도 있지만, 그럴 경우에 생길 수 있는 혼란을 막기 위해서는 일관성 있는 규정이 필요하다는 입장도 만만치 않다. 문제는 어떤 방식이든 완벽한 규정을 만들기는 어렵다는 사실이다. 더구나 외래어가 영어만 있는 것도 아니어서 모든 언어를 대상으로 정확한 규정을 만드는 일이 쉽지는 않다. 일각에서는 현재의 규정이 외래어의 본래 발음과 거리가 멀다며 가능하면 원 발음에 가깝게 표기해야 한다는 주장을 내세우기도 하고, 일부 대형 출판사에서는 자신들이 만든 별도의 규정에 맞춰 외래어를 표기하고 있기도 하다. 하지만 외래어와 우리말을 정확하게 일치시키는 건 불가능하다.

그렇다면 어떻게 하는 게 좋을까? 원어 발음은 외국어를 배우는 사람이 정확히 익히면 되고, 외래어는 외국에서 들어왔지만 우리말처럼 쓰는 것이므로 우리가 발음하기 쉽고 편한 쪽으로 표기하도록 하는 게 좋겠다는 정도가 내가 지닌 생각이다. 외래어 표기법에 있어 어차피 유일무이한 정답은 없고, 모든 사람이 합의할 수 있는 규정을 만들기도 어렵다. 그렇다면 현지 사람이 어떻게 발음하든 신경 쓰지 말고 우리가 사용하는 현실 발음을 적극적으로 받아들이고 인정할 필요가 있다고 본다.

남한과 북한의 외래어 표기법은 상당히 다르다. 북한에서는 'a, e, o, u' 등의 모음을 실제 발음과 상관없이 알파벳 발음 그대로 가져다 쓴다. 그래서 'computer'는 '컴퓨터'가 아니라 '콤퓨터'가 되고, 'hockey'는 '하키'가 아니라 '호케이', 'badminton'은 '배드민턴'이 아니라 '바드민톤'으로 표기한다. 이런 표기를 촌스럽다고 하면 그 또한 편견일 수 있다. 우리가 익숙해진 방법에 비추어 남들이 선택한 방법의 옳고 그름을 평가하는 건 바람직한 태도가 아니다. 한편 달리 생각하면 원 발음이 뭔지 따질 것 없이 단순하게 알파벳만 보고 표기하면 되니 무척 간편하고 쉬운 표기법일 수 있다. '오렌지'를 '어륀지'로 표기해야 한다는 억지보다 훨씬 새겨볼 만한 방법이 아닐까? 복잡한 표기법 때문에 언중들을 골치 아프게 만들고, 잘못된 표기를 사용할 경우 무식하다는 손가락질을 받게 하는 것보다는 낫지 않을까?

끝으로 덧붙이자면, 외래어 표기 규정은 법률처럼 강제 규정이 아니라 권장사항 정도로 이해하는 게 좋겠다는 생각도 한다. 그래서 일부 출판사나 학자들이 외래어 표기 규정과 상관없이 자신이 정한 대로 표기하는 경우도 생기는 것이다. 지나치게 규정에 얽매이지 않는 것, 그게 스스로 무식하다고 자책하게 만들지 않으면서 스트레스를 줄이는 방법이 될 수도 있다고 본다.

꼭 문법에 맞게 써야 할까?

컴퓨터로 문서 작성을 하다 보면 맞춤법이나 띄어쓰기가 틀렸을 때 붉은 줄이 그어지는 걸 볼 수 있다. 내가 잘못 입력한 것도 있지만 때로는 아무 이상이 없는 것 같은데 왜 붉은 줄이 나타나지, 하는 생각을 할 때가 있다. 기계가 완벽한 건 아니니까 멀쩡한 구절에도 붉은 줄이 나타날 수는 있다.

다음과 같은 문장을 살펴보면서 이야기를 이어가자.

사람들은 종종 남에 대한 험담을 한다. 뿐만 아니라 없는 사실을 지어내기도 한다.

여기서 '뿐만 아니라'에 붉은 줄이 그어진 걸 보았다. 처음에는 왜 그럴까 싶었다. 내 글뿐만 아니라 다른 이들의 글에서도 그런 표현을 자주 보았기 때문이다. 잠시 생각한 끝에 '뿐'이라는 낱말이 체언이 아니라 조사라는 사실을 생각해 냈다. 표준국어대사전에서는 '뿐'을 이렇게 설명하고 있다.

뿐 「조사」 (체언이나 부사어 뒤에 붙어) '그것만이고 더는 없음' 또는 '오직 그렇게 하거나 그러하다는 것'을 나타내는 보조사.

조사는 홀로 쓰이지 못하고 당연히 체언이나 부사어에 붙어서 만 쓰일 수 있다. 위에 내가 제시한 문장을 설명하는 부분에서 '내 글뿐만'이라고 했듯이 '뿐' 앞에 반드시 다른 말이 붙어 있어야 한다는 얘기다. 하지만 앞 문장을 이어받으면서 곧바로 '뿐만 아니라'로 시작하는 경우가 많다.

> 태국에서 유료 팬미팅을 열어 논란에 휩싸이기도 했다. 뿐만 아니라 이 행사에서…
> ─『서울신문』, 2020년 3월 9일자

> 지역사회의 어려움을 함께 하고 있다. 뿐만 아니라 지역사랑 실천에 앞장서기 위해…
> ─『영남일보』, 2020년 1월 12일자

> 빈틈없는 안전을 추구한다. 뿐만 아니라 배달원이 배달 물품을…
> ─『경향신문』, 2020년 3월 3일자

신문기사 몇 개를 예시로 제시했는데, 다른 글에서도 이런 식의 문장을 어렵지 않게 만날 수 있다. 문법에 맞게 쓰려면 '그뿐만 아니라' 혹은 '이뿐만 아니라'처럼 앞에 대명사를 넣어 주어야 한다. 하지만 앞에 대명사를 붙이지 않더라도 글을 읽는 사람은 아무런 문제 없이 내용을 이해하고 받아들일 수 있다. 잘못 읽힐 소지가 없다는 얘기다. 기사를 쓴 기자들의 무식함으로 몰아가는 게 옳은 건지 따져 볼 필요가 있지 않을까?

'보다 높이! 보다 멀리!', 이런 식의 구호를 종종 마주치곤 한다. 그런가 하면 '폭넓은 이슈를 보다 깊이 있게 다루고자' 하는 식의 문장을 만나는 것도 어렵지 않다. 여기서 문제가 되는 건 '보다'라는 낱말이다. 이 말에 대해 우리말 연구가였던 이오덕 선생은 '보다'는 본래 조사의 성격을 띠고 있기에 부사어로 쓰일 수 없으며, 그런 용법은 일본식 표현에서 비롯한 것이라는 주장을 여러 차례에 걸쳐 펼쳤다. '보다'의 자리에 '더'나 '더욱'을 넣어서 써야 올바른 어법이라는 얘기였다. 하지만 이오덕 선생의 이런 주장은 대중은 물론 국어사전 편찬자들의 귀에도 쉽게 다가가지 못했다. 대부분의 국어사전이 '보다'의 품사 항목에 부사도 포함시키고 있는 게 현실이다.

문법 규정에 어긋난 표현으로 자주 거론되는 말로 '비아냥대다/비아냥거리다'가 있다. 이럴 때 '비아냥'은 어근이기 때문에 독립적으로 쓰일 수 없다. 하지만 실생활에서는 '비아냥'이 명사처럼 쓰이기도 한다.

'동네 청소하는 것도 아니고 빗자루질 할려고 하냐'는 등 비아냥도 많았지만 언젠가는 컬링 종목에도 볕 들 날이 올 것이라고 확신했다.
—『중앙일보』, 2020년 2월 12일자

'기레기'라는 비아냥을 들을 정도로 한국 언론을 바라보는 대중의 시선은 곱지 않습니다.

—『한국일보』, 2020년 2월 19일자

'비아냥' 대신 문법에 맞게 표현하려면 '비아냥거림'으로 명사형을 만들어 써야 한다. 얄미운 태도로 빈정거린다는 뜻을 지닌 '비양'이라는 낱말이 따로 있지만 쓰임새는 거의 없는 말이다. 그리고 '비아냥조'라는 명사도 따로 표제어에 있긴 하다. 문제는 그럼에도 '비아냥'을 명사처럼 생각해서 '비아냥도', '비아냥을'과 같이 쓰는 사람들이 많다는 사실이다. 그런 현실을 반영해서 고려대한국어대사전은 '비아냥'을 명사로도 인정하고 있다.

우리나라가 세계 경제에 영향을 많이 받는 수출국가라는 점을 감안하면 전반적인 불황 속에서도 나름 선방하고 있다고 자평했다.

—『뉴시스』, 2019년 10월 13일자

위 인용문에 '나름 선방하고'라는 표현이 나온다. 여기서는 '나름'이 '선방하고'를 꾸며주는 부사 역할을 하고 있다. 하지만 '나름'의 품사는 의존명사이기 때문에 다른 말을 꾸며줄 수 없으므로 문법적으로는 틀린 문장이다. 제대로 하려면 '나름'이 아니라 '나름대로'라고 써야 한다. 하지만 언중들의 실제 언어생활을 들여다 보면 '나름대로'를 써야 할 자리에서 그냥 '나름'이라고만 하는 걸 쉽게 접할 수 있다. 가령 "나도 나름 생각해 봤는데, 그 방법이 최

선일 것 같아"라고 말하는 걸 들었을 때 웬만큼 문법 규칙에 예민한 사람이 아니면 이상하다는 느낌을 갖지 않을 것이다. 그만큼 별다른 거부감 없이 보편에 가까운 용법으로 쓰이고 있다는 얘기다.

몇 가지 문법에 어긋나는 표현을 살펴보았는데, 이 문제를 어떻게 해결해야 할까? 열심히 지적하고 교육해서 문법에 맞게 사용하도록 하는 방법이 있고, 실제 사용하는 언어 현실을 인정하고 해당 어휘의 품사 규정을 바꿔 주는 방법이 있다. 두 가지 방법 중 어느게 쉬울까? 품사 규정을 바꿀 경우 정해진 규범을 함부로 손대면 혼란이 가중될 거라는 반론이 분명히 나올 것이다.

그렇다면 신문기사 하나를 더 보자.

'너무'는 원래 "일정한 정도나 한계에 지나치게"라는 뜻으로 "너무 위험하다" 등 부정적 표현으로만 사용해야 했으나, "일정한 정도나 한계를 훨씬 넘어선 상태로"라고 뜻이 고쳐졌다. 이에 따라 앞으로는 "너무 예쁘다" 같은 긍정적 표현에도 사용할 수 있다.

—『경향신문』, 2015년 6월 22일자

국립국어원이 발표한 '표준국어대사전 2015년 2분기 수정 내용'을 다룬 기사의 한 대목이다. '너무'라는 낱말을 사람들이 하도 긍정적인 의미로 쓰니까 그런 용법도 인정하기로 했다는 내용이다. 이처럼 문법은 고정불변이 아니라 실제 사용자들의 언어생활과 습관에 맞춰 얼마든지 변경이 가능한, 사후 승인의 기능을 가지고 있다고 보아야 한다. 언어 사용자들이 문법을 무시하고 잘못 사용한다며 나무라고 다그치기만 할 게 아니라, 현실에 맞게 문법을 바꿔 주면 될 일이다. 그렇잖아도 우리말 문법과 맞춤법이 어렵다며 하소연하는 사람들이 많은데, 그런 문법 공포증을 줄여 주는 일도 선행에 속하는 일이 아닐까? 규정을 바꾼다고 해서 경천동지할 만큼 큰일이 벌어지는 일도 아닐 테니 말이다.

이상한 일본 한자어 (1)

우리가 사용하는 한자어 중에 중국에서 만들어진 게 아니라 일본에서 만들어진 것도 무척 많다는 건 대부분의 사람들이 알고 있다. 그중 상당수는 이미 우리말과 문화 속에 너무 깊숙이 들어와서 달리 바꿔 쓸 수 없는 것들이다. 그런데도 일본식 한자어를 몰아내야 한다는 주장이 줄곧 제기되고 있으며, 대체할 수 있는 낱말들을 제시하기도 한다. 그런 지적과 주장들에 대해 일부 동의하는 면도 있지만 지나치게 언어 순혈주의를 내세우는 것에는 찬동하지 않는다. 한 나라의 언어는 대체로 다른 언어와 섞이거나 영향을 받으면서 발전하기 마련이다. 오지에 고립되어 있는 부족의 언어가 아니라면 그런 영향 관계에서 자유로울 수 없다. 섞이는 걸 두려워하지 말고, 외부에서 들어온 말을 얼마나 우리 현실과 상황에 맞게 적용해서 사용할 수 있느냐 하는 점이 더욱 중요하다고 보기 때문이다.

그래도 우리 국어사전에 일본에서 들어온 한자어를 무분별하게 싣는 건 문제가 있다고 생각한다. 이미 우리말처럼 쓰이고 있는 말이 아니라, 쓰임새도 거의 없으면서 혼란만 부추기는 것들도 있기 때문이다. 내가 낸 책 『미친 국어사전』과 『국어사전 혼내는 책』에도 그런 낱말을 일부 소개했지만, 그 후에도 내 눈에 띈 것들이 있어 몇 개 더 소개하려고 한다.

전선병(傳線病) 여자의 긴 양말이 세로로 올이 풀리는 일.

양말의 올이 꼭 세로로만 풀릴까? 가로로 풀리는 경우에는 무어라고 이를까? 이런 의문점도 가질 수 있겠지만 그보다는 올이 풀리는 걸 병(病)이라고 하는 게 더 이상하다는 느낌을 지울 수 없다. 찾아보니 역시 일본 사람들이 만든 말이었다. 『엣센스 일한사전』에 이렇게 나와 있다.

でんせん(伝線) (털실옷 따위의) 올이 풀려 줄줄이 옮겨감.
でんせんびょう(伝線病) [속어] 여자 스타킹 따위의 올이 줄줄이 풀리는 일.

'전선병'은 표준국어대사전에 실려 있다. 아무리 생각해도 실려야 할 이유가 없는 낱말이다. 간혹 스타킹 올이 나갔을 때 속어처럼 '덴싱이 나갔다'고 하는 사람들이 있는데, 이때 사용한 '덴싱'이 바로 '전선(傳線)'의 일본어 발음 '덴센(でんせん)'에서 왔다.
병과 관련된 낱말 두 개를 더 보자.

일기병(一期病) 일생 동안 낫지 아니하는 병.

이 말 역시 우리는 안 쓰는 말로, 『고지엔(広辞苑) 일한사전』에 나온다.

いちごやまい(一期病) 고치지 못하는 병, 죽을병.

같은 뜻을 가진 한자어로 우리는 예전에 종신병(終身病)이나 종신지질(終身之疾)이라는 말을 썼다. 의미상 약간의 차이가 있기는 하지만 요즘은 흔히 불치병(不治病)이라는 말을 쓰고 있으며, 순우리말로는 '죽을병'이라는 말이 표제어로 올라 있기도 하다.

연하요양(煙霞療養) 신경 쇠약이나 호흡 계통의 환자들이 도시를 떠나 공기가 맑고 경치가 아름다운 곳에 가서 요양을 하는 일.

이 말 역시 우리는 쓰지 않는 용어이며, 일본어사전에 표제어로 올라 있다. 우리 국어사전 표제어 중에 한자어로 되어 있으면서 평소 들어 보지 못했거나 낯설다 싶으면 이렇듯 일본어사전에 실려 있는 낱말들이 꽤 있다.

학교병(學校病) [의학] 주로 학생들 사이에 많이 생기거나 전염하는 병. 근시안, 머릿골 신경 쇠약, 척주 만곡, 폐결핵, 유행성 감기 따위가 있다.

이 말은 일본에서 만든 학교보건법(学校保健法)에 나오는 용어다. 의학에 관한 일본 법률 용어까지 우리 국어사전에 실었어야 하는지 의문이다. 앞서 말한 것처럼 우리가 저 용어를 받아들여 활발히

써 왔다면 모르지만, 교사 중에 저런 용어를 사용하거나 들어 본 사람은 거의 없을 것이다.

학용환자(學用患者) [의학] 의학 연구에 참여하기로 동의한 환자.

이 말 역시 우리는 안 쓰는 용어이며, 일본 의학용어 사전에서 가져온 말이다.

방교(放校) [교육] 학교에서 학칙을 어긴 학생을 내쫓음. =출학.

이 말은 일제 강점기에 쓰던 용어다. 당시에 교육 관련 용어 대부분은 일본 사람들이 만든 용어를 가져와서 사용했다. 그러다가 차츰 그런 말들을 버리고 새로운 말을 만들어 쓰고 있는 중이다. 아직도 일본에서 쓰고 있는 저런 말을 국어사전에 올리려면 최소한 풀이에서 일제 강점기에 사용하던 일본식 용어라는 사실을 밝혀 주어야 한다. 동의어로 '출학'을 제시했는데, 북한에서는 지금도 이 말을 쓰지만 남한에서는 거의 쓰지 않는다. 우리는 '출학' 대신 '출교'라는 말을 쓴다.

약 8년 전 고려대 재학 중 동기 여학생을 성추행하고 이를 불법촬영한 혐의로 기소돼 학교로부터 출교 조치를 당한 의대생이 형을 마치고 성균관대 의대에 진학해 현재 의사면허 취득을 앞두고 있다는 사실이 알려져 논란이 되고 있다.

이때 사용한 '출교'라는 용어는 강제로 방출한다는 의미의 '黜校'이며, 학교에 나간다는 뜻의 '出校'와는 다르다.

교육과 관련한 용어 중에 일본 사람들이 만들어 썼으나 우리는 쓰지 않는 용어들이 표준국어대사전 안에 많이 담겨 있다.

개성조사(個性調査) [교사] 학생을 적절하게 지도하기 위하여 학생의 개성에 관한 여러 가지 사항을 조사하는 일.

개성분석(個性分析) [교육] 학생을 적절하게 지도하기 위하여 학생의 개성, 기능, 건강, 가정 환경 따위를 조사하여 분석하는 일.

교외교수(校外教授) [교육] 학교 밖에서 학생들에게 자연을 관찰하게 하거나 사회 현상 따위를 직접 보고 듣게 하면서 가르치는 일. ≒교외 수업.

내가 30년간 교사 생활을 하는 동안 전혀 들어 보지 못했던 용어들이다. 이런 게 교육 용어에만 해당하는 걸까?

사고경성(事故傾性) [사회 일반] 노동 재해에서, 다른 사람보다 재해를 일으키거나 사고를 당하기 쉬운 개인의 특성.

우리는 이런 용어를 안 쓰며, 일본 학자들이 쓴 노동 재해 관련 논문에 많이 나온다. 영어로는 'accident proneness'라고 하는데, 1910년대 영국의 산업피로연구소 연구자들이 만들어 쓰기 시작한 용어다. 그걸 일본 사람들이 번역해서 사용하기 시작한 게 '사고경성(事故傾性)'이다. 우리로서는 무얼 뜻하는 말인지 언뜻 이해하기 어려운 번역어이다.

그렇다면 어떻게 번역해서 사용하는 게 좋을까? 운전적성 정밀검사를 하는 목적으로 내세우는 게 교통사고 경향성(Traffic accident proneness)을 알아보기 위함이라고 한다. 여기에 'accident proneness'가 쓰이고 있으며, 그걸 '사고 경향성'이라고 번역했다. '사고경성'보다는 '사고 경향성'이 훨씬 알아듣기 쉽다.

이와 함께 산업안전을 다루는 분야에서는 '재해성향(災害性向)'이라는 용어를 쓴다. 그리고 이 말은 〈우리말샘〉에 다음과 같이 실려 있다.

> **재해성향**(災害性向) [사회 일반] 재해를 일으키기 쉬운 성향. 이러한 성향을 지닌 근로자의 심리적 원인을 일괄하여 말할 수 없지만, 어떤 일에 꾸준히 정신을 집중하지 못하고 주의가 산만한 사람은 재해를 일으키기 쉬운 편이다.

'재해성향'이라는 용어가 자리잡고 있는 상황에서 '사고경성(事故傾性)'이라는 어색한 말을 우리 국어사전에 그대로 담아 둘 이유가 없다.

> **상당관리**(相當官吏) [법률] 국가가 채용하지는 아니하였으나 공무원의 대우를 받는 사람. 공립 학교의 직원, 공사의 직원 등이 있다.

법률 용어라고 했지만 저런 용어를 들어 본 사람이 누가 있을까? 표준국어대사전에서 저 말을 보는 순간 일본에서 쓰는 용어라는 생각이 들었고, 그 예상은 빗나가지 않았다.

相当官吏 구제(旧制)에서 관리와 동등한 대우를 받은 직원. 官幣社(かんべいしゃ)・国幣社(こくへいしゃ)의 신직(神職), 공립학교 직원 등.

『고지엔 일한사전』에서 가져온 풀이다. '구제(旧制)'라는 말에서 보듯 일본에서도 옛날에나 쓰던 용어라는 사실을 알 수 있다. 관폐사(官幣社)와 국폐사(国幣社)는 둘 다 정부로부터 공물을 받아 운영하던 신사(神社)를 가리키는 말이다. 비슷한 말이 하나 더 있다.

등기관리(登記官吏) [행정] 지방 법원장의 지정을 받아 등기소에서 등기 사무를 처리하는 공무원. =등기 공무원.

조선 시대나 일제 강점기라면 몰라도 지금 누가 공무원을 관리라고 부른단 말인가. 일제 강점기나 해방 직후에 저런 말을 썼다면 최소한 예전에 쓰던 말이라는 정도라도 설명해 주어야 한다.

혈우병(血友病) [의학] 조그만 상처에도 쉽게 피가 나고, 잘 멎지 아니하는 유전병. 여자에 의하여 유전되어 남자에게 나타나는 병이다.

한자를 잘 보면 '벗 우(友)'가 들어 있다. 병의 증상과 연결지어 생각할 때 선뜻 이해가 가지 않는 조어법에 의한 낱말이다. 이 말은 일본 동경대학 소아과 교수인 히로다 쓰카사(弘田長)가 서양의 'hemophilia'를 한자로 번역한 것이다. 'hemo'는 피, 'philia'는 '사랑하다'의 뜻을 지니고 있어 그대로 직역하다 보니 오늘날 우리 관념에는 맞지 않는 용어가 탄생했다. 서양 사람이 처음 이 병을 발견했을 당시에, 보통 사람은 피를 싫어해서 피가 나도 금방 굳어버리는 데 반해 이 병에 걸린 사람들은 피를 좋아해서 계속 흐르도록 둔다는, 지금 생각해 보면 어이없을 정도로 비과학적인 생각을 갖고 있었다고 한다.

그렇게 해서 생긴 '혈우병(血友病)'이라는 말을 일본에서 건너온 말인 데다, 병의 증상과 동떨어진 한자를 썼다고 해서 버려야 할까? 말이란 탄생 과정과 오랫동안 사용해 온 내력이 있기 마련이므로 쉽게 버리거나 고치기 힘들다. 말 만들기의 적실성 여부와 상관없이 이미 많은 사람들의 입과 귀에 익숙해졌기 때문이다. 그래서 혈우병과 같은 낱말까지 버리거나 다른 말로 바꾸자고 할 생각은 없다. 다만 앞서 소개한 전선병, 일기병, 학교병 같은 낱말들은 우리 사회 안에서 제대로 받아들여진 적이 없거니와 굳이 끌어와서 사용해야 할 필요성도 없기에 국어사전 목록에서 빼 버려야 한다고 생각한다.

이상한 일본 한자어 (2)

'소설 안중근'이라는 부제가 붙은 이문열의 『불멸』에 다음과 같은 구절이 나온다.

나중에 딱성냥으로 불리게 된 박래품(舶來品) 내풍인촌(耐風燐寸)이라 가벼운 발화 소리와 함께 바로 불이 일었다.

'딱성냥'은 익히 아는 물건이지만 느닷없이 등장한 '내풍인촌'이라는 낯선 말 앞에서 잠시 멈칫했다. 아무리 봐도 우리가 만들어 쓰던 한자어가 아닐 거라는 생각이 들었기 때문이다. 그런데 놀랍게도 저 말이 표준국어대사전에 표제어로 올라 있다.

내풍인촌(耐風燐寸) 단단한 곳이면 아무 데나 그어도 불이 일어나도록 만든 성냥. =딱성냥.

'내풍(耐風)'은 바람에 견딘다는 뜻이고, '인촌(燐寸)'은 일본에서 성냥을 뜻하는 말로 쓰는 한자다. '인촌'이 성냥이라는 뜻을 가진 독립된 표제어로 우리 국어사전에 살려 있지 않은 것만 봐도 우리가 쓰던 말이 아님을 알 수 있다. 소설 속에서 작가가 직접 언급했듯이 '내풍인촌'은 박래품이다. 박래품은 다른 나라에서 들여온 물건을 뜻하므로, 물건과 함께 그것을 이르던 말도 함께 따라온 셈이다. 성냥팔이 소녀를 일본에서는 '인촌소녀(燐寸少女)'라고 한다.

참고로, 북한의 사전에는 '딱성냥'과 함께 '돌성냥'이라는 말도 실려 있다는 사실을 덧붙인다.

> **수전양어**(水田養魚) 논에 물고기를 양식하는 일. 주로 잉어, 붕어, 은어, 미꾸라지 따위를 기른다.
>
> **도전양리**(稻田養鯉) 논에서 잉어를 기르는 일.

이 말들 역시 우리가 쓰던 용어가 아니다. 일제 강점기에 농촌의 수입을 증대시킨다는 명목으로 위와 같은 방식의 양식업을 보급시키려 한 적이 있다. 그래서 당시 자료에서 저런 용어가 더러 발견된다. 하지만 크게 성공하거나 확산하지 못했고 흐지부지 사라져 버렸다. 반면 일본 웹사이트에서 검색하면 무척 많이 사용하고 있음을 알 수 있다. 우리는 논에서 물고기를 양식하는 일이 드물기도 했거니와 미꾸라지 정도면 몰라도 풀이에 나오는 것처럼 잉어나 은어를 논에서 양식한다는 얘기를 들어 본 사람도 없을 것이다.

> **관찰포장**(觀察圃場) [농업] 농작물의 기상 조건과 생육 상태를 조사하는 데 쓰는 논밭. 농작물의 생육에 영향을 주는 기상 조건을 밝혀내기 위한 것이다.

포장시험(圃場試驗) [농업] 농작물 재배 따위에 관한 시험. 실제의 논이나 밭과 같은 조건에서 한다.

농업에 종사하는 사람들은 '포장(圃場)'이라는 용어가 익숙할지 몰라도 그렇지 않은 사람들에게는 쉽게 다가오지 않는다. '포장(圃場)'이 개별 표제어로 국어사전에 올라 있다.

포장(圃場) 논밭과 채소밭을 통틀어 이르는 말.

이 용어는 1950년대 말부터 신문기사에 보이기 시작하는데, 일본에서 만든 용어를 들여온 것이다. 위에 소개한 용어들은 농촌진흥청에서 발간한 『농업용어사전』에도 실려 있으며, 〈우리말샘〉은 '격리포장(隔離圃場)', '포장검사(圃場檢査)' 같은 용어도 실었다. 그런 반면 상품의 포장 상태를 검사하는 '포장검사(包裝檢査)'라는 말은 국어사전에서 찾을 수 없다. 주객이 전도된 모양새다.

조방적양식(粗放的養殖) [수산업] 넓은 면적에서 천연 사료를 이용하여 원시적으로 물고기를 기르는 일.
해면양식(海面養殖) [수산업] 바다에서 수산물을 기르는 일. 공공(公共) 해면의 일부에 양식장을 마련하여 하는 천해 양식과 사유(私有) 수면인 못에서 하는 지중(池中) 양식의 두 가지가 있다.

일본어사전에 등재되어 있지는 않지만 일본 사람들이 만들어 쓰는 말이다. '해면양식'의 풀이에서 천해 양식과 지중 양식의 두 가지가 있다는 것도 이상하다. 바다에서 하는 양식과 민물인 못에서 하는 양식을 아울러 이르는 말에 어떻게 '해면(海面)'이라는 말을 사용할 수 있는지 이해하기 어렵다. '천해 양식'이라는 말은 우리도 쓰지만 '지중 양식(池中養殖)'이라는 용어는 일본 사람들이 쓰는 말이다.

하천양식(河川養殖) [수산업] 은어나 송어의 유어(幼魚)를 양식하여 하천에 방류하는 일.

이 낱말의 풀이도 이상하기는 마찬가지다. '양식'과 '방류'라는 말이 어울릴 수 있을까? 은어나 송어를 방류하는 건 양식을 위해서가 아니라 어족의 양을 늘리기 위해서다. 농촌진흥청이 만든 『농업용어사전』에서는 '하천양식'을 "하천을 이용해서 물고기를 기르는 것. 큰 강의 하구 부근이나 수로 등에다 대나무나 그물로써 만든 가두리를 설치하여 숭어, 잉어, 붕어, 농어, 감성돔 및 뱀장어 등을 기름"이라고 정의해 놓고 있다.

'하천양식'을 비롯해 지금까지 소개한 양식 관련 용어는 모두 일본 사람들이 양식업을 분류하면서 만든 용어들이다. 그중 일부를 우리가 들여와 쓰는 경우가 있긴 하지만, 대다수는 폐기한 상태다. 그런 용어들을 우리 국어사전에 싣는 것도 문제지만 풀이조차 엉망이니 들여다볼수록 민망하기 그지없다.

참고로 다른 낱말 하나를 더 소개한다.

생산가축(生産家畜) 고기나 가죽, 털, 젖, 알 따위를 얻기 위하여 기르는 가축. 젖소, 돼지, 양, 가금류 따위가 있다.

'가축생산'이라는 말을 쓰는 건 봤어도 '생산가축'이라는 말은 접해 보지 못했으며, 용례도 찾기 힘들다. 이 말도 일본에서 오지 않았을까 해서 찾아보았으나 내 눈에는 띄지 않았다. 누가 저런 이상한 말을 만들어서 국어사전에 올렸는지 모르겠으나 이해하기 어려운 일이다.

가모기(家母器) 주로 겨울에 어미 닭 없이 병아리를 기르는 장치. 좁고 긴 상자를 두 칸으로 나누어 하나는 운동장, 다른 하나는 방한실(防寒室)로 쓴다.

이 말의 출처를 찾느라고 애먹었다. '가(家)'가 아니라 '가(假)'를 써서 가모기(假母器)라고 써야 하는 말이었기 때문이다. 이 용어는 양계법을 다룬 일본 책에 자주 나온다. 일본식 용어를 가져온 것도 그렇지만 한자마저 잘못 표기했으니 이중의 잘못을 저지른 셈이다. 우리는 보통 '육추기(育雛器)'라는 말을 쓰는데, 이 말은 〈우리말샘〉에서 찾아볼 수 있다.

농민미술(農民美術) [미술] 농민이 제작한 공예 미술. 나무·대·가죽 따위의 세공물 및 도자기가 있으며, 소박하고 향토색이 짙고, 생활과 밀접한 관련이 있다.

우리나라에서도 1980년대 후반부터 1990년대에 민중미술의 한 갈래로 농민미술이라는 개념을 쓰기는 했다. 농촌 현실을 화폭에 담은 이종구 씨 등이 농민미술을 대표하는 화가로 떠올랐고, 1990년에는 민족미술협의회가 인사동에서 '농민미술전'을 열기도 했다. 이때의 농민미술은 농민화, 즉 회화를 뜻했다. 그런데 국어사전에 나온 '농민미술'의 풀이는 회화가 아닌 공예 미술을 이야기하고 있다.

우리나라에서는 공예를 중심으로 한 농민미술이 없었다. 그렇다면 국어사전에 나온 '농민미술'이라는 용어는 어디서 온 걸까? 『동아일보』 1934년 3월 14일자에 박형진(朴亨珍)이라는 사람이 일본에 다녀와서 일본의 농민미술 운동을 소개한 글을 실었다. 글의 앞부분은 이렇게 시작한다.

일본 농민미술운동의 창도자 산본정(山本鼎) 씨가 구주(歐洲)에서 돌아오는 길에 노서아(露西亞)에서 농민미술품을 처음으로 보고 견본 한두 개를 가지고 돌아와서 시작한 것이 운동이외다.

이어서 상당히 자세하게 일본 농민미술의 전개 과정을 서술하고 있다. 그 글에 따르면 노서아 즉 러시아 사람들은 겨울 날씨가 너무 추워서 할 일이 없기 때문에 그 시간에 공예품을 만들었고, 그걸 보고 온 일본 사람이 같은 방식으로 농민들을 모아 강습회를 열면서 공예품 만들기에 나섰다는 것이다. 그걸 자신들이 '농민미술'이라고 불렀는데, 우리 식으로 표현하자면 '농민공예' 정도가 적당할 듯하다. 이왕 낱말을 표제어로 삼았으면, 일본에서 농민들을 대상으로 일으킨 공예 예술이라는 사실을 풀이에서 밝혀 주었어야 한다.

은진산업(殷賑産業) [산업 일반] 경기가 좋아 수지가 맞는 산업. 특히 시국 관계로 호경기에 있는 산업을 이른다.

이런 용어를 들어 본 사람이 얼마나 있을까? 국어사전에는 '은진하다(殷賑--)'라는 말도 표제어에 있다.

은진하다(殷賑--) 활기차게 번창하는 상태에 있다. ＝흥성흥성하다.

국어사전에는 있지만 쓰임새는 거의 없는 말이다. 쓰임새가 없다는 말은 우리가 만들어 쓰던 말이 아닐 수 있다는 걸 시사한다. '은진산업'이라는 말은 1938년부터 신문기사에 등장하기 시작해 1940년대 초반까지 쓰이다 사라졌다. 국어사전 풀이에 "시국 관계로 호경기에 있는 산업"이라는 표현을 눈여겨볼 필요가 있다. 결국 '은진산업'이라는 말은 중일전쟁을 거쳐 태평양전쟁으로 치닫던 시기에 호황을 누리던 전시 관련 산업을 뜻하던 말임을 알 수 있다. 용어도 물론 일본 사람들이 만든 것이다. 이런 역사적 사실을 '시국 관계'라는 두루뭉술한 말로 표현하면서 넘어가면 안 된다.

무인상품(無印商品) [경영] 과잉 장식이나 포장을 배제함으로써 가격을

싸게 한 상품.

우리 국어사전에서 '무인(無印)'을 찾으면 "도장이 찍혀 있지 않음"이라는 풀이가 나온다. 반면 일본어사전에서는 '무인(無印)'을 상표가 없다는 뜻으로 풀이하고 있다. 같은 한자를 사용했지만 용법이 다른 셈이다.

'무인상품(無印商品)'이라는 말은 일본 사람들이 만들어 사용하는 말이다. 1980년에 일본이 '무인양품(無印良品)'이라는 기업을 세웠고, 우리나라에도 진출해 영업점을 운영하고 있다. '무인양품'은 회사 이름이고, '무인상품'은 특정한 형태의 상품을 뜻하는 말이다. 회사 이름이야 고유명이니 그렇다 해도 '무인상품'을 우리말처럼 여기는 건 곤란하다. 군이 우리 국어사전에 담아 둘 이유가 없는 말이며, 설사 담는다 해도 일본 사람들이 만들어 쓰는 말이라는 걸 분명히 해야 한다. 한편 풀이도 정확하지 못하다. 과잉 장식이나 포장을 배제한다고 했지만, 더 중요한 의미를 누락하고 있기 때문이다. 일본어사전에는 판매 가격을 낮추기 위해 상표, 즉 브랜드를 붙이지 않은 상품을 뜻한다고 되어 있다. 물론 포장도 간소하게 했다.

이상한 일본 한자어 (3)

일제 강점기에 일본에서 들여와 사용하던 말이 해방 후에도 한동안 남아 있었다. 그중에서 벤또, 쓰메끼리, 자부동처럼 누가 봐도 일본말이 분명한 건 국어순화운동을 통해 대부분 걸러졌다. 하지만 법률 용어를 비롯해 각종 전문어나 학술어는 뿌리 깊이 남아 있고, 국어사전 안에도 여전히 그 흔적을 남기고 있다. 그런 용어도 차츰 사라지거나 우리 식으로 고쳐 쓰고는 있지만 그 역할을 국어사전이 얼마나 제대로 담당하고 있는지에 대해서는 썩 좋은 점수를 주기 어렵다.

관해관청(管海官廳) [교통] 배, 선원 따위의 해양에 관한 행정을 맡아보는 관청.

조선총독부 관보 등에 위 용어가 사용되었고 1950년대 신문에도 더러 보이긴 하지만 진작 용도 폐기된 용어다. 한때 우리가 받아들여 쓴 적이 있으므로 아무리 일본 사람들이 만들어 이식시킨 말이라 해도 완전히 부정할 수는 없다. 그렇다면 국어사전 안에서 저런 용어들을 어떻게 처리해야 할까? 사실대로 기술해 주는 것이

한 방편이 될 수 있지 않을까 싶다. 일제 강점기 때부터 해방 후까지 한동안 사용되었으나 지금은 사용하지 않는 용어라는 사실을 풀이 안에 담아 주는 게 좋겠다는 얘기다. 그런데 국어사전 안의 풀이를 보면 '맡아보던'도 아니고 '맡아보는'이라고 해서 지금도 사용하는 용어인 것처럼 보일 수 있도록 했다. 이런 식의 풀이 방식이 꽤 보이는데, 세심하지 못한 처리라고 하겠다.

서업(庶業) 영업 소득세를 물지 아니하는 직업. 자유업, 농업, 임업, 축산업 따위가 있다.

서업소득(庶業所得) [경제] 영업 소득세를 매기지 않는 소득. 수산업 소득, 산림업 소득, 축산업 소득, 자유업 소득 따위가 있다.

서업소득세(庶業所得稅) [경제] 영업 소득세를 물지 않는 서업에 부과하는 소득세.

역시 일본에서 쓰는 용어들이다. 우리도 1980년대 말엽까지는 위 용어들을 사용했으나 지금은 사용하지 않고 있다. 이런 말들은 주로 전문어로 분류되어 있는 게 특징이다.

각내상(閣內相) [정치] 영국에서, 각의(閣議)에 항상 참여하는 17~18명의 주요 각료.

각외상(閣外相) [정치] 영국에서, 각의(閣議)에 참석하지 않는 15~20명의 각료.

우리는 행정부를 대표하는 각료를 장관이라고 하지만 일본은 '상(相)'이라는 말을 붙여 외무상, 내무상, 관방상 등으로 지칭한다. 위에 예시한 '각내상(閣內相)'과 '각외상(閣外相)'도 일본 사람들이 만든 표현이다. 국어사전, 그것도 대사전이라면 단순하게 뜻만 제시하는 게 아니라, 그 용어가 가진 쓰임새와 함께 언제 누가 만들어 쓰던 말인지도 밝혀 주는 게 옳다.

포족(跑足) [체육] 마술(馬術)에서, 말이 약간 빨리 달리는 일.

포승(跑乘) [체육] 승마에서, 말을 조금 빨리 달리게 하며 타는 일.

대한승마협회의 용어자료집에도 나오지 않는 말들이다. 대한승마협회에서는 말을 달리는 속도를 평보(平步), 속보(速步), 구보(駈步) 등으로 분류해서 사용한다. '포족(跑足)'과 '포승(跑乘)'은 일본 사람들이 만들어 쓰는 말이다. 그냥 언뜻 보아도 우리가 쓰는 말이 아님을 알 수 있는, 낯선 용어들이다. 승마에서 사용하는 전문어로서의 평보, 속보, 구보 등이 표준국어대사전에는 없고 〈우리말샘〉에만 실려 있다. 그런데 희한하게 아래 낱말은 또 표준국어대사전에 있다.

경속보(輕速步) [체육] 승마에서, 기수와 말이 편하기 위해서, 기수가 반동을 한 번씩 거르면서 가는 빠른 걸음.

'경속보'를 표제어로 올렸다면 이미 '포족'이나 '포승' 대신 '평보', '속보', '구보'라는 용어를 쓰고 있다는 사실을 알고 있었다는 얘긴데, 다른 낱말은 다 빼고, 왜 하필 '경속보'만 표제어로 올렸는지 모를 일이다.

이처럼 일본 한자어인데, 우리도 잠시 쓰다 말았거나 거의 쓰임새가 없던 말들이 표준국어대사전에 꽤 많이 실려 있다. 다음과 같은 말들이다.

> **사선**(社線) 민간 회사에서 경영하는 철도나 버스의 선로. ≒회사선
>
> **사선**(私線) 개인이 사사로이 가지고 있는 전신선이나 철도선.
>
> **험기특**(驗奇特) 눈앞에 나타나는 신기한 효험.
>
> **양염**(陽炎) 주로 봄날 햇빛이 강하게 쬘 때 공기가 공중에서 아른아른 움직이는 현상. =아지랑이.
>
> **시간영**(時間泳) [체육] 일정한 시간을 정하여 놓고 그 시간을 채우는 수영.
>
> **지역변화**(地域變化) [해양] 어느 지역의 스칼라, 곧 온도·염분·압력·함유 산소량 따위의 시간 변화율.
>
> **유산여행**(遊山旅行) 높은 관직에 있는 사람들이 공금으로 본래의 목적인 조사, 시찰보다는 놀기 위하여 하는 여행을 놀림조로 이르는 말.

'험기특'이나 '양염' 같은 말은 누가 언제 쓰기나 했는지 용례조차 찾기 어려운데, 저런 낱말을 아무런 의심도 해 보지 않고 우리 국어사전에 실었다는 게 이해하기 힘들다. '지역변화' 같은 말은 해양 용어라고 하지만 글자만 보아서는 그쪽 방면의 용어라고 이해하기 어렵다. 같은 말을 쓸 때도 해양 전문어가 아닌, 도시나 농

촌 사회의 변화 양상을 뜻하는 말로 사용하는 용례는 쉽게 찾아볼 수 있다. 하지만 우리 국어사전에 그런 의미는 없고 일본 사람들이 해양 용어로 사용하는 의미만 담아 놓았다.

아래 낱말들은 어떨까?

목조가(木彫家) 나무 조각을 전문으로 하는 사람.

제조가(製造家) 1. 물건을 대량으로 만드는 사업을 하는 사람. 2. 정교한 제품을 만드는 일에 능한 사람.

의장가(意匠家) 미술 공업품, 공업 제품 따위의 형상, 색채, 모양 따위를 궁리하는 일을 직업으로 하는 사람.

기업가(機業家) 천을 짜는 사업을 경영하는 사람.

기업가(起業家) [경영] 어떤 사업을 구상하여 회사를 설립하는 일을 직업으로 하는 사람. ≒기업자.

기업식(起業式) 새로 사업을 일으키는 것을 축하하는 의식.

연공(鳶工) 높은 곳에 올라가거나 높은 곳에 매달려서 하는 일을 전문으로 하는 기술자.

제유공(製油工) 기름 짜는 일을 전문으로 하는 사람.

착유공(搾油工) 기름 짜는 일을 전문으로 하는 사람.

제염공(製鹽工) 소금 만드는 일을 전문으로 하는 사람.

장석공(張石工) 제방 공사나 호안 공사에서 둑이나 기슭에 큰 돌을 까는 일을 전문으로 하는 사람.

'목조가(木彫家)'라는 말을 누가 쓸까? 우리는 보통 '목공예가'

같은 말을 쓴다. 하지만 '목공예'와 '목공예품'은 표제어에 있어도 '목공예가'는 없다. 천을 짜는 사업을 한다는 '기업가(機業家)' 역시 우리는 쓰지 않는 말이며, '기업가(企業家)'와 혼동하기 쉬운 '기업가(起業家)'도 마찬가지다. 회사를 설립하는 사람이라면 몰라도 설립하는 일 자체를 직업으로 하는 사람이 있을까? 비슷한 말로 '창업가(創業家)'가 〈우리말샘〉에만 있는데, 그게 우리가 쓰는 말이다. '연공(鳶工)', '제유공(製油工)', '착유공(搾油工)', '제염공(製鹽工)' 같은 말들은 일제 강점기에 잠시 사용된 적이 있다. '장석공(張石工)'이라는 말도 여전히 산림이나 임업 관련 용어 사전에 실려 있긴 하지만, 일본 사람들이 만든 용어다. 잠시 '장석(張石)'이라는 낱말을 살펴보자.

장석(張石) [건설] 법면(法面)을 보호하기 위하여 돌을 덮어 까는 일.

표준국어대사전과 고려대한국어대사전이 풀이에 모두 '법면'이라는 말을 사용했는데, 낱말풀이를 이런 식으로 하면 안 된다. '법면(法面)' 역시 표제어에 올라 있긴 하지만 일본 한자어다. 둑의 경사진 비탈면을 말하며, 국립국어원에서는 '둑비탈'로 순화해서 쓰도록 하고 있다. 그렇게 순화해서 쓰라고 대체어까지 만들어 놓고 정작 자신들이 편찬한 국어사전 뜻풀이에서는 일본 한자어를 아무렇지도 않게 쓰고 있는 건 앞뒤가 맞지 않는 일이다.

우리가 거의 사용하지 않는 일본 한자어 몇 개를 소개한다.

담후청(曇後晴) 날씨가 흐렸다가 갬

은문(恩問) 남을 높여 그의 방문(訪問)을 이르는 말.

화상(火床) 보일러의 불을 때는 곳.

진사고(珍事故) 기이하고 이상야릇한 사고.

진사건(珍事件) 기이하고 이상야릇한 사건.

일본 사람들이 만든 말이라고 무조건 배척할 필요는 없다. 우리가 가져다 쓰기에 적당하면 얼마든지 가져와서 사용할 수도 있다. 일찍 들어와서 폭넓게 사용되고 있는 말이라면 굳이 버릴 필요는 없다고도 본다. 그렇지만 너무 어렵거나 낯설어서 쓰임새가 거의 없는 말이라면 과감하게 국어사전에서 빼거나 일본에서 온 한자어라는 사실을 명기해 주어야 한다.

이상한 일본 한자어 (4)

한두 편으로 끝날 줄 알았던 일본 한자어 탐방기가 여러 편으로 늘어나고 말았다. 결코 즐거운 탐방기가 될 리 없지만 그렇다고 해서 나 혼자만 아는 상태로 묻어 두기도 그렇다. 국어사전 편찬 자들에게 눈총을 받더라도 짚을 건 짚어야 한다는 알량한 사명감 같은 게 글을 이어가게 만든다. 새롭게 내 눈에 띈 이런 말들은 또 어떨까?

> **성욕학**(性慾學) [생명] 성욕을 과학적으로 연구하는 학문.
> **성욕교육**(性慾敎育) [교육] 성장기의 아이들에게 성에 관한 올바른 지식을 갖도록 하는 교육. =성교육.

모든 것이 학문의 대상이 될 수 있으니 성(性) 또한 학문의 영역에서 다루지 못할 이유는 없고, 그런 학문이 활발히 이루어지고 있는 것도 사실이다. 하지만 그런 학문을 지칭하는 용어로 '성애학 (性愛學)'도 아니고 '성욕학(性慾學)'이라는 용어를 사용한다는 건 난감한 느낌을 주기에 충분하다. 더구나 '성욕교육(性慾敎育)'이라니 점입가경이라는 말이 절로 나오게 생겼다. 두 용어는 오래전 일본에서 쓰던 말이다. 구글에서 인터넷 검색을 해 보니 일본에서 대정(大正) 10년에 『최신성욕교육(最新性慾敎育)』이라는 책을 출간했다는 기록이 나온다. 대정 10년이면 1921년이다. 그때 이미 일본 사람들이 성과 관련한 교육에 관심을 갖고 책까지 냈다는 사실이 놀랍기도 하다. 하지만 지금은 일본에서도 '성욕학'이나 '성욕교육'이라는 말을 쓰지 않는다. 그런 말을 우리 국어사전에 실어 놓은 게 더 놀라운 사실인지도 모르겠다.

> **정력주의**(精力主義) [철학] 도덕의 목표인 지선(至善)에 도달하기 위해서는 개인의 능력을 충분히 발달시켜 우선 개인과 사회의 완성을 기하여야 한다는 윤리설. 늑세력주의, 에너지즘, 활동주의.

정력(精力)이라는 말이 꼭 남자의 성적 능력만 가리키는 건 아니지만 워낙 그런 의미로 많이 사용하다 보니 '정력주의(精力主義)'라는 말을 들으면 낯뜨거운 느낌을 받는 사람이 많지 않을까? 유의어로 제시한 '세력주의'나 '활동주의'라는 말도 있는데 누가 '정력주의'처럼 이상한 말을 만들어 썼을까?

찾아보니 일본의 신문기자 겸 소설가이자 번역가인 쿠로이와 루이코(黑岩淚香)가 1911년에 펴낸 『정력주의(精力主義)』라는 제목의 책이 있다. 100년도 더 지난 과거에 나온 일본 사람의 책 제목에 사용된 말을 왜 우리 국어사전에 실었을까? 일본에서도 지금은 사용하고 있지 않은 용어로 보이는데 말이다. 한때 일본 사람이 만든 한자어를 그대로 수입해서 쓰던 적이 있었고, 당시에는 마땅한 대안이 없어서 그랬을 수는 있다. 하지만 지금은 그런 상태에서 벗어나야 하지 않을까?

프랑스 작가 뒤마(Dumas, A.)가 쓴 소설 『몬테크리스토 백작』을 한때 '암굴왕(巖窟王)'이라는 제목으로 번역해서 출판한 적이 있었다. 이 작품을 먼저 '암굴왕'이라는 한자어로 번역한 사람이 바로 쿠로이와였다. 그걸 또 우리가 그대로 들여온 것이다. 지금도 '암굴왕' 같은 번역어를 사용한다면 얼마나 우스울까?

시대폐색(時代閉塞) 어떤 시대의 사회가 이상이나 목적 따위를 상실하여 혼동되어 있는 상태.

이 말도 낯설기는 마찬가지다. 일본의 시인 겸 문학평론가인 이시카와 다쿠보쿠(石川啄木)라는 사람이 1910년 8월에 발표한 평론 중에 「시대폐색의 현상(時代閉塞の現狀)」이라는 제목의 글이 있다. 앞서 소개한 '정력주의'와 마찬가지로 누가 이런 말을 찾아냈는지 신기한 마음이 들 정도다.

경우비극(境遇悲劇) [연기] 주인공이 외부의 사회 환경에 의하여 어쩔 수 없이 몰락하여 불행해지는 과정을 그린 비극.

일본 사람들이 비극의 종류를 정리하면서 '경우비극', '성격비극', '운명비극' 같은 용어들을 만들었다. '성격비극'이나 '운명비극' 같은 말은 우리가 그대로 사용해도 어색하지 않고, 그래서 지금도 비평계에서 같은 용어를 쓰고 있다. 하지만 '경우비극' 같은 말은 누가 들어도 어색하게 다가온다. 그래서 요즘은 저 말을 버리고 '환경비극' 혹은 '상황비극' 같은 말을 쓴다. '환경비극'은 표준국어대사전에, '상황비극'은 〈우리말샘〉에 실려 있다.

> **환경비극**(環境悲劇) [연기] 극의 주인공이 모순된 후천적인 사회 환경으로 인하여 어쩔 수 없이 불행하게 되는 비극.
> **상황비극**(狀況悲劇) [문학] 주인공의 의지가 사회적 상황에 부딪혀서 주인공이 파멸하는 과정을 그린 비극. 주인공의 잘못보다는 사회의 부조리를 부각하여 나타낸다.

풀이를 보면 둘 다 '경우비극'과 같은 의미를 지닌 용어임을 알수 있다. 그렇다면 이제 '경우비극'처럼 이상한 말은 버려야 하지 않을까?

> **세론조사**(世論調査) [사회 일반] 개별적인 면접이나 질문서 따위를 통하여 국가나 사회의 여러 가지 문제에 대한 사회 대중의 공통된 의견을 조사하는 일. =여론 조사.
> **인격조사**(人格調査) [법률] 범죄인의 지능·자질·성격 및 환경 따위를 조사하는 일. 범죄인을 분류하거나 처우 따위를 검토하기 위한 것이다.

'세론조사'라는 말도 일본에서 쓰는 말이다. 우리도 '세론(世論)'이라는 말을 쓰기는 하지만 그다지 널리 사용하는 편은 아니다. 더

구나 '여론조사' 같은 말이 있는데 군이 '세론조사'라는 말을 쓸
이유도 없다. 일본에서는 지금도 '세론조사'라는 말을 쓰고 있다.

'인격조사'도 일본에서 건너온 용어라서 그런 말을 버린 지 오
래되었다. 표준국어대사전에 새로 대체된 용어가 실려 있다.

판결전조사제도(判決前調査制度) [법률] 형사 소송 절차에서 유죄가 인정
된 자에게 적합한 형벌의 종류와 정도를 결정하기 위해 판결을 선고하기
전, 피고인의 인격과 환경에 관한 상황을 과학적으로 조사하여 이를 양
형의 기초 자료로 이용하는 제도.

'인격조사'를 표제어에서 빼든지, 아니면 예전에 사용하던 일본
식 용어였다는 사실 정도라도 밝혀 주는 게 우리 국어사전의 품격
에 맞는 일이겠다.

용종(茸腫)과 선종(腺腫)

아내는 가족력이 있어 해마다 대장내시경 검사를 받는다. 검사 후 종종 하는 말이 선종은 없고 용종이 몇 개 있는데 혹시 몰라서 떼어 냈다는 식이다. 암 발병률이 높아지면서 '용종'과 '선종'이라는 용어는 사람들 사이에서 꽤 자주 사용하는 말이 되었다. 하지만 '용종'이라는 말은 국어사전에서 찾을 수 없다. 대신 아래 낱말이 그 자리를 차지하고 있다.

> **폴립**(polyp) 1. [동물] 자포동물의 생활사의 한 시기에 나타나는 체형. 몸은 원통 모양이며 위쪽 끝에 입이 있고 그 주위에 몇 개의 촉수가 있다. 몸의 아래에는 족반이 있어서 바위 따위에 붙어 생활한다. 출아로 증식하여 히드라처럼 단체(單體)인 것과 군체를 이루는 산호류 따위가 있다. 2. [의학] 점막에서 증식하여 혹처럼 돌출한 것을 통틀어 이르는 말. 코안 점막뿐 아니라 위·창자·방광 따위에서 나타난다.

'용종(茸腫)'은 일본 사람들이 만든 용어라고 해서 '폴립(polyp)'으로 순화해서 사용하도록 했기 때문이다. 그런데 '용종'과 '폴립' 중에서 어느 말이 더 어렵고 불편할까? 현실에서는 여전히 '폴립'

보다는 '용종'이라는 말을 훨씬 많이 쓴다. 서양말은 괜찮고 일본 사람이 만든 한자말은 안 된다는 건 지나친 민족주의적 발상이 아닐까?

'선종'은 다음과 같이 되어 있다.

선종(腺腫) [의학] '샘종'의 전 용어.

샘종(-腫) [의학] 샘세포가 증식하여 생기는 종양. 악성은 암으로 변하기도 한다.

'선종(腺腫)' 역시 일본식 용어라는 이유로 '샘종'을 새로 만들어 쓰도록 했다. 의학용어가 어렵다는 말은 많은 사람들이 하는 얘기다. 그래서 의학협회에서도 가능하면 쉬운 말로 고치기 위해 애쓰고 있다. 그 결과 '상지골(上肢骨)'을 '팔뼈', '비폐색(鼻閉塞)'을 '코막힘'으로, '트리파노소마증(trypanosoma症)'은 '수면병', '토모그래피(tomography)'는 '단층 촬영'으로 바꾸는 등 상당히 긍정적인 성과를 가져왔다. 하지만 무리한 변경으로 인해 현장에서 거의 사용하지 않는 용어들도 많다. 다음과 같은 경우를 보자.

대퇴부(大腿部) '넙다리'의 전 용어

가슴뼈 '복장뼈'의 전 용어.

뇌수종(腦水腫) '물뇌증'의 전 용어.

굳이 바꾸지 않아도 될 용어들이 아니었나 싶다. '넙다리'나 '복장뼈', '물뇌증' 같은 말을 누가 쓰고 있을까? '선종'을 '샘종'으로 바꾼 건 '선(腺)'이 일본식 한자라는 사실 때문이다. 그래서 '선(腺)'이 들어간 '림프선'은 '림프샘', '갑상선'은 '갑상샘', '전립선'은 '전립샘' 등으로 모두 바꾸었다. 하지만 이렇게 바꾼 말들을 언중들이 잘 사용하지 않고 있는 게 현실이다. '갑상선암'을 '갑상샘암'으로 바꾸도록 했지만 '갑상샘암'은 발음하기도 까다롭다.

어려운 의학용어를 쉽고 편리하게 사용할 수 있는 말로 바꾸는 과정에서 시행착오가 생기는 건 어쩔 수 없는 일이기도 하다. '용종'을 한때는 '살버섯'으로 바꾸어 순화용어집에 실은 적도 있다. 버섯처럼 생긴 살이라는 뜻으로 만든 말이다. 순우리말로 바꾸겠다는 선한 의지는 돋보였지만 누가 봐도 어색한 말이어서 국어사전에도 오르지 못했다. 결국 다시 바꾼 게 '폴립(polyp)'이다.

표준국어대사전에 나오는 낱말 두 개를 보자.

비용(鼻茸) [의학] '코 폴립'의 전 용어.

콧살버섯 [의학] 코안에 버섯같이 돋아 오른 살덩어리. 만성 코염이나 코곁굴염 따위로 분비물이 흘러나와 코안이나 코곁굴 점막을 계속 자극함으로써 생긴다. =코 폴립.

'비용(鼻茸)'은 '비용종(鼻茸腫)'이라고도 했다. 내 개인적인 견해로는 '코 폴립' 대신 '코 용종'으로 하는 게 어땠을까 싶다. '콧살버섯'은 한때 '살버섯'이라는 용어를 쓰자고 했을 때 만든 말일 텐데, 어색한 상태로 표준국어대사전에 올라 있다.

끝으로 '근종'과 '근육종'이라는 말을 살펴보자. '근종'은 표준국어대사전에 실려 있다.

근종(筋腫) [의학] 근육에 생기는 양성 종양. 자궁에 생기는 경우가 많고, 위창자관·피부·방광·난소에도 더러 생긴다.

'근종'과 함께 '근육종'이라는 말도 많이 쓰고 있는데, 이 말은 어디로 갔을까? 다른 사전에는 없고 〈우리말샘〉에만 실려 있다.

근육종 [의학] 근조직에서 유래된 악성 종양을 일반적으로 이르는 말.

'근종'은 양성 종양을 이를 때, '근육종'은 악성 종양을 이를 때 쓰는 말임을 알 수 있다. 그렇다면 '근육종'이라는 말도 표준국어대사전에 표제어로 올렸어야 한다. 표준국어대사전에 '육종(肉腫)'이 "비상피성 조직에서 유래하는 악성 종양을 통틀어 이르는 말"이라는 뜻을 담아 실려 있다. 그리고 '골육종(骨肉腫)'의 순화어인 '뼈육종(-肉腫)'도 표제어에 있다. '골육종'이나 '뼈육종'이 있으면 그 곁에 '근육종'도 함께 있어야 마땅한 일일 터이다.

제3부
호기심을
자극하는 말들

국어사전 편찬자들이 바빠야 하는 이유

시간이 지남에 따라 말이나 용어가 바뀌는 경우가 많다. 가령 '식모'라는 말이 비하의 의미가 있다고 해서 '파출부', '가정부', '가사도우미' 같은 말로 바꾸어 사용하다가 다시 전문성을 인정해야 한다는 취지에서 '가사관리사' 혹은 '가정관리사'라는 명칭을 사용하기로 한 사실을 예로 들 수 있다. 이렇게 바뀐 말들을 국어사전에 반영하려면 편찬자들이 바쁠 수밖에 없다. 하지만 이런 식으로 바뀐 용어들을 그때마다 곧바로 반영하기 어려운 것도 사실이다. 그래서 '가사도우미'와 '가사관리사'는 〈우리말샘〉에만 있고, '가정관리사'는 아직 어느 곳에도 실리지 못하고 있다.

안경점(眼鏡店) '안경원'의 전 이름.

안경사들이 자신들의 지위를 높이기 위해 '안경점'이라는 말 대신 '안경원'이라는 말을 사용하기 시작했다. 1987년에 국가에서 시행하는 안경사 자격시험이 생기면서 단순히 안경을 파는 장사꾼이 아니라 의료와 연관된 전문성을 가진 직업인으로 인정받기 위함이었다. '안경점'에 대한 국어사전의 풀이가 위와 같이 된 까닭이 거기에 있다.

이런 예를 찾자면 무척 많다. 몇 가지 예를 들어 보자.

약제사(藥劑師) '약사'의 전 용어.

은행소(銀行所) '은행'(銀行)의 전 용어.

사망계(死亡屆) 1. '사망 신고'의 전 용어. 2. '사망 신고서'의 전 용어.

'사망계(死亡屆)'에 쓰인 '계(屆)'는 일본에서 쓰는 표현이라고 해서 '신고서'라는 말로 대체했다. 마찬가지 이유로 '혼인계(婚姻屆)'는 '혼인신고(婚姻申告)' 혹은 '혼인신고서(婚姻申告書)'로 바꾸어 사용하고 있다. 그런데 여전히 '계(屆)'를 버리지 못하고 있는 말들도 있다. 학교에서 '결석계' 대신 '결석신고서'라는 말을 쓰고 있지만 국어사전에는 아직 '결석계'가 표제어로 있으며, '결석신고서'는 찾을 수 없다. 변호사에게 사건을 의뢰할 때 '선임계'라는 말을 많이 쓰는데, 이 말도 '선임신고서'로 고치도록 했지만 어떻게 된 일인지 국어사전에는 '선임계'도, '선임신고서'도 없다.

체능검사(體能檢查) [교육] 몸의 운동 능력을 재는 검사.

국어사전에서 이 말을 발견하고 너무 낯설어서 저런 용어가 있었던가 하는 생각을 했다. 조사해 보니 1960년대에 위와 같은 용어를 사용하다 1971년에 '체력장'이라는 용어로 바뀌었다. 그렇다면 풀이도 그에 맞도록 해야 하는데 그런 세심함을 발휘하지 못했다.

체력장(體力章) 중·고등학교에서 학생들의 기초 체력을 향상하고자 종합적인 체력 검사를 실시하던 일.

지금은 체력장 제도도 사라졌다. 그래서 풀이를 잘 보면 '실시하던 일'이라고 표현해서 과거에 실시하던 제도였음을 밝히고 있다. 처음에 표준국어대사전을 펴낼 때만 해도 '실시하는 일'이라고 되어 있었다. 그러다 나중에 표현을 바꾼 것인데, 그런 원칙을 '체능 검사' 풀이에는 왜 반영을 안 했는지 모르겠다.

하나 더 지적할 건 '체력장' 풀이에 나오는 '체력 검사'가 따로 표제어에 없다는 사실이다. 법무부령에 '교정직공무원 임용시험의 체력검사에 관한 규칙'이 있다. 이 밖에도 소방공무원 등 육체적 능력을 필요로 하는 다른 공무원 임용시험에도 마찬가지 규정이 있을 만큼 '체력검사'라는 말은 폭넓게 사용되고 있다. 이와 함께 병원에서 하는 '체질검사'도 있는데, 이 용어 역시 아직 국어사전에 오르지 못했다.

국어사전 편찬자들이 시대에 따라 변하거나 새로 생기는 모든 용어를 철저히 챙기는 게 쉬운 일은 아니다. 하지만 그런 노력이 필요하다는 사실은 분명하며, 더욱 분발해 주기를 바라는 마음이 든다. 요즘은 종이사전 대신 웹사전이 대세를 이루고 있으므로 풀이를 수정하거나 새로운 말을 찾아서 올리는 게 그리 어려운 일도 아니기 때문이다.

대각미역의 정체를 찾아서

한국 사람에게 미역국은 매우 특별한 음식이다. 출산 후 산모에게 미역국은 필수이며, 생일상을 아무리 잘 차려도 미역국이 빠지면 헛일이다. 꼭 그런 일이 아니어도 미역은 한국인들의 먹거리에서 꽤 많은 비중을 차지한다. 다른 모든 것이 그렇듯 미역에도 여러 종류가 있다. 그중에서 크기에 따라 분류하는 명칭에 대해 알아보자.

> 제전마을의 미역은 상품성이 매우 높다. 수심이 얕아 햇빛을 많이 받을 수 있어 질이 좋고 크기도 가로 45센티미터, 세로 235센티미터의 대각(장각)이다. 삼척의 미역이 보통 30센티미터인 것에 비하면 크기가 15배나 되고 가격은 20배인 15만 원이나 된다.
>
> —『울산매일』, 2016년 4월 18일자

위 기사에 나오는 '대각'과 '장각'은 모두 줄기가 커다란 미역을 가리키는 말이다. 미역은 보통 크기에 따라 대각, 중각, 소각으로 나눈다. 지역마다 크기를 나누는 기준은 다르지만 대체로 대각은 1미터 이상, 중각은 90센티미터~1미터, 소각은 80센티미터 이하짜리에 해당한다고 한다. 그렇다면 위에 소개한 제전마을의 미역은 대각 중에서도 무척 큰 편에 속한다고 하겠다.

미역 크기를 누가 언제부터 대각, 중각, 소각으로 분류했는지 모르겠으나 국어사전에 올라 있지 않다 보니 한자 표기를 어떻게 해야 하는지도 불분명하다. 국어사전에는 다음과 같은 말이 표제어로 올라 있다.

대각(大角) [건설] 너비가 30센티미터 이상인 네모진 재목.

소각(小角) [건설] 너비가 20센티미터 이하인 각재.

대각(大角)과 소각(小角)은 있는데 중각(中角)은 올라 있지 않다. 각재의 크기를 나타내는 말에 '각(角)'이라는 한자를 쓰고 있음에 비추어 미역 크기를 나타내는 말 역시 大角, 中角, 小角으로 표기해야 하는 게 아닐까 싶은 생각을 한 적이 있다. 그러다 국어사전에서 다음과 같은 낱말을 만났다.

새초미역 장곽(長藿)보다 짧게 채를 지어 말린 미역. 대개 길이 70센티미터, 넓이 7센티미터가량으로 자르는데 빛이 검고 품질이 좋다.

풀이에 '장곽(長藿)'이라는 말이 보인다. 더 찾아보니 다른 낱말도 보였다.

장곽(長藿) [식물] 넓고 길쭉한 미역.

중곽(中藿) 장곽(長藿)보다 짧게 채를 지어 말린 미역. =새초미역.

고려대한국어대사전에는 아래 낱말이 실려 있다.

장곽미역(長藿--) 길이가 길고 폭이 넓은 미역. =장곽.

위 낱말들을 보면서 비로소 의문이 풀렸다. 대각(장각), 중각, 소
각이라고 할 때의 각은 '곽(藿)'이라는 한자에서 온 게 분명했다.
그러던 것이 '곽(藿)'이라는 한자 자체가 어려운 글자인 데다, '곽'
보다는 '각'이 발음하기 편해서 시간이 지남에 따라 '각'으로 바뀐
것으로 보는 게 타당한 추론일 것이다. 한자의 본래 음이 식자층이
아닌 보통 사람들 사이에서 널리 쓰이기 시작하면서 발음하기 쉽
게 변하는 경우는 꽤 많다. '삭월세(朔月貰)'가 '사글세'로 바뀐 게
그런 사례에 해당한다. 이런 상황은 언어 파괴 현상이라기보다 자
연스러운 변화 과정이라고 보아야 한다.

'대각미역'이라는 말의 어원이 밝혀졌다고 해서(아직은 내 추론이
긴 하지만) 언중들이 활발히 쓰고 있는 말을 버리고 본래의 표기대
로 사용하자고 하면 어떻게 될까? 가능하지 않은 시도가 될 게 뻔
하다. 지금 언중들이 쓰고 있는 말의 본래 형태가 어떠했는지를 따
지고 연구하는 건 국어학자들이 해야 할 문제다. 그렇다면 방법은
지금이라도 '대각미역', '중각미역', '소각미역'을 국어사전에 표제
어로 올리고 어원을 밝혀 주면 될 일이다. 그러지 않고 정체가 불
분명하다고 해서 국어사전에도 싣지 않고 외면해 버리는 건 국어
사전 편찬자들의 직무유기가 될 거라는 게 내 판단이다.

다음과 같은 낱말을 보자.

감곽(甘藿) 갈조류 미역과의 한해살이 바닷말. =미역.

감곽냉탕(甘藿冷湯) 물에 씻은 미역을 잘게 뜯어, 갖은양념을 한 고기와 한데 무쳐서 볶은 것을 냉국에 넣고 초를 친 음식. =미역냉국.

감곽탕(甘藿湯) 미역을 넣어 끓인 국. =미역국.

곽탕(藿湯) 미역을 넣어 끓인 국. =미역국.

백반곽탕(白飯藿湯) 흰밥과 미역국을 아울러 이르는 말. 생일에 흔히 먹는 음식이다.

지금 실생활에서 저렇게 어려운 낱말들을 누가 쓰고 있는가? 국어사전에는 올라 있지만 거의 사어가 되다시피 한 말이라고 보아야 한다. 물론 옛 기록에 남아 있는 말들이므로 굳이 국어사전에서 뺄 필요는 없다. 다만 저런 낱말을 찾아서 실을 바에야 지금 쓰고 있는 말들을 찾고 정리해서 싣는 데 좀 더 관심을 기울일 필요가 있다는 생각을 한다.

참고로 '돌미역'과 '살미역'이 고려대한국어대사전에는 올라 있으나 표준국어대사전에는 빠져 있음을 밝혀 둔다. 많이 쓰는 '실미역'이라는 말은 〈우리말샘〉에서만 찾을 수 있다. 그리고 '돌미역'을 '돌바리미역'이라고도 하는데, 이 말 역시 국어사전에서는 찾아볼 수 없다.

양식어업에서 쓰는 말들

수산업에서 양식어업이 차지하는 비중이 꽤 높다. 애써 바다에 나아가 힘겹게 수산물을 잡아들이지 않아도 되는 까닭에 양식어업의 종류를 늘리는 한편 양식법에 대한 연구도 활발히 이루어지고 있다. 그중에는 바다에서 하는 양식뿐만 아니라 민물에서 하는 양식도 있다.

> **민물양식**(--養殖) [수산업] 강, 호수, 저수지 따위의 민물에서 조개, 굴, 다시마 따위를 기르는 일. ≒담수 양식.

표준국어대사전의 풀이인데, 자세히 보면 설명이 이상하다는 걸 알 수 있다. 민물에서 하는 양식을 설명하면서 왜 굴과 다시마를 예로 들었을까? 고려대한국어대사전에서는 이렇게 풀이했다.

> **민물양식**(--養殖) [수산] 강이나 호수 같은 민물에서 뱀장어, 잉어 따위를 기르는 일.

여기서는 굴, 다시마 같은 말을 뺐다. 그럼에도 민물양식은 강이나 호수보다 저수지나 둠벙 혹은 인공 호수 같은 곳에서 많이 한다는 걸 생각할 때 여전히 아쉬움이 남는 풀이다. 양식을 하는 방법도 다양한데, 그중 하나를 보자.

발양식(-養殖) [수산업] 대쪽으로 엮은 발을 바다에 치고 거기에 수산물의 씨모를 붙여 기르는 일.

풀이에 '씨모'라는 말이 보인다. 국어사전에서는 '씨모'를 어떻게 풀이하고 있을까?

씨모 1. [농업] 씨에서 싹이 터서 난 모. 2. 식물의 씨나 싹을 심어서 가꿈. 또는 그런 모종이나 묘목. =종묘.

1번 풀이와 2번 풀이에 모두 수산업과 관련한 내용은 보이지 않는다. 보통 씨모라는 말보다는 2번 풀이에 나오는 종묘(種苗)라는 말을 많이 사용하는 편이다.

전남 장흥군은 지난 16일 대덕읍 내저항 인근에 전복 종묘 6만 미를 방류했다고 19일 밝혔다.
—『신아일보』, 2019년 5월 19일자

올해에도 붕어, 잉어, 뱀장어 등 우량 수산 종묘 9종 151만 마리와 은어 수정란 2000만 개를 추가로 방류할 계획이다.

—『노컷뉴스』, 2020년 3월 21일자

'묘(苗)'라는 한자는 본래 식물의 어린싹을 가리킬 때 쓴다. 하지만 말이란 건 애초에 지닌 뜻으로만 사용되는 게 아니라 시간이 지남에 따라 의미가 덧붙으면서 쓰임의 폭이 넓어지곤 한다. '종묘(種苗)'도 마찬가지여서, 위 기사처럼 조개류나 물고기의 치어를 뜻할 때도 사용하고 있음을 알 수 있다. 낱말을 잘못 사용하는 거라고 할 수도 있겠지만, 많은 사람들이 실제 언어생활 속에서 자연스럽게 사용하고 있으면 국어사전의 뜻풀이에 그런 현상을 담아줄 필요가 있다.

다시마양식(---養殖) [수산업] 바다에서 다시마를 인공적으로 기르는 일.
다시마양식장부표(---養殖場浮標) [수산업] 다시마 양식 때 밧줄을 이어서 띄워 놓은 떼.
다시마어장(---漁場) [수산업] 다시마를 인공적으로 기르는 바다의 일정한 구역.

양식어업의 종류는 무척 많다. 그런데 표준국어대사전에 다른 양식어업을 가리키는 표제어는 없는데 다시마만 특별 대우를 하고 있다. 그것도 '다시마양식장부표(---養殖場浮標)'라는, 저런 게 과연 표제어가 될 수 있을까 싶은 용어까지 실었으니 편찬자의 다시마 사랑이 유별난 모양이다. 김, 미역, 굴, 전복 등을 양식하는 분들이 서운하게 여길지도 모를 일이다.

불완전양식(不完全養殖) [수산] 수산 생물의 생활사를 고려해서 특정 단계의 것만 대상으로 하는 양식. 뱀장어와 같이 알에서부터 양식할 수 없어 새끼를 잡아서 하는 양식 따위이다.

국어사전도 사람이 만드는 거라 완전할 수는 없다. 위에 소개한 '불완전양식'은 표제어에 있는데 '완전양식'은 없는 것으로 보아 스스로 완전하지 못함을 증명하고 있는 것처럼 여겨지기도 한다. '완전양식'은 알이나 종묘부터 시작해 완전히 자랄 때까지 전 과정을 거쳐 기르는 양식을 뜻하는 용어다.

흔히 하는 양식 중에서 김 양식을 빼놓을 수 없다. 그런데 바다에서 양식할 수 없는 김도 있다. 아는 사람이 많지는 않지만 민물에서 자라는 김도 있기 때문이다.

소한계곡은 국내 유일의 민물김 자생 서식지로 유명하다. 민물김은 물의 유속, 조도 등 서식조건이 매우 까다롭다. 바다에서 채취하는 김보다 그 효능과 맛이 훨씬 뛰어나다고 한다. 예로부터 아이를 낳으면 미역국 대신 민물 김국을 먹거나 화상 상처에 민물김을 올려 치료했다는 이야기가 있다고 한다.
　—『아주경제』, 2019년 12월 1일자

소한계곡은 강원도 삼척에 있다. '민물김'은 국어사전에 이름을 올리지 못했는데, 기사에 나오는 것처럼 효능과 맛이 뛰어난 김을 국어사전이 외면하는 건 도리가 아니라고 생각한다. 국어사전에 '민물조개', '민물말'(민물에서 자라는 조류(藻類)), '민물진주(--眞珠)' 같은 말이 표제어로 올라 있지만 '민물새우'는 없으니 민물김이 민물새우의 처지를 생각하며 아쉬움을 달래야 하는 건지도 모르겠다.

아가미 탐구 생활

국어사전을 뒤지다 물고기의 아가미에 대한 공부까지 하게 될 줄은 몰랐다. 어류학자도 아니고 평소 물고기에 대해 큰 관심을 가지고 있지 않았기에 아가미 같은 게 내 관심사에 들어올 틈이 없었다. 물고기는 그저 아가미로 호흡을 한다는 아주 기초적인 상식 외에 아는 게 없었다가 국어사전 덕분에 아가미의 구조를 자세히 살펴볼 기회를 얻게 되었다. 가장 먼저 아가미에 대해 궁금증을 갖게 만든 건 아래 낱말이다.

> **패러다이스피시**(paradise fish) [동물] 버들붕엇과의 하나. 몸의 길이는 8센티미터 정도이며, 붉은색과 자주색이 섞여 있고 10여 줄의 푸른 가로띠가 있어 매우 아름답다. 버들붕어와 비슷하나 꼬리지느러미의 뒤 가장자리가 둘로 갈라져 있으며, 아가미에 미기(迷器)라고 하는 부속 호흡 기관이 있다. 중국 남부가 원산지인 관상어로 아시아 동남부, 대만 및 하이난섬 등지에 분포한다. ≒타이완금붕어. (*Macropodus opercularis*)

풀이 중에 '미기(迷器)'라는 낱말이 보이는데, 풀이 내용 중에 간단한 설명이 붙어 있긴 했으나 더 자세히 알고 싶었다. 하지만 이

말은 따로 표제어에 올라 있지 않았다. 할 수 없이 인터넷의 힘을 빌려 검색을 했더니, 전문가나 이해할 수 있을 만큼 설명이 너무 어렵고 복잡했다. 그래도 알아낸 건 '미기(迷器)'가 '미로기관'의 줄임말이라는 것과(물론 '미로기관'도 국어사전 표제어에는 없다), 구조가 미로처럼 생겨서 그런 이름을 얻게 되었다는 사실이다. 영어로는 'labyrinthiform organ'이라고 하는데, 'labyrinth'가 미로라는 뜻이다. 덧붙인다면 아가미 위쪽에 있으며 표면적이 넓고 모세혈관이 많이 퍼져 있는 방이 있어 공기 중에 있는 산소를 빨아들이기 쉽다고 한다. 그러므로 풀이에 있는 것처럼 단순히 '부속 호흡 기관'이라고 표현하는 것보다 '부속 공기 호흡 기관'이라고 해야 정확한 이해를 도울 수 있다.

덤으로 물고기 중에 공기로 호흡하는 종류가 제법 많다는 사실도 알게 되었다. 나무 위에 올라가는 물고기가 있다는 말을 들어본 사람이 있을 것이다. 그런 물고기 이름이 국어사전에 나온다. 고려대한국어대사전에 나오는 풀이를 보자.

등목어(登木魚) [동물] 경골어류 농어목 등목엇과에 속한 민물고기. 몸길이는 25센티미터 내외이고, 흑색 바탕에 반점이 흩어져 있으며 적색이나 등황색 띠가 있다. 머리 양쪽에 미로 모양의 보조 호흡 기관이 있다. 먹이를 찾아 수면에 접해 있는 나무에 올라가기도 하며, 건조기에는 진흙 속에 들어가 여름잠을 잔다. 인도, 스리랑카 및 아시아, 아프리카 열대가 원산지이다. 학명은 *Anabas scandens*이다.

풀이에 나오는 '미로 모양의 보조 호흡 기관'이 바로 '미로기관'을 가리킨다. '등목어(登木魚)'라는 물고기가 있다는 걸 생각하면 아래 한자성어의 뜻을 바꿔야 할지도 모르겠다.

연목구어(緣木求魚) 나무에 올라가서 물고기를 구한다는 뜻으로, 도저히 불가능한 일을 굳이 하려 함을 비유적으로 이르는 말.

앞에서 아가미에 대한 공부를 하게 됐다고 했으니, 국어사전에서 아가미와 관련된 낱말 몇 개를 더 살펴보도록 하자.

새사(鰓死) [동물] 물고기의 아가미 안에 있는 빗살 모양의 숨을 쉬는 기관. ≒새소엽, 새엽.

한자를 보는 순간 이상하다는 생각이 들었다. '새(鰓)'는 자전을 통해 아가미를 뜻하는 한자라는 사실을 알았지만, 풀이에 죽음과 연결되는 내용이 없는데 왜 '죽을 사(死)'를 뒤에 붙였을까 하는 의문 때문이었다.

그러다 표준국어대사전에는 없고 〈우리말샘〉에만 있는 아래 낱말을 만났다.

새사(鰓篩) [수의] 무악류를 제외한 어류나 양서류의 유생에서 아가미궁의 인두 옆에 줄지어 생겨난 마디 모양이나 섬유 모양의 돌기.

무슨 말인지 이해할 사람이 얼마나 될까? 낱말풀이를 이런 식으로 하면 안 된다는 걸 제대로 보여주는 사례라고 하겠다. '새사(鰓死)'의 한자 표기가 잘못된 것 같은데, 그렇다면 〈우리말샘〉에 나오는 '새사(鰓篩)'가 본래 표기인가 하는 생각을 해 보았다. 하지만 〈우리말샘〉의 풀이가 너무 어려워 표준국어대사전의 '새사'와 비교하는 게 쉽지 않았다. 결국 알아낸 건 표준국어대사전의 한자 표기가 틀렸고, '실 사(絲)'를 써서 '鰓絲'로 해야 한다는 사실이었다. 그리고 〈우리말샘〉의 '새사(鰓篩)'는 일본 사람들이 쓰는 용어이며, '새사(鰓絲)'와는 다른 부위를 지칭하는 말이라는 것도 알았다.

'새사'와 함께 표준국어대사전에 '새개', '새궁', '새공'이라는 게 있다.

새개(鰓蓋) [동물] 경골어류의 머리 양쪽에 있어 아가미를 덮어 보호하고 물이 드나들게 하는 넓적한 뼈로 된 뚜껑. 상어·가오리류에서는 발달되지 않으며, 아가미구멍은 직접 몸 밖으로 열린다. =아가미뚜껑.

새궁(鰓弓) [동물] 물고기의 아가미 안에 있는 작은 활 모양의 뼈. =아가미활.

새공(鰓孔) [동물] 물고기의 아가미뚜껑 뒤쪽에 열린 구멍. 숨 쉴 때에 물을 내보내는데, 경골어류에는 보통 양쪽에 한 개씩 있고 상어나 가오리와 같은 연골어류에는 5~7개씩 있다. =아가미구멍.

아가미의 구조는 여러 부분으로 구성되어 있다. '새개'가 아가미를 전체적으로 보호하는 바깥 부분의 뚜껑에 해당한다면 그 안에 새사, 새궁, 새파, 새공이 있다. 이중에서 '새파'는 어디서도 찾아볼 수 없다. '새파(鰓耙)'는 '아가미갈퀴'라고도 하는데, 이 말이 〈우리 말샘〉에 있다.

아가미갈퀴 [수의] 무악류를 제외한 어류나 양서류의 유생에서 아가미 궁의 인두 옆에 줄지어 생겨난 마디 모양이나 섬유 모양의 돌기.

'새사(鰓篩)'의 풀이와 '아가미갈퀴'의 풀이가 똑같은 걸 알 수 있는데, 둘은 같은 걸 가리키는 말임에도 동의어 표시가 없다. 별 생각 없이 여기저기서 낱말을 가져와 싣다 보니 두 낱말이 같은 건지 아닌지도 모르는 상태고, 풀이도 제공한 곳에서 보낸 걸 쉽게 풀 생각을 하지 않고 그대로 옮겨 놓은 것에 지나지 않는다는 사실을 보여주고 있다. 〈우리말샘〉에서 '새개'와 '새궁'은 분류 항목이 [동물]인데, '새사(鰓篩)'와 '아가미뚜껑'은 [수의]로 처리한 것도 거슬린다. 이래서는 국어사전이라는 이름값을 제대로 하고 있다고 보기 어렵다.

정리를 해 보자. 〈우리말샘〉에 있는 '새사(鰓篩)'는 일본에서 쓰는 용어이므로 버려야 하고, 어디에도 자리를 잡지 못하고 있는 '새파(鰓耙)'를 '아가미갈퀴'와 함께 표제어로 올려야 한다. '새개' 는 '아가미뚜껑', '새궁'은 '아가미활', '새공'은 '아가미구멍'이라 는 우리말을 동의어로 제시한 것도 유심히 들여다볼 필요가 있다. '새사'에 해당하는 우리말 용어는 왜 없을까? '실 사(絲)'자가 들어 있으므로 '아가미실'이라고 하든지, 동의어로 '새엽(鰓葉)'이 있으므로 '아가미잎'이라고 하면 안 될까? 어류학계에서 '새사'에 해당하는 우리말 용어를 안 만들어서 그런 건지는 모르겠으나 아쉬운 일이다. 이해를 돕기 위해 『한국어류대도감』(교학사, 2005)에서 찾은 아래의 그림을 더해 본다.

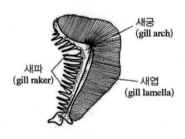

낚시꾼들의 은어

내게 취미가 뭐냐고 물으면 국어사전 들춰보는 일이라고 대답하
곤 한다. 잠시 바둑을 두어 본 적은 있지만 초보를 면하지 못한 상
태인 데다, 일부러 시간 내서 두어 볼 생각도 하지 않는다. 그러니
취미 중에는 낚시가 최고라고 하는 이가 있더라도 그런 말에 혹하
지는 않는다. 대신 낚시와 관련한 말이 뭐가 있을까, 하는 식의 궁
금증은 늘 갖고 있다. 그러던 차에 표준국어대사전에서 특이한 이
름의 고개를 발견했다.

　구령(九嶺) 열 번째로 넘어가는 고개라는 뜻으로, 낚시꾼들이 고기 아홉
　마리를 잡았음을 이르는 말.

아홉 마리를 잡았음을 나타내는 말이 있으면, 다른 마릿수를 낚
았을 때를 이르는 말도 있지 않을까 싶어 찾아보니 다음과 같은 말
들이 나왔다.

　초개(初開) 낚시꾼들의 은어로, 고기를 처음으로 한 마리 낚았음을 이르
　는 말.

재개(再開) 1. 어떤 활동이나 회의 따위를 한동안 중단했다가 다시 시작함. 2. [체육] 낚시에서, 두 마리째의 고기를 잡은 경우를 이르는 말.

안심(安心) 낚시꾼들이 고기를 여덟 마리째 잡음을 이르는 말.

일관(一貫) 1. 엽전의 한 꿰미. 2. 낚시질에서 열 마리째 낚았을 때를 이르는 말. 한 꾸러미가 되었다는 뜻이다.

세 마리부터 일곱 마리를 잡았을 때를 이르는 말은 보이지 않는다. 분명히 있긴 할 텐데, 국어사전 편찬자가 미처 찾아서 싣지 못했음이 분명하다. 이런 사례는 너무 흔해서, 아쉬운 사람이 직접 찾아 나서는 수밖에 없다. 그래서 찾은 게 아래 낱말들이다.

시작(始作) 세 마리를 낚았음.

작정(作定) 네 마리를 낚았음.

정식(正式) 다섯 마리를 낚았음.

진행(進行) 여섯 마리를 낚았음.

면치(免恥) 일곱 마리를 낚았음.

세 마리는 잡아야 비로소 낚시가 시작되는 것으로 보고, 일곱 마리는 잡아야 낚시꾼으로서 부끄럽지 않게 체면을 차리게 된다고 한 표현들이 재치 있게 다가온다. 누가 이런 말들을 처음 만들어 퍼뜨렸는지는 자료를 찾지 못했다. 낚시꾼들이 재미 삼아 주고받던 말들을 국어사전 편찬자가 낚아 올려 사전에 실었을 텐데, 미처 다 낚지 못한 실수가 생긴 걸로 보아 우리나라 국어사전 편찬자들이 낚시질의 고수는 못 되었던 모양이다.

열한 마리를 잡으면 '일관초개', 서른두 마리를 잡으면 '삼관재개' 하는 식으로 잡은 물고기의 머릿수를 세며 즐거워했을 낚시꾼들의 풍류가 그려지는 낱말들이다. 국어사전에 실리지는 않았지만 100마리를 잡으면 '일련(一連)'이라고 했다는데, 그 정도 경지에 오르려면 고수 중의 고수가 되어야 가능한 일이겠다.

낚시 종류도 다양한데, 요즘 사람들은 듣기 어려운 낱말이 국어사전에 보인다.

덕낚시 물속에 설치한 덕을 타고 하는 낚시질.
덕 1. 널이나 막대기 따위를 나뭇가지나 기둥 사이에 얹어 만든 시렁이나 선반. 2. 물 위에서 낚시질을 할 수 있도록 만든 발판 모양의 대.

'덕낚시'라고 하면 못 알아들어도 '좌대낚시'라고 하면 낚시꾼들이 그제야 고개를 끄덕일 것이다. '좌대낚시'라는 말은 표제어에 없고 '좌대'만 다음과 같은 풀이와 함께 국어사전에 보인다.

좌대(座臺) 기물을 받쳐서 얹어 놓는 대.

이 정도 풀이만으로는 낚시꾼들이 사용하는, 물가에 펼쳐 놓고 그 위에 걸터앉거나 낚싯대를 고정하는 데 사용하는 좌대를 충분히 설명할 수 없다. 낚시 용어에 맞게 풀이를 보강해 주어야 하고, 아울러 '좌대낚시'라는 말도 따로 표제어에 추가해 주는 게 바람직하다. 예전에 쓰던 낱말을 찾아서 올리는 것도 물론 중요하지만, 그에 못지않게 요즘 활발하게 사용하는 낱말들을 뜻에 맞게 풀이해서 올리는 것도 중요하다. 그런 일에 게으르면 국어사전은 고리타분한 옛날 말 창고로 전락하고 만다.

우수마발이라는 말의 유래

내가 '우수마발'이라는 낱말을 처음 접한 건 고등학교 시절 국어 책에 나온 양주동의 수필 「면학(免學)의 서(書)」를 통해서였다. 거기에 다음과 같은 구절이 나온다.

내가 일인칭, 너는 이인칭, 나와 너 외엔 우수마발이 다 삼인칭야라.

독학으로 영어를 배울 때 삼인칭이라는 말의 뜻을 몰라 고민하다 우여곡절 끝에 뜻을 알아내고 기뻐하는 장면에 나오는 혼잣말이다. 그 당시 국어 선생님은 '우수마발'을 일러 소 오줌과 말똥처럼 아무 데나 굴러다니는 하찮은 것들을 가리킨다고 했던 기억이 난다. 그랬던 '우수마발'이 실은 다른 뜻도 지니고 있다는 걸 알게 된 건 그리 오래되지 않았다. 표준국어대사전의 풀이에는 이렇게 나온다.

우수마발(牛溲馬勃) 1. 소의 오줌과 말의 똥이라는 뜻으로, 가치 없는 말이나 글 또는 품질이 나빠 쓸 수 없는 약재 따위를 이르는 말. 2. 질경이와 버섯류라는 뜻으로, 매우 흔하면서도 약으로 쓸 수 있는 물건을 비유적으로 이르는 말.

고려대한국어대사전에는 두 번째 풀이의 뜻이 나오지 않는다. 그런데 이 말이 나오게 된 유래를 찾아보면 두 번째 풀이가 본래 의미에 맞는다. 이 말은 당나라 때 시인인 한유(韓愈)가 지은 「진학해(進學解)」라는 글에 나온다.

玉札(옥찰), 丹砂(단사), 赤箭(적전), 靑芝(청지), 牛溲(우수), 馬勃(마발), 敗鼓之皮(패고지피), 俱收並蓄(구수병축), 待用無遺者(대용무유자), 醫師之良也(의사지양야).

옥찰, 단사, 적전, 청지는 모두 한약재로 쓰이는 것들이다. 그다음에 우수와 마발이 나오는데, 두 낱말을 어떻게 풀이할 것이냐 하는 게 문제다. '우수(牛溲)'의 '수(溲)'에는 오줌이란 뜻이 있다. 그래서 '우수'를 소 오줌으로 풀이했겠지만, 실제로는 차전초(車前草)라고도 이르는 질경이를 가리킨다. 질경이는 길바닥 같은 곳에서 자라는 흔한 풀이다. 다음에 나오는 '마발(馬勃)'에서 '발(勃)'에는 아예 똥이라는 뜻이 없다. 그러니 '마발'을 말똥으로 풀이하는 건 명백히 잘못된 것으로, 본래는 말불버섯을 가리키는 이름이다. 그리고 '패고지피(敗鼓之皮)'는 찢어진 북의 가죽을 뜻한다. 위 문장의 전체 풀이는 앞에 나열한 한약재들처럼 귀한 게 아니라 흔하고 가치 없어 보이는 것들이라도 모두 갖추어 놓는 사람이 훌륭한 의사라는 뜻이다.

'우수(牛溲)'는 국어사전에 없으며, '마발(馬勃)'은 말불버섯이라는 풀이를 달고 국어사전에 실려 있다. '우수'와 '마발' 다음에 나오는 '패고지피(敗鼓之皮)'도 '우수마발'과 같은 뜻으로 사용되지만 국어사전에는 오르지 못했다. '우수마발'은 표준국어대사전에 나오는 두 번째 풀이가 애초의 의미에 정확히 들어맞는데, 언젠가부터 첫 번째 풀이가 통용되면서 아예 두 번째 풀이는 잊히다시피 했다. 이렇게 애초의 뜻과 상관없이 잘못 퍼진 풀이가 굳어진 낱말들이 꽤 있다. 가령 '금세'라는 말은 '금시에(今始-)'가 줄어선 된 말인데, 애초에는 '지금 바로'라는 뜻이었지만 지금은 '매우 짧은 시간 동안' 정도의 뜻으로 더 많이 쓰고 있다. 이런 말들을 바로잡아서 본래의 뜻으로 사용하자고 해 봤자 가능하지 않은 일이다. 비슷한 예로 '독불장군'이라는 말을 들 수 있다. 표준국어대사전의 '독불장군' 풀이는 다음과 같다.

독불장군(獨不將軍) 1. 무슨 일이든 자기 생각대로 혼자서 처리하는 사람. 2. 다른 사람에게 따돌림을 받는 외로운 사람. 3. 혼자서는 장군이 될 수 없다는 뜻으로, 남과 의논하고 협조하여야 함을 이르는 말.

이 낱말 역시 애초의 뜻은 세 번째 풀이에 나와 있다. 다른 사람의 말을 듣고 협조를 구하는 일이 중요하다는 걸 강조하는 말이었는데, 지금은 남의 의견은 전혀 듣지 않는 고집불통을 가리키는 말로 쓰이고 있다.

한자를 잘못 풀이한 낱말들

우리는 중국의 한자를 빌려와 오랫동안 문자 생활을 해 왔다. 그러다 보니 한자로 이루어진 어휘를 빼면 언어생활이 불가능할 정도다. 그런데 모든 것이 그렇듯 언어 또한 발생지와 그것을 받아들인 지역에서 쓰임새가 달라지는 경우가 발생한다. 다음 낱말을 보자.

> **유두면**(流頭麵) [민속] 유둣날에 밀가루로 구슬 모양의 국수를 만들어 오색으로 물들이고, 세 개씩 포개어 색실로 꿰어 맨 것. 악신을 쫓는다 하여 몸에 차거나 문짝에 건다.

풀이 중에 '구슬 모양의 국수'라는 내용이 좀 이상하지 않은가? 국수라고 하면 가는 면발을 떠올리게 된다. 문제는 '면(麵)'이라는 한자를 어떻게 풀이할 것인가 하는 점이다. 중국에서는 '면(麵)'을 우리처럼 국수라는 뜻으로도 쓰지만 밀가루를 반죽해서 만든 모든 것을 아울러 이르기도 한다. 그러므로 '유두면'의 풀이에서 국수라는 말을 빼고 밀가루를 반죽해서 구슬 모양으로 만든 것이라고 해야 한다.

이처럼 한자의 뜻을 엉뚱하게 풀이한 낱말들이 더 있다.

와종(瓦鐘) 기와로 만든 종.

와경(瓦磬) [음악] 기와로 만든 편경이나 편종.

와계(瓦鷄) 기와로 만든 닭이라는 뜻으로, 외형(外形)은 있지만 아무 소용이 없음을 이르는 말.

기와로 어떻게 종을 만든다는 걸까? 국어사전을 편찬하는 사람들은 왜 나와 같은 궁금증을 갖지 않았는지 모르겠다. 다른 낱말을 하나 더 보자.

와연(瓦硯) 찰흙으로 기와처럼 구워 만든 벼루.

여기서는 '기와로 만든'이 아니라 '기와처럼 구워 만든'이라고 했다. 이 풀이가 정확하다. 중국에서는 '와(瓦)'를 기와라는 뜻뿐만 아니라 기와를 만드는 방식처럼 굽는다는 뜻으로도 쓴다. 따라서 위 낱말들은 기와를 만들듯이 구워서 만든 물건이라는 식으로 풀이해야 한다. 한자의 다양한 쓰임새를 고려하지 않고 고지식하게 풀이하다 보니 엉터리 낱말풀이가 되고 말았다.

백엽다(柏葉茶) 동쪽을 향하여 뻗은 잣나무의 잎을 따서 말렸다가 달인 차.

백엽주(柏葉酒): 잣나무의 잎을 담가 우려낸 술.

두 낱말의 풀이를 보면 백엽(柏葉)을 모두 잣나무의 잎이라고 했다. 대부분의 국어사전이 똑같이 풀이하고 있는데, 백(柏)을 잣나무가 아니라 측백나무라고 하는 이들이 있다. '柏'이라는 한자가 잣나무와 측백나무라는 두 가지 뜻을 지니고 있어서 생기는 혼란이다.

허준의 『동의보감』에 '백엽(柏葉)'과 '백엽다(柏葉茶)'가 나오는데, 다음과 같이 설명하고 있다.

백엽(柏葉) 오랫동안 먹으면 모든 병이 없어지고 오래 산다. 잎을 따서 그늘에서 말린 것을 가루 내어 봉밀로 반죽한 다음 팥알만 하게 만들어 81알을 술과 함께 먹는다. 1년을 먹으면 10년 더 살 수 있고 2년을 먹으면 20년을 더 살 수 있다. 여러 가지 고기와 5가지 매운 남새를 먹지 말아야 한다. [본초(本草)]

백엽다(柏葉茶) 동쪽으로 뻗은 잎을 따서 시루나 밥가마에 넣고 찐다. 이것을 물로 여러 번 씻어 그늘에서 말린 다음 날마다 달여 먹는다. [입문(入門)]

국어사전의 '백엽다' 풀이에 나오는 '동쪽으로 향하여 뻗은'이라는 표현은 바로 『동의보감』의 설명에서 가져온 것이다. 그러한 사실보다 더 주의해서 살펴볼 건 '백엽'의 설명 뒤에 나오는 '본초(本草)'라는 말이다. 이는 명나라의 이시진이 지은 『본초강목(本草綱目)』을 가리킨다. 허준이 지은 『동의보감』 속에는 『본초강목』에 나온 내용을 인용한 것이 무척 많으며 그럴 경우 반드시 출처를 명기해 놓았다.

같은 한자라도 중국과 우리나라에서 쓰임새가 다른 경우가 있는데, '柏'이라는 한자도 마찬가지다. 이 한자를 지금 우리는 잣나무의 뜻으로 많이 쓰지만 중국에서는 주로 측백나무를 가리킬 때 쓴다. 그래서 한문으로 된 『동의보감』을 한글로 번역한 책의 상당수는 '백엽(柏葉)'을 측백나무의 잎으로 풀이하고 있다.

『동의보감』은 의학서적이기 때문에 거기서 다루는 식물은 모두 약재로 사용하는 것들이다. 그런데 잣나무와 측백나무의 잎 중 어느 게 더 약효가 있을까 하는 점을 따져 볼 필요도 있다. 대부분의 식물이 어느 정도는 약효를 지니고 있겠으나 여러 기록을 보면 잣나무보다는 측백나무가 약재로 선호되고 있다. 아래 낱말을 보자.

백자인(柏子仁) [한의] 측백나무 열매의 씨를 한방에서 이르는 말. 심신을 안정시키2고 장을 윤활하게 하는 작용이 있어 경계, 정충, 허한, 변비 따위에 쓴다.

여기서는 '柏'을 측백나무로 풀이하고 있지 않은가. 한 가지 사실을 더 살펴보자. 구글에서 백엽다(柏叶茶, 叶은 葉의 간자체이다)와 백엽주(柏叶酒)를 검색하면 중국에서 백엽(柏叶)을 이용해서 만든 차와 술이 나오는데, 이미지를 살펴보면 모두 측백나무 잎을 사용하고 있음을 알 수 있다. 이를 통해서 보더라도 국어사전의 풀이에서 잣나무로 표기한 건 오류임이 분명하다.

송백(松柏) 1. 소나무와 잣나무를 아울러 이르는 말. 2. 껍질을 벗겨 솔잎에 꿴 잣. 여남은 개씩 실로 묶어서 접시에 높이 쌓아 제사상이나 잔칫상에 놓는다.

이 낱말은 또 어떻게 봐야 할까? 중국 주나라 때는 나무 중의 으뜸으로 소나무와 측백나무를 쳤으며, 그래서 군주의 묘 둘레에는 소나무를 심고, 왕족의 묘 둘레에는 측백나무를 심었다는 기록이 있다. 여기서 소나무와 측백나무를 아울러 이르는 송백(松柏)이라는 말이 나왔다. 물론 그건 중국에서 사용하는 어법이고, 우리는 측백나무 대신 잣나무를 선호해서 '송백(松柏)'을 소나무와 잣나무를 가리키는 말로 사용할 수는 있다. 국어사전에 '송백조(松柏操)', '설중송백(雪中松柏)', '세한송백(歲寒松柏)' 같은 말들이 나오고, 풀이에 모두 소나무와 잣나무라고 했다. 이 역시 마찬가지 기준을 적용해서 받아들이면 되지 않을까 싶다. 잣나무와 측백나무 모두 사철 푸른 상록수이므로 어떤 나무로 받아들이건 의미를 형성하는 데는 별다른 지장이 없을 것이기 때문이다.

하지만 '백엽다(柏葉茶)'와 '백엽주(柏葉酒)'는 특정한 대상을 가리키는 말이므로 잣나무가 아닌 측백나무로 바로잡을 필요가 있다.

시간달리기와 중간달리기

운동 경기에는 다양한 종류가 있고, 같은 운동 경기 안에 또 다양한 종목이 있다. 그건 육상 경기도 마찬가지인데 평소에 들어 보지 못했던 종목을 가리키는 용어를 국어사전에서 발견했다.

> **시간달리기**(時間---) [체육] 일정한 시간 안에 달린 거리로 승부를 겨루는 육상 경기.

정말로 저런 종목이 있는 걸까? 찾아보니 정말로 있었다. 다만 그냥 '시간달리기'가 아니라 '1시간달리기'라고 해야 정확하다.
신문기사 하나를 보자.

'달리기'에 대해 "일정한 거리를 누가 가장 빠르게 달리는가를 가려내는 종목"이라고만 생각한다면 그건 온전한 답이 될 수 없다. 주어진 시간 안에 누가 가장 멀리 달리는가를 가려내는 경주가 있기 때문이다. 이 종목의 주인공은 1만 미터에서 2개의 올림픽 금메달을 땄던 하일레 게브르셀라시에(34, 에티오피아)다. 그는 28일(한국시각) 체코 오스트라바에서 열린 2007 세계육상투어 골든스파이크 그랑프리 1시간달리기에서 2만 1285미터(21.285킬로미터)를 기록해 16년 만에 세계 기록을 갈아치웠다.

—『한겨레』, 2007년 6월 28일자

1시간달리기는 국제 육상 연맹이 인정하는 정식 종목으로, 장거리 종목에 해당한다. 경기 방식에 있어 마라톤과 다른 점은 도로가 아니라 경기장 안의 트랙을 도는 방식으로 이루어진다는 사실이다. 기사에 나오는 하일레 게브르셀라시에는 2008년 9월 베를린 마라톤에서 2시간 3분 59초를 기록해 세계 최초로 2시간 4분 벽을 깨뜨린 선수로 유명하다. 장거리 육상 천재로 불렸던 그는 5000미터부터 마라톤까지 각종 장거리 육상 종목에서 총 27개의 세계 기록을 세웠다.

그렇다면 1시간달리기는 남자 선수 종목에만 있을까? 여성 종목에도 똑같이 있으며, 하일레 게브르셀라시에 선수가 세계 신기록을 세운 다음 해인 2008년에 에티오피아의 디레 투네(Dire Tune)가 같은 장소에서 벌어진 같은 대회에서 1만8517미터를 달려 세계 신기록을 세웠다. 남녀 모두 에티오피아 출신으로, 에티오피아가 세계 장거리 육상을 주름잡고 있음을 보여주는 사례이기도 하다.

디레 투네 선수는 마라톤에서 진기한 기록을 세운 것으로 유명하다. 1시간달리기 대회에서 우승한 2008년은 그녀에게 최고의 해였다. 그해 열린 보스턴 마라톤대회에서도 우승을 차지했기 때문이다. 이 대회에서 디레 투네는 러시아의 알레브티나 빅토미로 바와 몇 차례에 걸쳐 선두를 주고받는 치열한 경쟁 끝에 2초 차이로 결승 테이프를 끊었다. 손에 땀을 쥐게 하는 명승부였다. 그런데 이런 명승부의 주인공이 바로 다음 해에는 다른 선수에게 같은 명예를 선사하는 처지가 될 줄이야! 2009년 보스턴 마라톤대회에서는 케냐의 살리나 코스게이 선수에게 단 1초 차이로 뒤져 2위에 머무른 것이다. 드라마에서나 볼 수 있을 것 같은 진기한 상황이 펼쳐졌으니 세상사는 정말이지 오묘하다고 하겠다.

디레 투네의 불운은 아이러니하게도 몇 년 후 우리나라에서도 벌어졌다. 2011년 대구에서 세계육상선수권대회가 벌어졌을 때 디레 투네 선수도 마라톤 종목에 출전했다. 이 대회에서 디레 투네가 그만 실격 처리를 당한 것이다. 마라톤 경기 중에는 정해진 장소에서 음료를 제공하고 있으며, 정해진 장소가 아닌 곳에서 음료를 마시면 안 된다는 규칙이 있다. 그런데 디레 투네가 정해진 지점을 벗어난 곳에서 음료를 공급받음으로써 실격당하고 말았다.

1시간달리기를 영어로는 'one hour run'이라고 한다. 그런데 대한육상연맹 자료집에 이 용어를 '시간달리기'로 번역해서 실었고, 이걸 국어사전이 그대로 가져와서 실은 것이다. 문제는 여기에서 그치지 않는다. 다른 종목에도 '시간달리기'가 있기 때문이다.

이번에도 신문기사를 보자.

96 애틀랜타올림픽 2관왕인 프랑스의 '사이클 여왕' 자니 롱고가 27일 멕시코시티 올림픽벨로드롬에서 '1시간달리기' 세계 기록을 깨뜨렸다.

—『경향신문』, 1996년 10월 28일자

영국의 사이클 영웅 크리스 보드맨(28)이 7일 '1시간달리기'에서 56.3759킬로미터를 질주, 세계 신기록을 세우는 기염을 토했다.

—『동아일보』, 1996년 9월 8일자

사이클 종목에도 같은 경기가 있다면 그런 것까지 고려해서 낱말풀이를 했어야 한다. 물론 국어사전 편찬자들이 그런 것까지 어찌 알겠느냐고 할 수도 있지만, 대한육상연맹 자료집에서 용어만 그대로 가져왔을 뿐 자체 검토 과정을 거치지 않은 건 비판의 소지가 크다. 비슷한 사례 하나를 더 보자.

중간달리기(中間---) [체육] 육상 경기에서, 출발선과 결승선 부분을 제외한 기술적 단계의 중간 부분.

이게 무슨 말인지 이해할 수 있는 사람이 얼마나 될까? 나는 몇 번을 거듭해서 읽어도 내용 파악이 안 된다. 표제어에는 '달리기'가 붙어 있는데, 풀이를 보면 실제 달리는 행위를 가리키는 것 같지는 않다. '기술적 단계의 중간 부분'이라는 구절을 어떻게 해석하고 이해해야 할지 오리무중이다. 억지로 머리를 굴려 이해를 해보자면 출발할 때 달리는 주법과 결승선을 앞에 두었을 때 달리는 주법이 있고, 그 사이 트랙의 중간 부분을 달릴 때의 주법이 따로 있다는 게 아닐까 하는 정도다. 그러니까 '중간달리기'는 주법의 하나를 말하는 용어가 아니겠는가 하는 짐작을 해 보는 건데, 육상계에서 실제로 그런 용어를 쓰고 있는지는 모르겠다. 그래도 이리저리 찾아보니 쓰는 말은 조금씩 차이가 있지만 달리는 순서에 따라 초반질주(스타트), 중간질주, 막판질주(최종질주, 피니시, 라스트 스퍼트) 같은 말들이 있고, 중간질주는 다시 가속질주와 전력질주로 구분하기도 한다. 그렇다면 '중간달리기'는 내가 짐작한 대로 '중간질주'에 해당하는 말이 맞을 듯하다. '중간달리기'처럼 이상한 말을 왜 실었는지도 모르겠거니와, 실을 거면 그에 대응하는 '초반달리기'나 '막판달리기' 같은 말도 함께 싣고 풀이도 더 쉽게 해 주었어야 하는 게 아닐까? 표준국어대사전에 다른 용어들은 모두 없고, '스퍼트(spurt)', '라스트 스퍼트(last spurt)', '스탠딩 스타트(standing start)', '플라잉 스타트(flying start)', '크라우칭 스타트(crouching start)' 같은 외래어들이 표제어로 올라 있다.

'시간달리기'와 '중간달리기'는 다른 국어사전에는 없고 표준국어대사전에만 실려 있다. 그럴 경우 대체로 신뢰하기 힘든 낱말들이라는 게 내가 그동안 표준국어대사전을 뒤지면서 얻은 교훈이다.

중국 근대의 화폐 이름

국어사전의 뜻풀이에 너무 많은 정보를 담을 수는 없다. 하지만 풀이하는 대상의 낱말에 대해 독자가 미진한 느낌을 갖지 않도록 간단하지만 정확하고 명료한 정보를 제공해야 한다.

소양(小洋) 중국에서 사용되는 작은 은화.

표준국어대사전에 나온 이 낱말의 풀이는 어떨까? 안 좋은 풀이의 전형적인 사례 중 하나가 아닐까 싶다. '사용되는'이라고 현재형 표현을 사용했는데, 저 은화가 지금도 중국 사회에서 통용되고 있을까? 답은 당연히 아니다. 고려대한국어대사전에서는 "중국 화폐의 하나. 작게 만든 은화의 이름이다"라고 했다. 여기도 사용된 시기에 대한 언급이 없다. 그렇다면 언제 사용되었던 화폐일까? 중국 역사가 수천 년에 이르고, 그 사이 수많은 왕조와 근대국가인 중화민국을 거쳐 지금은 사회주의 국가인 중화인민공화국에 이르고 있다. 그중 어느 시기에 사용되었는지 몰라서 그랬을까? 인터넷 검색만 해봐도 그 정도 정보는 쉽게 알아낼 수 있다. 그렇다면 무책임하고 무신경한 처사라는 답밖에 찾을 게 없다.

'소양(小洋)'이라는 은화는 청나라 말기부터 1935년까지 사용되었던 화폐다. 그 이후에 나온 화폐를 설명하는 표제어 두 개가 표준국어대사전에 실려 있다.

법폐(法幣) 1. [경제] 법률상 강제 통용력과 지불 능력이 주어진 화폐. = 법정 통화. 2. [경제] 중국의 국민당 정부가 화폐 제도 개혁으로 1935년 11월부터 1948년 8월까지 통용하던 지폐.

추베이촨([중국어]chubeiquan[儲備券]) [역사] 1941년부터 중국의 중앙은행인 중앙 추베이 은행(中央儲備銀行)에서 발행한 은행권. 1946년에 추베이촨 200원이 법폐(法幣) 1원으로 회수 · 정리되었다.

소양(小洋)은 법폐(法幣) 이전까지 사용하던 화폐이며, 1948년 중국이 통일을 이룬 뒤부터 지금까지는 위안이라는 화폐 단위를 사용하고 있다. 그리고 '추베이촨'이라는 화폐는 일본이 왕자오밍 등을 내세운 친일 정권인 난징 정부가 발행했던 화폐이다.

소양은 10전이나 20전 정도에 해당하는 소액 화폐이다. 그렇다면 그에 대응하는 대양(大洋)도 있었을 거라고 생각해 볼 수 있다. 실제로 '대양(大洋)'이라는 화폐를 사용했지만 국어사전에는 그런 표제어가 없다.

소양(小洋)이라는, 예전에 중국에서 쓰던 화폐 명칭을 굳이 우리 국어사전에 실을 필요가 있겠느냐는 질문도 나올 법하다. 일제 강점기에 중국에서 활동하던 독립운동가들의 회고담이나 평전 등을 보면 소양(小洋)이라는 말이 나온다. 그런 측면을 고려한다면 우리 국어사전 표제어에 못 올릴 이유는 없다고 본다. 문제는 왜 소양만 신고(그것도 불친절하기 그지없는 풀이를 달아서), 대양은 제외시켰느냐 하는 사실이다. 대양 역시 일제 강점기 문헌에 종종 등장한다. 신문기사 하나를 보자.

일제는 그에게 100만 대양(大洋, 중국 화폐 단위)이라는 현상금을 걸었다. 요즘 화폐 가치로 환산하면 300억 원이 넘는 거액이다. 임시정부 주석 김구에게 걸린 현상금이 60만 대양이었던 것을 감안하면 김원봉의 위상을 짐작할 수 있다.

—서울신문, 2019년 1월 30일자

대양(大洋)은 수필가 피천득의 대표작 중 하나인 「은전 한 닢」에도 작품의 핵심 소재로 등장한다. 걸인이 애써 얻은 대양 한 푼을 소중히 여기는 까닭을 다룬 수필의 마지막 부분은 다음과 같다.

"이것은 훔친 것이 아닙니다. 길에서 얻은 것도 아닙니다. 누가 저 같은 놈에게 일 원짜리를 줍니까? 각전(角錢) 한 닢을 받아 본 적이 없습니다. 동전 한 닢 주시는 분도 백에 한 분이 쉽지 않습니다. 나는 한 푼 한 푼 얻은 돈에서 몇 닢씩 모았습니다. 이렇게 모은 돈 마흔여덟 닢을 각전 닢과 바꾸었습니다. 이러기를 여섯 번을 하여 겨우 이 귀한 '대양(大洋)' 한 푼을 갖게 되었습니다. 이 돈을 얻느라고 여섯 달이 더 걸렸습니다."

그의 뺨에는 눈물이 흘렀다. 나는

"왜 그렇게까지 애를 써서 그 돈을 만들었단 말이오? 그 돈으로 무얼 하려오?"

하고 물었다. 그는 다시 머뭇거리다가 대답했다.

"이 돈 한 개가 갖고 싶었습니다."

비록 걸인이지만 자신도 한 번 은전 한 닢을 가져보고자 하는 간절함이 마음을 뭉클하게 하는 대목이다. '대양(大洋)' 역시 작품의 제목에 나와 있는 것처럼 은으로 만든 화폐이다. 다소 억지로 들릴 수도 있겠지만 피천득 선생을 생각해서라도 '대양(大洋)'은 표제어에 올렸어야 하지 않을까? 그게 '소양(小洋)'과 짝을 이루는 방편이기도 할 테니까. '추베이촨'처럼 겨우 5년간 사용된 화폐 이름을, 그것도 '저비권'이라는 우리 발음 대신 중국 원어 발음을 그대로 가져다 싣는 것보다는 훨씬 나았을 거라고 생각한다.

흰 머리털이 나기 시작하는 나이

흰 머리털은 몇 살부터 나기 시작할까? 사람마다 다르다는 거야 뻔한 얘기일 테고, 국어사전에 나와 있는 낱말을 가지고 탐구를 해 볼까 한다. 표준국어대사전에 아래와 같은 낱말이 실려 있다.

> **이모지년**(二毛之年) 흰 머리털이 나기 시작하는 나이라는 뜻으로, 32세를 이르는 말. 늑이모(二毛).

풀이에 32세라는 말이 나온다. 근거가 뭔지 궁금하지만 우리나라 국어사전은 본래 불친절해서 대체 누가 저런 말을 만들어서 퍼뜨렸는지 알 길이 없다. 어딘가에 근거가 있을 테고, 필시 중국 문헌에서 가져온 말이 분명하다. 어쩔 수 없이 품을 팔아가며 이리저리 자료를 찾아 헤매야 했다. 그렇게 알아본 결과 중국 서진(西晉)의 학자 반악(潘岳)이라는 사람이 산기성(散騎省)에서 지낼 때 「추흥부(秋興賦)」라는 시를 지었는데, 거기에 아래 구절이 나온다.

余春秋三十有二 始見二毛(여춘추삼십유이 시견이모)

해석을 하자면, '내가 서른두 살이 되었을 때 처음으로 두 가닥의 머리털을 보았네'라고 할 수 있겠다. 시에 나오는 '이모(二毛)'는 검은 머리털과 흰 머리털을 가리킨다. 그로부터 '이모(二毛)' 혹은 '이모지년(二毛之年)'이 서른두 살을 가리키는 말로 사용되었다는 얘기다. 반악이라는 사람이 얼마나 많은 고생과 고민을 했는지는 모르겠으나 일찍부터 흰 머리가 나오기 시작한 모양이다. 그런 특수한 상황을 일반화시킨 건데, 후세 사람들이 시 구절을 자꾸 인용하면서 우리 국어사전에도 오르게 된 셈이다.

한학에 능통했던 양주동 선생의 수필 「나의 문학소년 시대」에 '이모(二毛)'가 나오는 구절이 있다.

반악(潘岳)의 '이모(二毛)'를 탄식하던 일이 사뭇 어제 같은데, 노령(駑齡)이 어느덧 또 두어 기(紀)를 더하여, 구갑(舊甲)을 다시 만남이 바로 지호(指呼)의 사이에 있다 한다. 옛사람의 가르친 대로 아직 스스로 '늙음을 일컫'지는 않으나, 차차 길어지는 '저녁의 풍경'이 눈앞에 다가옴을 앙탈할 길이 없다.

한학을 한 사람답게 문장에 한자어로 된 말이 많아 고풍스러운 느낌을 준다. 표준국어대사전에 표제어로 '반악(潘岳)'이 올라 있다. 어떤 사람인지 궁금한 독자들이 있을 수 있어 참고하라고 덧붙인다.

반악(潘岳) [인명] 중국 서진(西晉)의 문인(247~300). 자는 안인(安仁).

권세가인 가밀(賈謐)의 집에 드나들며 아첨하다가 뒤에 손수(孫秀)의 무고로 주살되었다. 미남이었으므로 미남의 대명사로도 쓴다. 작품에 망처(亡妻)를 애도한 「도망시(悼亡詩)」가 유명하며 「서정부(西征賦)」, 「금곡집시(金谷集詩)」, 「추흥부(秋興賦)」 따위가 있다.

글재주는 뛰어났으나 제대로 된 삶을 살지는 못했다는 걸 알 수 있다. 내용 중에 미남의 대명사로 쓴다는 말이 있는 것으로 보아, 32세에 흰 머리털이 난 걸 보고 다른 사람보다 더 상심하지 않았을까 싶은 마음도 든다.

반악이 얼마나 미남으로 소문이 났던지 밖에만 나가면 여자들이 둘러싸서 걸음을 옮기지 못할 정도였단다. 그래서 국어사전에는 없지만 척과영거(擲果盈車)라는 고사성어까지 생겼다. 과일을 던져 수레를 채운다는 말이니, 그 정도로 여자들이 반악만 보면 환호를 했다는 얘기다.

그 당시의 반악은 요즘으로 치면 남자 아이돌쯤 되는 대우를 받았던 듯하다. 드라마 〈성균관 스캔들〉의 원작소설인 『성균관 유생들의 나날』(정은궐 작, 파란미디어, 2009)에서 정조가 이선준을 처음 만났을 때 이런 말을 건네는 장면이 나온다.

"좌의정은 과분한 아들을 두었군. 반악(潘岳)이 다시 환생하였대도 너만 하겠는가?"(같은 책 1권 108쪽)

반악보다 잘생겼다니 소설 속 이선준은 대체 얼마나 빼어난 용모를 지녔을까? 소설 속 인물이라 그런 비유가 가능했을 것이다.

반악이 나이 서른둘에 흰 머리가 생겼다고 하지만 그건 특수한 사례고, 일반적으로 흰 머리가 나기 시작하는 나이를 이르는 말이 따로 있다.

애년(艾年) 머리털이 약쑥같이 희어지는 나이라는 뜻으로, 쉰 살을 이르는 말.

'애(艾)'는 쑥을 가리키는 한자다. 이 말은 중국의 고전 『예기(禮記)』 「곡례편(曲禮篇)」에서 '오십왈애(五十曰艾)'라고 한 데서 비롯했다.

참고로 국어사전에 흰머리를 검게 하는 데 좋다고 나온 것 두 개를 소개한다.

침사(鍼沙/鍼砂) [한의] 침을 만들기 위하여 쇠를 갈 때에 나오는 고운 쇳가루. 혈(血)을 보하고 흰머리를 검게 하는 데에 쓴다.

호마인(胡麻仁) [한의] 참깨나 검은깨를 한방에서 이르는 말. 간신(肝腎)을 보하며, 부스럼이 있거나 흰머리가 많은 사람에게 효험이 있다.

명나라 사람 이시진이 지은 『본초강목』에서 침사를 이렇게 설명하고 있다.

染白髮令黑(염백발영흑). 取二錢(취이전), 醋浸七日(초침칠일), 取晒乾

炒黑(취쇄건초흑), 入沒石子一箇爲末(입몰석자일통위말), 搽如上法(차
여상법)

흰 머리카락이 검어지게 한다. 침사 두 돈을 7일 동안 식초에 담가두
었다가 햇볕에 말려 검게 볶는다. 몰석자 한 개를 넣어 가루 내어 위와
같은 방법으로 바른다.

참고로 원문에 나온 몰석자(沒石子)는 몰식자라고도 한다.

몰식자(沒食子) 1. [한의] 어리상수리혹벌의 알이 부화할 때 생기는 물
질. 이질과 치통 치료에 쓴다. 2. [한의] 붉나무에 생긴 혹 모양의 벌레집.
＝오배자.

다만, 위 처방이 효험이 있는지 여부는 내가 장담할 수 있는 게
아니다.

지팡이에 대한 탐구

'지팡이'라는 말은 '짚다'에서 왔을 것이다. 나이 들면 몸이 쇠약해지니 지팡이라도 짚고 몸을 의지해야 한다. 그렇다면 몇 살쯤 되어야 지팡이를 찾게 될까? 국어사전에 나오는 낱말들을 가지고 탐구해 보자.

> **장가**(杖家) 집 안에서 지팡이를 짚을 만한 나이라는 뜻으로, 쉰 살을 이르는 말.
>
> **장향**(杖鄕) 예순 살을 이르는 말. 중국 주나라 때에, 노인이 60세 되던 해부터 고향에서 지팡이 짚는 것을 허락했던 데서 유래한다.
>
> **장조**(杖朝) 나이 여든 살을 이르는 말. 중국 주나라 때에, 여든 살이 되면 조정에서 지팡이를 짚는 것을 허락한 일에서 유래한다.

쉰 살쯤 되면 지팡이가 필요해지기 시작하는 모양이다. 그런데 위 세 낱말을 들여다보고 있노라면 왜 일흔 살과 관련한 낱말은 없을까 하는 궁금증이 인다. 분명히 있을 텐데 국어사전 편찬자가 빼먹은 게 틀림없다.

고대 중국에는 사장제(四杖制)라는 게 있었다. 『예기』「왕제편(王

制篇)」에 사장제를 설명하는 대목이 나오는데, 나이에 따라 지팡이를 사용할 수 있는 장소를 지정해 주었다. 쉰 살에는 집 안에서만 짚고, 예순 살에는 마을에서만 짚고, 일흔 살에는 나라 어느 곳에서나 짚고, 여든 살에는 임금이 있는 조정에 나가서도 짚을 수 있다고 했다. 이를 각각 '장가(杖家)', '장향(杖鄕)', '장국(杖國)', '장조(杖朝)'라 했다. 고대 중국인들의 예법은 대개 주나라 때 만들어졌고, 그래서 장향과 장조의 풀이에 주나라가 등장한다. 따라서 장가의 풀이에도 주나라 때 생긴 풍습이라는 걸 밝혀 주었어야 한다. 사장제에서 비롯한 말이라는 것도 밝혀 주면 좋겠지만, 국어사전에 오르지 못한 '장국(杖國)'을 표제어로 올리는 것만이라도 해야 한다.

'장국' 대신 아래 낱말들이 표제어에 있다.

치장(齒杖) [역사] 임금이 일흔 살이 된 늙은 신하에게 하사하던 지팡이.
구장(鳩杖) [역사] 임금이 70세 이상 되는 공신이나 원로대신에게 주던 지팡이. 손잡이 꼭대기에 비둘기 모양을 새겼다.

치장과 구장 역시 중국에서 비롯한 것이다. 『조선왕조실록』에 치장은 나오지 않지만 구장은 몇 차례 등장한다. 고대 중국에서는 옥으로 만들어 위에 비둘기를 새겼으며, 그래서 '옥장(玉杖)'이라고도 했지만 이 말은 국어사전에 없다. 또한 치장은 천자가 내려주는 것이라 하여 '왕장(王杖)'이라고도 했으며, 이 말 역시 국어사전에 없다.

지팡이는 노인이 아니라 장례를 지낼 때 상주들도 짚었다. 이와 관련한 낱말 두 개를 국어사전에서 찾아볼 수 있다.

오동상장(梧桐喪杖) 모친상 때에 짚는 오동나무 지팡이.

저장(苴杖) 예전에, 상제(喪制)가 짚던 검은색의 대지팡이.

몇 가지 궁금증을 가져볼 만하다. 모친상 때 오동나무 지팡이를 짚었으면 부친상 때는 어떤 지팡이를 짚었으며, 지팡이 재료로 왜 오동나무와 대나무를 사용했을까 하는 점이다. 이런 궁금증 또한 『예기』를 찾아보면 해결할 수 있다. 『예기』의 「상복소기(喪服小記)」와 「삼년문(三年問)」에 부모상을 당했을 때 사용하는 지팡이로 '저장(苴杖)'과 '삭장(削杖)'을 제시하고 있다. 저장은 대나무로 만들며 모양이 둥글어서 하늘을 상징하도록 했다. 그리고 삭장은 오동나무로 만들며 아래를 네모지게 깎아서 땅을 상징하도록 했다. 국어사전 표제어에 있는 '오동상장'이 바로 삭장을 가리키는 것인데, 어찌 된 일인지 부친상 때 짚은 '저장'만 표제어에 있고, 모친상 때 짚은 '삭장'은 표제어에서 빠졌다. '저장'의 풀이에서도 부친상 때 사용하는 지팡이라는 내용을 담았어야 한다.

중국에서 비롯한 이런 상례(喪禮) 절차를 우리도 그대로 받아들였으며, 삭장의 경우 오동나무가 없으면 버드나무를 대용으로 삼기도 했다. 이런 풍습조차 이제는 먼 옛날의 이야기가 되었으니, '삭장'을 국어사전 표제어에 올리지 않았다고 시비 걸 사람이 없을지 모른다. 그럼에도 '장국(杖國)'과 '삭장(削杖)'은 그와 쌍을 이루는 다른 말과 함께 쓰이던 용어이므로 나란히 실어주는 게 마땅한 일이다. 이런 사례들을 만날 때마다 죽비를 내리치듯 국어사전 편찬자들에게 지팡이를 휘두르고 싶은 사람도 어딘가엔 분명히 있을 것이다.

조사 대상에 올라야 할 국어사전

조사받고 검사받아야 할 대상이 따로 정해져 있는 건 아닐 테니, 국어사전이라고 해서 조사와 검사의 대상에 오르지 못할 이유는 없겠다. 국어사전, 특히 표준국어대사전에는 조사와 검사 과정에서 낮은 점수를 얻거나 불량 판정을 받아 마땅한 사례가 무척 많다. 이참에 표준국어대사전에 실린 낱말 중 조사와 검사에 관한 것들을 살펴보려고 한다.

　검답(檢踏) 실제로 돌아다니며 조사함.
　복답(覆踏) 하급 관청에서 보고한 것을 상급 관청에서 현지에 가서 다시 조사함.

　돌아다니면서 조사한다는 뜻을 담아 사용할 때는 흔히 '답사(踏査)'라는 말을 쓴다. 그렇다면 '답사'와 '검답'은 같은 뜻을 지닌 동의어로 봐도 될까? 국어사전의 뜻풀이만 가지고 비교하면 그렇게 생각할 수 있지만 둘은 쓰임새가 다른 낱말이다. 그건 국어사전이 '검답(檢踏)'의 풀이를 제대로 담아내지 못했기 때문이다.
　'검답'은 조선 시대에 쓰던 말로, 관원이 농사 짓는 현장에 나가

홍수나 가뭄 또는 병충해 등의 자연재해에 의해 곡식이 손상된 정도를 조사하던 업무를 뜻하던 용어다. 검답(檢踏)이 1차 조사에 해당한다면 '복답(覆踏)'은 2차 조사에 해당한다. 요즘 말로 하면 현지 실사 정도에 해당할 텐데, 두 낱말의 풀이에 경작지를 찾아가 작물의 상태를 조사한다는 내용이 들어갔어야 한다. 검답(檢踏)과 같은 뜻으로 사용하던 말이 '답험(踏驗)'과 '답품(踏品)'이다.

> **답험**(踏驗) [역사] 세금이나 소작료를 제대로 거두기 위하여 관련 논밭에 가서 농작(農作)의 상황을 실지로 조사하던 일. ≒답품.

여기서는 제대로 풀이를 했다. 아울러 아래 낱말들도 뜻을 잘 정리해서 제시하고 있다.

> **답험법**(踏驗法) [역사] 조세를 매길 대상지에 벼슬아치를 파견하여 작황을 현지에서 실지로 조사하고 세율을 정하던 방법.
>
> **답험손실법**(踏驗損實法) [역사] 고려 말기·조선 초기에, 관리나 토지 주인이 직접 농작의 상황을 조사하여 보고하면 작황의 손결에 따라 일정한 세금을 감면하던 세율 규정법. 고려 공양왕 3년(1391)의 과전법 실시 이후부터 조선 세종 26년(1444) 공법(貢法)을 제정할 때까지 시행하였다.

조선 시대에 어떤 사건이나 그에 관련된 사람을 조사할 때 쓰던 용어가 무척 많다.

안험(按驗) 자세히 조사하여 증거를 세움.

심규(審糾) 자세히 조사하여 사실을 밝힘.

핵정(覈情) 일의 정상을 조사하여 따짐.

극히 일부만 소개했는데 [역사]라는 분류 항목이 없다 보니, 요즘에도 사용하는 말처럼 오해할 소지가 있다.

감방(勘放) [역사] 죄인의 죄상을 조사하고 놓아주던 일.

이 낱말처럼 위 낱말들에도 [역사]라는 분류 항목을 설정해 주든지, 아니면 '예전에 이르던 말'이라는 설명을 달아 주는 게 바람직하다.

비험(批驗) 면허증 따위를 검사함.

감척(監滌) 닦은 상태를 잘 살펴어 검사함.

'비험(批驗)'의 뜻풀이에 면허증이라는 말이 나와서 요즘에 사용하는 용어라고 이해할 사람이 많겠다. 하지만 이 말은 옛날 중국에서 쓰던 용어다. 중국 조정에서는 차(茶)의 유통과 판매를 감시하고 세금을 매기기 위해 각 지방의 경계 지역마다 다국비험소(茶局批驗所)라는 걸 설치했다. 이곳에서 차 판매의 허가 여부, 차의 진품 여부 등을 검사받았다.

'감척(監滌)'은 어떨 때 쓰는 말일까? 닦은 상태를 잘 살핀다는 말만 있을 뿐 '무엇'에 해당하는 말이 없다. 그러니 대체 어떤 상황에 적용해야 하는 말인지 감을 잡을 길이 없다. 이 말은 종묘제례 등 제사를 지내고 난 다음 제기(祭器)를 깨끗이 잘 닦았는지 살피는 일을 뜻하는 말이다. 감척 후에 본래 보관하던 궤짝에 잘 담는다. 편찬자가 아닌 독자가 이런 걸 일일이 조사해서 알려 주어야 하는지 의문이다.

끝으로 몇 가지만 더 짚기로 한다.

찰추(察推) [법률] 죄상을 미리 조사하여 두고 그 내용을 본인에게 확인함.

분류 항목을 [법률]이 아니라 [역사]로 해야 한다. 조선 시대에 쓰던 말이기 때문이다.

검단(檢斷) 비행(非行)을 조사하여 죄를 단정함.
감주(勘注) 조사하여 기록함. 또는 그런 문서.

이 말들은 언뜻 보면 우리가 조선 시대에 쓰던 말 같지만 쓰인 용례를 찾을 수 없다. 일본에서 만들어 그들의 사전에 올린 말들이다.

수상한 법률 용어들

법률 용어가 어렵다는 얘기는 오래전부터 나왔다. 현행 법률의 상당수가 일제 강점기 때 만든 것들을 토대로 하고 있으며, 당시에 사용하던 용어들을 이어받고 있기 때문이다. 어려운 법률 용어를 쉬운 말로 바꾸려는 노력이 있긴 했어도 여전히 이해하기 힘든 용어들이 법조문 안에 가득하다. 그런데 법조문에서도 찾아보기 힘든 말들을 국어사전에서 만나는 경우가 있다. 다음 낱말들을 보자.

유서논죄(宥恕論罪) [법률] 형사 재판에서, 피고인의 정상을 참작하여 형량을 논의하여 정하는 일.
유서감경(宥恕減輕) [법률] 법률적으로는 특별한 사유가 없더라도 범죄의 정상에 참작할 만한 사유가 있다고 판단되는 경우에, 법원이 그 형을 줄이거나 가볍게 하는 것. =정상 참작.

'유서(宥恕)'가 다음과 같이 별도 표제어로 올라 있지만 요즘은 거의 사용하지 않는 말이다.

유서(宥恕) 1. 너그럽게 용서함. 2. [법률] 상대편의 비행을 용서하는 감정의 표시.

'유서(宥恕)'라는 말은 간통죄를 규정한 형법 제241조 2항에서 "단, 배우자가 간통을 종용 또는 유서한 때에는 고소할 수 없다"라는 구절에 있었다. 그러다 2015년에 간통죄가 위헌 판결을 받으면서 조항 자체가 삭제되었다. 처음에는 '유서(宥恕)'가 일본에서 건너온 한자가 아닌가 싶은 생각도 했지만 찾아보니『조선왕조실록』에도 등장하며 한·중·일 세 나라에서 모두 사용한 용어다. 그러던 중 1953년에 처음 형법을 제정할 때 누군가가 저 용어를 도입했고, 그게 2015년까지 법조문 안에 들어 있었다. 하지만 이제 법조항이 사라졌으니 '유서'처럼 보통 사람이 이해하기 힘든 낱말은 버려도 되지 않을까 싶다. 다만 저 말을 사용한 예가 있으니 표제어에서 빼라고 하기는 어려운 일이다.

남는 문제는 '유서논죄(宥恕論罪)'와 '유서감경(宥恕減輕)' 같은 용어다. 형법 제정 당시부터 '유서감경' 대신 다음 용어를 사용했다.

형법 제53조(작량감경) 범죄의 정상에 참작할 만한 사유가 있는 때에는 작량하여 그 형을 감경할 수 있다.

'유서감경'과 '작량감경'은 같은 말이며, '작량감경'도 국어사전 표제어에 있다. 그런데 어떻게 해서 법조문에도 없는 '유서감경'이라는 용어를 국어사전 안으로 끌어들였는지 모를 일이다.

'유서논죄'와 관련해서는 표준국어대사전에는 없지만 〈우리말샘)에 있는 다음 용어들을 살펴보며 이야기를 이어가 보자.

계장논죄(計贓論罪) [역사] 장물의 수량을 헤아려 죄를 따지던 일.
가등논죄(加等論罪) [역사] 형벌의 등급을 본래보다 올려서 죄를 논함.

둘 다 '논죄'라는 말이 뒤에 붙었다. 그렇다면 '유서논죄'를 포함해 셋은 같은 계통의 용어임을 짐작해볼 수 있다. 자세히 살펴볼 건 '유서논죄'의 분류 항목은 [법률]이고 나머지 둘은 [역사]로 되어 있다는 사실이다. 실제로 『조선왕조실록』을 찾아보면 두 용어는 보이지만 '유서논죄'라는 용어는 나오지 않는다. 필시 어떤 법학자가 '계장논죄'나 '가등논죄'의 조어법을 흉내 내서 '유서논죄'라는 용어를 새로 만들어 냈을 것이다.

'논죄'가 붙은 것으로는 『조선왕조실록』에 '의율논죄'(擬律論罪)라는 용어가 더 나온다. 그런데 이상하게도 표준국어대사전에는 '의율논죄' 대신 아래 낱말이 표제어로 올라 있다.

의율징판(擬律懲判) [법률] 법규에 의하여 징벌을 결정함. ≒조율 징판.

'논죄'가 죄를 따져서 살펴보는 거라면 '징판'은 그런 절차를 거쳐서 결정을 내리는 걸 뜻한다는 점에서 의미상 차이가 있기는 하다. 그런데 왜 '의율징판'은 실으면서 '의율논죄'는 빼 버렸을까? '의율논죄'가 됐건 '의율징판'이 됐건 둘 다 쓰임새는 거의 없는 말이므로 '유서논죄'와 함께 표제어에서 빼도 되지 않을까 싶다.

앞에서 '유서감경'과 '작량감경'이라는 용어에 대한 이야기를 했는데, 표준국어대사전에 다음과 같은 용어가 나온다.

자수경감(自首輕減) [법률] 자수한 죄인의 형벌을 줄여 가볍게 하는 일. 늑자수 감등·자주 감등.

뒤에 유의어로 '자수 감등'과 '자주 감등'을 제시한 걸 볼 수 있다. '감등'이라는 용어는 또 어디서 가져온 걸까?

감등(減等) 1. 등급을 낮춤. 2. [역사] 왕이 내리는 특전이나 특별한 사정으로 형벌을 가볍게 함.

두 번째 풀이에서 보는 것처럼 '감등'은 조선 시대에 쓰던 말이다. 그런데 그걸 요즘의 법률 용어로 끌어와서 쓰는 건 문제가 있다. '자수경감'이라는 용어 하나로 충분하지 않을까?
법률 용어를 살펴보는 김에 하나만 더 짚고 넘어가자.

종신금고(終身禁錮) [법률] 죽을 때까지 독방에 혼자 가두어 두는 형벌.

현행 법률에 저런 게 있을까? '종신형'이라는 말과 어떤 점에서 다른 걸까? 일단 '금고'라는 낱말부터 알아보자.

금고(禁錮) 1. [법률] 자유형의 하나. 교도소에 가두어 두기만 하고 노역은 시키지 않는다. ≒금고형. 2. [역사] 조선 시대에, 죄과 혹은 신분의 허물이 있는 사람을 버슬에 쓰지 않던 일.

역시 두 번째 풀이에 조선 시대에 사용하던 용어라는 내용이 나온다. '종신금고'라는 말은 『조선왕조실록』에 여러 번 등장한다. 애초에는 고대 중국에서 실시하던 형벌의 종류였으며, 죽을 때까지 버슬자리에 오르지 못하게 하던 걸 뜻했다. 그런데 표준국어대사전 편찬자들이 현행 법률에서 사용하는 금고형과 혼동하면서 '죽을 때까지 독방에 혼자 가두어 두는 형벌'이라는 식으로 엉뚱하게 풀이를 해 버렸다. 어려운 법률 용어를 정비하는 일과 함께 이상한 국어사전을 정비하는 일도 같이 해 나가야 하지 않을까?

너무 많은 하나들

나는 70억 인류 중의 한 명이며, 대한민국 국민 중의 한 명이다. 그리고 부천시민 중의 한 명이며, 내가 속한 가족 구성원 중의 한 명이기도 하다. 하지만 이런 식으로 나를 설명하면 얼마나 빈약한 소개가 되겠는가. 나라는 인간을 이루는 본질은 행방불명인 상태가 되고 말 테니, 나의 고유한 개별성은 어디 가서 찾아야 할까? 국어사전에서 이와 비슷한 경우를 만날 때마다 해당 낱말이 가여워지곤 한다.

국어사전을 찾아보는 이유는 자신이 모르는 낱말의 뜻을 알기 위해서다. 그런데 뜻이 허술하거나 아예 나와 있지 않다면 국어사전의 효용성을 잃어버린 것이다. 그런데 우리 국어사전은 그런 기본적인 효용성 측면에서 보았을 때 낙제점을 면하기 어렵다. 다음과 같은 낱말풀이를 보자.

마람(馬藍) 쪽의 하나. ≒판람.

태평궁(太平弓) 활의 하나.

대방전 향(香)의 하나.

서운향구(瑞雲香毬) 향(香)의 하나.

궐기 풀무의 하나.

사경(沙磬) 경쇠의 하나.

방사주(紡紗紬) 비단의 하나.

쌍주(雙紬) 명주의 하나.

왜 이렇게 하나가 많은가? '대방전'과 '서운향구'가 똑같이 '향의 하나'라고 되어 있는데, 국어사전을 찾아보는 사람들은 당연히 두 향의 차이가 무언지 알고 싶어 하지 않겠는가. 하지만 국어사전 편찬자들은 그런 궁금증에 대해 침묵한다. 도대체 위 낱말들의 풀이에서 무엇을 얻을 수 있단 말인가.

'서운향구'라는 말이 독특해서 내가 직접 어떤 향인지 찾아봤다. 그랬더니 『동의보감』에 나오는 향 이름이고, 원나라 때 책인 『거가필용(居家必用)』에서 인용한 것이라고 나온다. 서운향구의 제조법과 특성은 이렇다.

모향(茅香), 목향(木香), 백지(白芷), 용뇌(龍腦), 정향(丁香) 등 여러 약재들을 가루 내어 산조인고(酸棗仁膏)와 함께 졸인 꿀에 넣고 고루 반죽한다. 다음 절구에 넣고 손에 붙지 않을 정도로 알맞게 짓찧어 연실만 하게 알약을 만든다. 한 번에 1알씩 피우면 푸른 연기가 곧장 올라가다가 90센티미터 정도 올라가서는 하나의 덩어리로 뭉쳐서 공중에 한참 동안 떠 있다.

어려운 약재 용어들이 나온다. 이런 설명을 국어사전에 모두 담아낼 수도 없거니와 그럴 필요도 없다. 다만 최소한의 정보는 제공해야 한다. 여러 약재를 사용해서 알약 형태로 만든 향이라는 정도라도 풀이에 담아주었어야 한다.

비단을 뜻하는 '방사주'와 '쌍주'의 풀이 역시 마찬가지인데, 그렇다면 다음의 낱말풀이는 괜찮은 걸까?

관사(官紗) 중국에서 나는 비단의 하나.
한단(漢緞) 중국에서 나는 비단의 하나.
쌍문주(雙紋紬) 중국에서 나는 비단의 하나.
길상단(吉祥緞) 중국에서 만든 비단의 하나.
진홍대단(眞紅大緞) 중국에서 나는 비단의 하나.

여기서는 그나마 중국에서 나는 비단이라는 설명을 덧붙였으니 조금은 낫다고 볼 수도 있겠다. 하지만 오십보백보라는 말은 이런 경우를 대비해서 만든 말이라는 생각을 지울 수 없다.

이렇게 아무런 정보도 제공하지 않고 낱말만 덜렁 실어 놓은 게 표준국어대사전에 수백 개가 넘게 나온다. 다른 국어사전들도 정도의 차이는 있지만, 같은 방식으로 풀이된 것들이 너무 많다.

신번(信旛) 의장(儀仗)의 하나.
의굉창(儀鍠氅) 의장의 하나.
자지개(紫芝蓋) 의장(儀仗)의 하나.
표피창(豹皮槍) 의장(儀仗)의 하나.

적방산(赤方繖) 의장(儀仗)의 하나.

장수당(長壽幢) 의장(儀仗)의 하나.

자, 이것들을 대체 어떻게 하란 말인가. 의장(儀仗)은 주로 왕들이 행차를 하거나 의식을 거행할 때 위엄을 보이기 위해 앞세우는 병장기(兵仗器)나 물건을 말하며, 종류가 무척 많다. 모든 의장을 위의 풀이처럼 성의 없이 해 놓은 건 아니다.

우보당(羽葆幢) [역사] 국상의 발인(發靷) 때에 쓰던 의장의 하나. 모양은 둑과 같으며 흰기러기 털로 만들었다.

쌍룡적단선(雙龍赤團扇) [역사] 붉은 쌍룡을 그린, 긴 자루가 달린 부채 모양의 의장(儀仗).

왜 어떤 건 자세히 풀고 어떤 건 차라리 싣지 않은 것만도 못하게 처리를 했을까? 기준이 무언지 알 길이 없다. 나아가 같은 의장으로 쓰였으나 아예 표제어에 오르지 못한 것도 많은데, 선택과 제외 기준이 무언지도 모르겠다. 가령 쌍룡적단선(雙龍赤團扇) 말고도 쌍룡황단선(雙龍黃赤扇)과 단룡적단선(單龍赤團扇), 단룡황단선(單龍黃團扇)이 있지만 이들은 표제어에서 찾을 수 없다.

같은 형식으로 풀이해 놓은 낱말을 수백 개 찾아 놓았지만, 그걸 다 소개하면 지면만 어지럽히는 일이 될 것 같고, 외국어로 된 낱말은 어떤지 몇 개를 보자.

저먼랜서스(German lancers) 독일에서 추는 춤의 하나.

앵글로·스위스 스타일(Anglo-Swiss style) 피겨 스케이팅 방법의 하나.

브라인슈림프(brine shrimp) 풍년새우의 하나. (*Artemia salina*)

레실린(resilin) 벼룩의 퇴절에 압축되어 들어 있는 단백질의 하나.

이도스(idose) 헥소스의 하나. 화학식은 $C_6H_{12}O_6$.

검은솜아마존(---Amazon) 솜아마존 품종의 하나. (*Cynanchum amplexicaule for. castaneum*)

이런 걸 우리 국어사전에 표제어로 실어야 하는지 의문이 든다. 벼룩의 퇴절에 압축되어 들어 있는 단백질 종류까지 찾아서 알려 주는 꼼꼼함이라니! '브라인슈림프'와 '검은솜아마존'에는 괄호 안에 별 필요도 없는 학명을 달아 놓았는데, 학명 대신 풀이를 제대로 해 주는 게 나았다. 심지어 짧은 설명마저 틀린 게 있다. '브라인슈림프(brine shrimp)'를 풍년새우의 하나라고 했지만 풍년새우는 논이나 웅덩이 같은 민물에서 살고, 브라인슈림프는 바다에서 산다. 풍년새우의 학명은 '*Branchinella kugenumaensis*'이다. 같은 종류라면 학명에서 유사점이 있어야 하는데 전혀 다르다. 같은 점이 있다면 둘 다 아주 작은 새우라는 점 정도다. 브라인슈림프는 주로 열대어의 먹이용으로 많이 이용된다.

잘못된 낱말 몇 개만 더 보자.

사계삼(四䙆衫) 관례(冠禮) 때에 입던 예복의 하나.

고금(庫金) 중국에서 사용하던 화폐(貨幣)의 하나.

토상산(土常山) 중국에서 나는 감차의 하나.

정분(丁粉) 분색 안료의 하나.

'사계삼(四襈杉)'은 '사규삼'이 바른 표기다. '襈'는 '트이다'의 뜻을 지니고 있으며, '계'와 '규' 두 가지로 발음된다. 『한국민족문화대백과사전』을 비롯해 다수의 자료에 '사계삼'이 아니라 '사규삼'으로 나오며, 고려대한국어대사전에서도 '사규삼'이라고 했다. 다만 고려대한국어대사전에서는 한자 표기가 틀렸다. '襈'를 쓸 자리에 '揆'를 썼다. '揆'는 '헤아리다'의 뜻을 가진 한자다. 사규삼은 옷자락이 네 폭으로 갈라져 있기 때문에 붙인 이름이며, 따라서 '트이다'의 뜻을 지닌 '襈'를 써야 한다.

'고금(庫金)'이 화폐의 종류라는 설명은 어느 자료에도 보이지 않는 엉터리다. '고금'은 옛날 중국에서 금실을 넣어 짠 직물을 뜻했다. 직조한 직물을 궁중에서 수입하여 단사고(緞四庫)라는 창고에 보관했다고 해서 붙은 이름이다.

'토상산(土常山)'을 "감차의 하나"라고 풀이했는데, '감차'를 표준국어대사전에서 찾으니 "절에서 스님들이 단술을 이르는 말"이라는 설명을 단 낱말만 보인다. 아무리 봐도 단술 종류 같지는 않아서 다른 자료에서 토상산(土常山)을 찾아보았다. 그랬더니 '한의학에서 약용으로 쓰는 산수국 혹은 그 뿌리를 이르는 말'이라고 나온다. 그렇다면 '감차'라는 말은 어디서 온 걸까? 일본어사전에서 '감차(甘茶)'를 찾으니 '산수국의 잎을 말려서 끓인 차'라고 되어 있다. 토상산과 감차 모두 산수국과 연결되어 있긴 하지만 '토상산'은 약재를 이르는 말이고, '감차'는 말 그대로 마시는 차다. 둘을 정확히 구분해서 사용해야 한다.

끝으로 '정분(丁粉)'을 보자. 풀이를 "분색 안료의 하나"라고 했는데, '분색'이라는 낱말은 없다. 낱말 속에 '분(粉)'이 있어서 분색이라고 한 모양이지만, 정확하게 말하면 흰색의 염료다.

달랑 '~의 하나'라고만 풀이해 놓은 낱말에 대해 모든 이야기를 하려면 한참을 더해야 하지만 여기서 줄이기로 한다. 무엇을 가리키는 말인지 풀이를 하지 못할 낱말이라면 아예 국어사전에 싣지 말았어야 한다. 그런 낱말일수록 앞에서 보았듯이 대부분 일반 사람들은 거의 쓰지 않는 말이며, 국어사전 편찬자들도 무슨 말인지 모른 채 그냥 가져다 실은 게 태반이다. 차라리 해당 분야의 전문 용어 사전에서 다루도록 양보했어야 한다. 낱말만 많이 모았다고 해서 좋은 사전이 되는 건 아니라는 사실을 곱씹어 보면 좋겠다.

제4부
수상한
먹거리들

금옥당과 양갱

같이 사는 식구들이 과자를 좋아하는 편이어서 집 안에 과자가 떨어지는 일이 드물다. 귀하고 값비싼 과자를 찾는 건 아니지만 과자가 떨어지면 입이 심심한 모양이다. 나는 주전부리를 즐기지 않는 편이라, 과자에 손을 대기보다는 차라리 국어사전 속에 나오는 과자 이름을 찾아보는 게 심심함을 더는 방편이 된다. 그렇게 해서 찾은 과자 이름에 대한 이야기를 풀어 볼까 한다. 고려대한국어대사전에는 없고 표준국어대사전에만 나오는 과자 이름이 있다.

금옥당(金玉糖) 한천에 설탕을 넣어서 굳힌 투명한 과자. 여름에는 얼음에 식혀 차갑게 해서 먹는다.

풀이에 나오는 '한천'은 해조 식물인 우뭇가사리를 끓여서 굳힌 우무를 이르는 말로, '寒天'이라고 적는다. 이 말은 일본에서 건너온 한자어다. 경남 밀양에 가면 한천박물관이 있다. 1913년에 우리나라 최초의 한천공장이 세워진 걸 기념하기 위해 만든 박물관이다. 밀양의 한천공장에서 생산하는 한천이 전국 생산량의 90퍼센트정도를 차지한다고 하니, 밀양을 한천의 고장이라 불러도 손색이 없지 않을까?

'금옥당(金玉糖)'이라는 이름을 가진 과자가 있다는 걸 아는 사람은 극히 드물 것으로 생각한다. 당연히 실물을 구경해 본 사람도 없을 듯하다. 그러면 우리 과자가 아니라는 의심을 해 볼 필요가 있으며, 실제로 일본에서 만든 화과자의 하나다. 화과자(和菓子)는 일본 전통 과자를 일컫는 말이다. 우리 국어사전을 만들 때 일본어사전을 참고한 경우가 많았음을 이해할 수 없는 건 아니지만 일본말을 제대로 걸러내지 못한 낱말들이 너무 많다. 어쩔 수 없이 일본말을 싣더라도, 우리말이 아닌 일본말이라는 것 정도는 밝혀 주었어야 한다.

일본어사전 『고지엔』에서 '금옥당(金玉糖)'을 다음과 같이 풀어 놓았다.

금옥당(金玉糖) 과자의 일종. 한천과 설탕·향료 등을 섞어 졸여 틀에 넣어 투명하게 굳혀 굵은 설탕을 묻힌 것. =錦玉糖(きんぎょくとう).

유의어로 '金'이라는 한자 대신 '錦'을 쓰기도 했음을 알 수 있다. 줄여서 '금옥(金玉)' 혹은 '금옥(錦玉)'이라고도 한다. 풀이 뒤에 투명하고 시원한 모양 때문에 여름용 과자로 어울린다는 내용도 함께 달아 놓았다.

한천, 즉 우무를 이용해서 만든 과자로 유명한 게 양갱이다.

양갱(羊羹) 팥 앙금, 우무, 설탕이나 엿 따위를 함께 쑤어서 굳힌 과자.

≒단팥묵.

유의어로 '단팥묵'을 제시해 놓았지만 양갱이라는 이름이 워낙 오랫동안 통용되어온 탓에 널리 쓰이지는 못하고 있다. 단팥묵이라는 말을 새로 만들어서 제시한 건 양갱이 일본에서 건너온 말이기 때문이다. 앞에 '양'이라는 말이 붙어 혹시 서양에서 건너온 과자가 아닌가 하고 생각하는 사람들이 있을 수 있다. 실제로 개화기 무렵 서양에서 건너온 물건들을 가리키는 말로 '양말', '양철', '양은', '양동이' 같은 말을 썼기에 충분히 그런 상상력을 발휘할 수 있다. 하지만 서양에서 건너온 물건을 뜻할 때 쓰는 양의 한자는 '羊'이 아니라 '洋'이다. 그리고 뒤에 붙은 '갱(羹)'은 국물을 뜻하는 한자다. 뜻 그대로만 풀면 '양고기 국물'이 되는 셈인데, 우리가 아는 양갱이라는 과자의 특성과는 전혀 맞지 않는다. 그럼에도 일본 사람들은 왜 저런 한자를 썼을까?

'양갱(羊羹)'이라는 한자어를 만들어 쓰게 된 이유를 설명하는 몇 가지 설이 있는데, 모두 정확한 문헌에 근거한 게 아니라서 100퍼센트 신뢰할 수는 없다. 그나마 그럴듯하게 다가오는 설 하나만 소개하려고 한다. 양갱은 본래 중국에서 양고기 피가 섞인 국물이 굳은 걸 말했는데, 이게 일본에 전해지는 과정에서 당시에는 일본인들이 육식을 하지 않았기에 양고기 피 대신 팥과 우무를 넣어 지금과 같은 형태의 양갱을 만들었다는 것이다.

일본에서는 양갱을 '요칸(ようかん)'이라고 하며, 그래서 옛날 어른들이 양갱을 '요깡'이라는 말로 부르기도 했다. 일본에서 만드는 양갱은 크게 '무시요칸(蒸し羊羹)', '네리요칸(練り羊羹, 煉(り)羊羹)', '미즈요칸(水羊羹)'으로 나뉜다. 우리가 과자점에서 흔히 볼 수 있는 연양갱의 한자 표기가 어떻게 되는지 유심히 살펴본 이들이 있을까? 양갱이 딱딱하지 않고 젤리처럼 말랑하기 때문에 '부드러울 연(軟)'을 쓸 거라고 생각하는 사람들이 많지 싶다. 하지만 연양갱의 한자는 '鍊羊羹'으로, 일본 사람들이 쓰는 한자와도 다르다. '연(鍊)'은 '불리다', '제련하다' 등의 뜻을 지니고 있다. 해태제과가 연양갱을 만들어 팔면서 일본 연양갱과 차별을 두려고 그랬던 것으로 짐작된다.

우무를 이용한 우리 전통 음식 하나를 소개한다. 세종 시절부터 전의감(典醫監)의 의관을 지낸 전순의(全循義)가 펴낸 『산가요록(山家要錄)』에 '우모전과(牛毛煎果)'라는 게 나온다. 우모전과는 응고된 우무를 다시 삶아 국물 1발(鉢)에 꿀 5홉을 넣어서 산초가루에 섞어 끓여서 엉긴 걸 말한다. '우무정과'라고도 한다. '정과(正果)'는 온갖 과일, 생강, 연근, 인삼 따위를 꿀이나 설탕물에 조려 만든 음식을 뜻하는 말이다. 일본 과자 이름인 금옥당 대신 우모전과나 우무정과를 표제어로 올렸어야 하는 게 맞지 싶다.

감화보금과 가마보관

살아가면서 먹는 즐거움만큼 큰 것도 드물지 싶다. 앞서 과자 이름을 살펴보았으니 이번에는 음식 이름을 다뤄 보는 것도 괜찮지 않을까? 국어사전에 등재된 음식 이름 중 특이한 게 눈에 띄었다.

> **감화보금** 농어나 숭어 따위의 생선을 잘게 칼질하여 양념한 채소로 돌돌 말아 쪄서 가로로 썰어 놓은 음식.

표준국어대사전에 나오는 낱말이다. 한자 표기가 없는 것으로 보아 순우리말이라는 얘긴데, 저런 식으로 만든 고유어를 본 적이 없기에 무언가 이상하다는 생각을 하지 않을 수 없다. 같은 낱말을 고려대한국어대사전에서 찾으니 "생선의 살을 갈아 소금, 갈분, 미림(味淋) 등을 섞고 나무판에 올려 쪄 익힌 일본식 음식"이라고 풀이해 놓았다. 일본식 음식이라는 말을 보고 조금씩 의문이 풀리기 시작했다.

"이것 좀 보십시오. '감화보금'이 무슨 말인지 아시겠습니까?"
'감화보금─잔칼질한 농어나 숭어 따위의 살을 양념한 채소로 돌돌 말아 쪄서 가로로 썰어 놓은 음식'이라고 적혀 있었다.

"어묵의 일본말인 '가마보코(蒲鉾)'를 비슷한 소리로 써 놓은 겁니다. 이게 어떻게 우리나라 말입니까. 또『표준국어대사전』에는 '반보'라는 땅 단위가 나와 있는데, 그게 참….'"

김 회장은 '단보(段步)'를 일본 사전에서 약자로 표기한 것을 잘못 보고 북한 사전에서 '反步'로 표기했고, 그것을 다시 가져다 쓰면서 '반보'라는 엉터리 말이 생겼다고 설명했다.

　　　―『중앙일보』, 2009년 12월 27일자

김승곤 당시 한글학회장의 인터뷰 내용이다. 『네이버 일본어사전』을 찾으니 '가마보코'가 이런 풀이를 달고 실려 있다.

　　かまぼこ(蒲鉾) 흰살 생선을 잘게 갈아 밀가루를 넣어 뭉친 일본 음식이다.

풀이를 보면 지금 우리가 어묵이라고 부르는 것과 거의 같은 음식임을 알 수 있다. '감화보금'이 어떻게 해서 우리말로 둔갑하여 국어사전에 오르게 됐는지 살펴보기 전에 다른 낱말부터 보자.

　　감화부(甘花富) → 감화보금. '감화보금'을 한자를 빌려서 쓴 말이다.

이 낱말은 표준국어대사전과 고려대한국어대사전에 같은 풀이를 달고 실려 있다. 이와 함께 고려대한국어대사전에는 이상한 낱말 하나가 더 실려 있다.

가마보관(可麻甫串) 우리나라 전통 음식의 한 가지. 여러 가지 재료를 다진 소를 생선 편육으로 둥글게 만 뒤, 여기에 녹말가루로 옷을 입히고 끓는 탕수에 삶아 만든다.

풀이 뒤에 유의어로 '감화보금', '감화부(甘花富)', '가마보코(kamaboko)'를 제시해 놓았다. 그렇다면 감화보금과 가마보관은 같은 것일까, 다른 것일까? 풀이 내용으로 보면 만드는 법이 다르므로 서로 다른 음식처럼 보인다. 하지만 문제가 그리 간단하지는 않다. '가마보관'이라는 말 역시 일본말 가마보코에서 왔음이 분명하기 때문이다.

18세기 중반쯤 만들어졌으나 편찬자가 정확히 알려지지 않은 『소문사설(謏聞事說)』이라는 책에 이 음식 용어가 나온다. 한자로 표기된 '可麻甫串'을 어떻게 읽어야 할까? '串'은 '관'과 '곳' 두 가지 음을 가지고 있다. 고려대한국어대사전처럼 '가마보관'으로 읽으면 안 되고 '가마보곳'이라고 읽어야 한다. 『소문사설』을 번역한 사람들도 모두 '가마보곳'이라 읽었다. 일본말 가마보코에서 온 말이기에 '가마보곳'이 원어에 가깝다는 건 누가 봐도 분명하다.

국어사전에 틀린 말을 실은 것도 난처한 일이지만, 풀이에 '우리나라 전통 음식의 한 가지'라고 한 것도 걸린다. 『소문사설』에는 편찬자가 중국과 일본의 음식을 맛보고 조리법을 적어놓은 것들이 있다. 그러면서 일본 음식인 가마보코와 비슷한 방식으로 만드는 가마보곳을 소개하고 있다. 일본의 가마보코와는 조리법이 약간 다른데, 그게 일본의 가마보코를 맛보았을 당시의 기억에 착오가 있었던 건지, 일부러 음식 형태를 변형시킨 건지 확인할 길은 없다.

일본의 가마보코는 여러 형태가 있다. 조리법에 따라 삼나무로 만든 작은 접시에 반원통형으로 어묵을 담은 '이타板 가마보코', 밀짚 등으로 감은 '마키巻き 가마보코' 등이 있다고 한다. 처음 가마보코를 만들어 먹을 당시에는 물고기 살을 으깬 다음 대나무 꼬챙이 끝에 꽂아서 만들었고, 그 모양이 마치 부들[蒲]의 이삭과 비슷하다고 해서 '蒲鉾(포모)'라 적고 '가마보코'라 읽었다. 이후에는 으깬 물고기 살을 판자에 붙여서 굽거나 쪄서 만들었다.

국어사전에 나온 감화보금이 가마보코에서 오긴 했으나 완전히 똑같은 형태는 아니어서 별도의 음식이라 해도 크게 틀렸다고 보기는 힘들다. 음식이란 그것이 전해지는 과정에서 시대나 지역에 따라 다양하게 변형되어 나타나기 때문이다. 다만 음식의 유래와 낱말의 어원에 대해서는 명확히 밝힐 필요가 있다. 송수권 시인의 글에 따르면(『주간동아』, 2005년 2월 18일자) 예전에 목포의 영란횟집에서 감화보금을 만날 수 있었다고 하는데, 지금은 그런 음식이 있었다는 걸 아는 사람조차 드물다.

승가기와 승기악탕

국어사전에 옛사람들이 해 먹던 다양한 음식 이름이 나오는데, 아래 낱말도 그중의 하나다. 표준국어대사전과 고려대한국어대사전이 똑같이 풀이해 놓았다.

승가기(勝佳妓) 잉어, 조기로 도미국수처럼 만든 음식. 충청남도 공주의 명물이다.

'가기(佳妓)', 즉 아름다운 기생보다 낫다고 했으니 얼마나 맛이 좋으면 그런 이름을 붙여 주었을까 싶다. 맛에 대한 궁금증은 잠시 뒤로하고 일단 충청남도 공주의 명물이라고 했는데, 공주 토박이에게 물어보니 처음 들어 보는 음식 이름이라는 답이 돌아왔다. 그렇다면 분명 국어사전의 풀이에 문제가 있다는 얘기다. '승가기(勝佳妓)'가 등장하는 옛 문헌이 몇 개 있다. 조선 말과 일제 강점기에 활동한 문신이자 서예가인 최영년(1856~1935)이 1925년에 펴낸 『해동죽지(海東竹枝)』에 승가기는 해주의 명물인데, 마치 서울의 도미국수(도미와 함께 면을 넣어 끓인 음식)와 같다는 내용이 나온다. 비로소 의문이 풀렸다. 국어사전 편찬자가 해주를 공주로 착각하고 잘못된 풀이를 한 게 분명하다.

　그런데 여기서 한 가지 더 의문을 가져 볼 필요가 있다. 최영년이 말한 대로 승가기가 해주의 명물이라는 걸 그대로 믿어도 될까 하는 점이다. 이학규(李學逵, 1770~1835)라는 사람이 1801년 천주교 박해 사건으로 김해에 유배를 가서 오랫동안 살았는데, 김해에서 가까운 왜관의 풍속을 기록한 글들이 있다. 그가 쓴 「금관죽지사(金官竹枝詞)」라는 글에 승가기가 일본에서 건너온 음식이라는 내용이 나온다. 왜관에 거주하던 일본인들에 의해 전해진 음식이라는 얘기다. 옛 문헌들에 따르면 '승가기(勝佳妓)' 외에도 '승가기(勝歌妓)', '승가악(勝妓樂)', '승기악탕(勝妓樂湯)', '승기야기(勝技冶岐)' 등의 표기가 나온다. 대체로 고기나 생선에 각종 채소를 넣어 전골이나 탕처럼 끓인 음식을 뜻한다는 점에서 같은 음식을 지칭하는 말들임을 알 수 있다. 그중에서 표준국어대사전에는 승기악탕이 다음과 같이 표제어로 올라 있다.

　　승기악탕(勝妓樂湯) 잰 쇠고기를 냄비 바닥에 깔고 진간장을 발라 구운 숭어 토막을 담은 뒤, 그 위에 온갖 채소와 고명을 굵게 썰어 얹어서 왜된장에 끓인 음식.

　승가기와 승기악탕은 사실 같은 음식이다. 그리고 승기악탕의 풀이에 '왜된장'이 나오는 데서도 확인할 수 있듯이 일본에서 유래한 음식임은 분명하다. 다만 승가기가 여러 지방으로 퍼지면서 소고기를 주재료로 삼은 곳이 있는가 하면 생선을 주재료로 삼은 곳이 있었다고 보는 게 타당할 듯하다.

승가기에 대해 최남선(崔南善)은 1948년에 발간한 『조선상식(풍속편)』에서 '스키야키(すきやき)'를 한자어로 차용한 것이라는 주장을 폈다. 이러한 주장이 한동안 널리 받아들여졌다. 이에 대해 국어학자 이기문이 『새국어생활』 17권 1호(2007년 봄호)에서 다른 주장을 내놓았다. 이기문은 신유한(申維翰, 1681~?)이 쓴 『해유록(海遊錄)』 끝에 있는 「문견잡록(聞見雜錄)」이라는 글에 나오는 대목을 인용하고 있다.

찬품(饌品)은 삼자(衫煮)를 맛있다 하는데 어육과 채소 등 갖가지 재료를 섞어서 술과 장을 타서 오래 달인 것으로 우리나라의 잡탕 등속과 같은 것이다. 옛적에 여러 왜인들이 삼나무 밑에서 비를 피하던 중 배가 고파 먹을 것을 생각하다가 각기 가진 바 재료를 가지고 한 그릇에 집어넣어 삼목을 가지고 불을 때서 달였는데 그 맛이 매우 좋았으므로 삼자라 하였다. 왜인의 방언에 삼나무를 승기라 하므로 풍속에 이 음식을 승기야기(勝技冶技)라 하니, 야기는 굽는다는 말의 와음(訛音)이다.

이를 바탕으로 이기문은 승기악탕의 차용어가 스키야키(すきやき)가 아니라 스기야키[すぎやき, 杉燒(き)]라고 주장한다. 나로서는 스키야키(すきやき)가 맞는지 아니면 스기야키(すぎやき)가 맞는지 확인할 능력이 없다. 다만 승가기와 승기악탕이 일본어 차용인 것만은 분명해 보인다. 국어사전 편찬자들이 지금은 거의 사용되지

않는 옛 낱말들의 뜻을 정확히 풀이하기 위해서는 하나의 자료가
아니라 여러 자료를 충분히 비교 검토할 필요가 있다. 그나저나 승
가기 풀이에 나와 있는 도미국수를 지금은 찾아보기 힘들다. 이 도
미국수 역시 일본 전통요리에서 유래한 것으로, 일본말로는 '타이
소멘(鯛そうめん)'이라고 한다. 일본에는 지금도 타이소멘을 파는 음
식점이 꽤 많다고 한다.

보신탕의 다른 이름, 지양탕(地羊湯)

보신탕의 본래 이름이 개장국이라는 건 많은 사람이 알고 있다. 영양탕이나 사철탕으로도 부르는데, 이 말들은 표준국어대사전에는 없고 고려대한국어대사전에 실려 있다. 그 밖에 예전부터 이르던 이름으로 '개장(-醬)'과 '구장(狗醬)'이 국어사전의 한 자리를 차지하고 있다. 개를 나타내는 한자 중에서 식용으로 삼는 개를 가리킬 때는 대체로 '견(犬)' 대신 '구(狗)'를 쓴다. 그런데 다음 낱말을 들어 본 사람은 거의 없을 것이다.

> **지양탕**(地羊湯) 개고기를 여러 가지 양념, 채소와 함께 고아 끓인 국. 옛날부터 삼복(三伏) 때 또는 병자의 보신을 위하여 이를 먹는 풍습이 있었다. =개장국.

너무 낯선 말이다. 어떤 자료에 이런 말이 있는가 했더니 1924년에 이용기가 펴낸 『조선무쌍신식요리제법』에 나오는 용어다. 그런데 아무리 생각해 봐도 '지양(地羊)'이라는 말과 개를 연결시킬 수 없었다. 지양은 독립된 낱말로 국어사전에 올라 있지 않다. 중국어사전을 찾아보니 두더지를 가리키는 속어라고 나온다.

개와 두더지가 사촌 관계도 아닌데 왜 둘을 연결시켰을까?

지양탕이라는 말을 이용기가 스스로 지어낸 건 아닐 테니 어딘가에서는 근거를 찾을 수 있을 거라는 생각을 갖고 자료를 더 찾아보았다. 그러던 중 우리나라 사람이 아니라 중국 사람들이 쓰던 말이라는 걸 알게 됐다. 중국 사람들도 오랜 옛날부터 개고기를 먹어왔다. 그리고 중국의 동북 삼성 지방에서 보신탕을 '지양육탕(地羊肉湯)'이라는 말로 부른다.

중국에서는 개고기를 '지양육(地羊肉)'이라고 한다. 우리가 개를 직접 지칭해서 개고기라 하지 않고 보신탕이나 영양탕 혹은 사철탕이라고 부르듯 그들도 개를 직접 지칭하는 낱말을 피하려 한 게 아닌가 싶다. 다만 다른 명칭을 쓰더라도 왜 하필 '지양(地羊)'이라는 말을 갖다 붙였는지는 관련 자료를 찾지 못했다.

중국 사람들이 개고기를 지칭하는 이름이 더 있다. '구육(狗肉)'이라는 말과 함께 '향육(香肉)'이라는 말을 많이 쓰고, 광둥(廣東) 지방에서는 '삼륙향육(三六香肉)'이라는 말도 쓴다. 삼륙(三六)이라는 말이 앞에 들어간 건 삼(三)에다 육(六)을 더하면 구(九)가 되는데, 구(九)와 구(狗)의 발음이 같아서 일종의 은어처럼 그런 표현을 쓰게 됐다고 한다. 어쨌든 '향기로울 향(香)'자를 쓸 정도면, 중국 사람들이 개고기를 얼마나 맛있어 했는지 알 수 있다.

지양탕이라는 말이 중국 사람들이 쓰던 말이라는 걸 알게 된 건 이번 탐구의 수확이다. 그런데 다른 사람들은, 특히 국어사전 편찬자들은 왜 나와 같은 궁금증을 가져 보지 않았을까? 그게 더 궁금하기도 하다. 더불어 중국의 개고기 식용 문화도 만만찮은데 왜 우리나라가 개고기 식용의 원흉처럼 외국인들에게 비쳤는지도 모를 일이다. 실제로 중국에서는 개고기 라면이 시판된 적도 있고, 광시성의 위린(玉林)에서는 개고기 축제가 벌어지기도 했다는데 말이다. 물론 중국에서도 개고기 식용에 대한 찬반 논란이 벌어지고 있기는 하다. 개고기 식용을 옹호하거나 부추길 생각은 없다. 다만 어떤 사물과 현상이 있으면 그걸 표현하는 말이 있기 마련이고, 그런 말에 관심과 흥미를 느끼고 있을 뿐이다.

수상한 음식의 정체

국어사전에 낯선 음식 이름이 많이 나온다. 그중에는 우리 조상들이 해 먹었을 것 같지 않은 것들도 많다. 하지만 풀이를 하면서 그런 사실을 밝혀 놓지 않아 마치 우리 고유의 음식인 것처럼 착각할 소지가 많다.

> **대붕란**(大鵬卵) 오리알을 깨뜨려서 노른자를 양(羊)의 창자에 넣고 끝을 동인 후에, 그것을 다시 흰자와 함께 돼지 창자에 넣고 끝을 동여 시루에 쪄서 익힌 다음, 말굽 모양으로 썰어서 만든 요리.

요리법을 보니 참 거창해서 어떻게 저런 요리를 만들어 먹을 생각을 했을까 싶어 신기한 마음이 들 정도다. 저렇게 복잡한 방식으로 만드는 요리를 정말 우리 조상들이 해 먹었을까? 더구나 양고기도 그리 즐기지 않던 민족인데 양의 창자를 이용하다니! 분명 우리 음식이 아니라는 데 생각이 미쳤다.

'대붕란(大鵬卵)'은 서유구의 『임원경제지(林園經濟志)』에 나오는데, 출처를 『계신잡지(癸辛雜識)』라고 밝혀 놓았다. 『계신잡지』는 송나라 사람 주밀(周密, 1232~1308)이 쓴 수필집이다. 따라서 대붕란은 우리 음식이 아니라 중국 음식이다. 중국 음식의 종류가 방대하다는 건 누구나 알고 있는 사실이므로 대붕란 같은 음식을 만들어 먹었다고 해도 별로 이상하게 여겨지지 않는다.

화퇴(火腿) 소금에 약간 절여 불에 그슬린 돼지 다리.

이 음식 역시 중국 사람들이 해 먹던 것이다. 중국말로 '훠투이'라고 한다. 돼지의 다리를 통째로 잘라 소금을 발라 절인 뒤 고리에 매달아 건조시킨 음식으로, 3년 정도 된 것을 상품(上品)으로 친다. 스페인의 하몽과 비슷하게 생겼으며, 생으로 잘라 먹거나 잘게 다져서 볶음밥 재료로 쓰기도 한다.

훠투이에 관한 이야기가 있다. 중국 송나라 장군 종택(宗澤)이 저장(浙江, 절강)성 출신 병사들이 소금에 절여서 말린 돼지 다리의 살을 얇게 베어 만든 음식을 갖고 다니며 먹는 걸 보았는데, 맛이 좋아 황제인 고종에게 그 음식을 바쳤다. 맛을 본 고종은 마음에 들어 하며 붉고 노란 돼지고기가 불과 같다면서 '금화화퇴(金華火腿)'라고 부르도록 했다고 한다.

『고려대 중한사전』에는 '금화화퇴'가 다음과 같이 표제어로 실려 있다.

金华火腿 중국 저장(浙江)성 진화(金華)시에서 나는 소금에 절인 돼지 뒷다리 훈제(햄). (겨울에 훈제한 햄을 '冬腿(동퇴)', 초봄에 훈제한 것을 '春腿(춘퇴)'라 하며, 앞다리 고기를 훈제한 것은 '风腿(풍퇴)'라고 함.)

'화퇴(火腿)' 대신 중국 명칭인 '훠투이(火腿)'를 표제어로 올리고, 풀이도 그에 맞게 해 주었어야 한다. 돼지고기를 이용한 중국 음식 이름이 국어사전에 하나 더 나온다.

납육(臘肉) 1. 소금에 절인 돼지고기. 2. [민속] 납일(臘日)에 한 해 동안의 농사 형편 및 그 밖의 일을 여러 신에게 고하는 제사를 지낼 때 쓰는 산짐승의 고기. 3. [민속] 약에 쓰려고 납일(臘日)에 잡은 산짐승의 고기.

풀이 중 첫 번째로 나온 게 중국 전통 음식으로, 중국에서는 '라로우'라고 부른다. 라로우는 돼지고기를 잘라 염장한 후 부엌 천장에 매달아 훈제시킨 음식이다. 우리에게는 그런 훈제 음식의 전통이 거의 없었다. 납일(臘日)에 제사를 지내거나 여러 행사를 하는 풍속은 본래 중국에서 건너왔으며 우리도 한동안 그런 관습을 따랐다. 그래서 두 번째나 세 번째 풀이는 우리에게도 해당할 수 있으나 첫 번째 풀이는 우리와 전혀 관련이 없는 음식을 가리키고 있다. 중국에서는 '臘肉' 대신 '腊肉'이라고 표기한다. '臘'과 '腊'은 같은 뜻과 음을 지닌 한자다. 이 말 역시 첫 번째 풀이를 따로 떼어 '라로우(腊肉)'라는 독립된 표제어로 삼아야 한다.

빙당(氷糖) 겉모양이 얼음 조각처럼 된 사탕. =얼음사탕.

얼음사탕이란 걸 본 사람이 있을까? 사탕(沙糖)에 설탕이라는 뜻도 들어 있기는 하지만 오해를 없애기 위해서는 풀이에 사탕 대신 설탕이라는 말을 썼어야 한다. '빙당(氷糖)'은 사탕수수의 경엽(莖葉), 즉 줄기와 잎에서 추출한 액을 정제해서 만든 얼음 조각 모양의 결정체를 말한다. 사탕수수에서 추출한 것이므로 당연히 단맛이 강하게 나는 설탕 덩어리에 가깝다. 이 빙당을 예전에는 기를 보하고 허약한 신체를 다스리는 약재로 썼으며, 아이들이 좋아하는 사탕과는 거리가 멀다.

우리 땅에 사탕수수가 나지 않았으니, 빙당은 필시 중국을 통해 들어왔을 것이다. 중국에는 빙당이라는 말이 들어간 음식이 여러 개 있다. 후난성에 가면 연밥과 빙당을 이용해서 만든 '빙탕샹렌(氷糖湘蓮)'이란 게 있고, 베이징을 비롯한 중국 각지에 귤, 산사나무 열매, 바나나, 딸기 등 여러 가지 과일에 설탕 녹인 물을 덧씌운 '빙탕후루(冰糖葫芦)'라는 게 있다. 검색을 해 보니 일본에도 빙당이라는 말을 붙인 사탕을 제조해서 판매하고 있기도 하다. 하지만 나는 우리나라에서 빙당이나 얼음사탕이라는 말을 붙인 음식이나 사탕이 있다는 얘기를 들어 보지 못했다.

연어두부(鰱魚豆腐) 연어를 지지다가 익을 때에 두부, 장, 술, 파 따위를 넣고 끓여서 만든 음식.

이 음식은 중국 청나라 사람인 원매(袁枚, 1716~1797)가 지은 『수원식단(隨園食單)』이라는 책에 나온다. 지금도 중국에서 많이 해 먹는 음식이며, 연어두부탕이라고도 한다. 연어를 좋아하는 이들이라면 어떤 맛이 날지 궁금하게 여길 수도 있겠지만, 나는 왜 저 말의 풀이에 중국 음식이라는 설명이 없는지 그게 더 궁금하다.

음식 이름은 아니지만 관련이 있는 낱말 하나를 더 소개한다.

채단(菜單) 중국요리의 식단.

중국 요리의 식단을 가리킨다면 한자어가 아니라 중국말로 표제어를 삼았어야 한다. 중국말로 '차이딴'이라고 하며 메뉴판을 가리키는 말이다. 우리나라 사람이 운영하는 중국집에서는 이런 용어를 쓰지 않는다.

낭화(浪花)와 승소(僧笑)

국수 종류는 너무 다양해서 국어사전에 올라 있는 국수 명칭만 해도 100개가 훌쩍 넘는다. 그중에서 가장 멋스러운 이름을 가진 국수를 들라면 '낭화(浪花)'라는 이름의 국수가 아닐까 싶다. 물결치는 꽃 모양을 뜻하는 한자어가 어떻게 국수를 가리키는 말로 사용되었을까? 우선 표준국어대사전에 나오는 풀이부터 살펴보자.

> **낭화**(浪花) 1. 밀국수의 하나. 보통 국수보다 굵고 넓게 만들어 장국에 넣고 끓인다. 2. 열매를 맺지 못하는 꽃. 3. 파도가 부딪쳐 하얗게 일어나는 물방울.

첫 번째 풀이에 국수의 종류를 뜻하는 표현이 나오는데, 설명이 충분치 않다. "국수보다 굵고 넓게 만"든다고 한 데서 알 수 있듯이 정확하게 이야기하자면 칼국수에 해당한다. '낭화'라는 국수 이름은 절간의 스님들이 주로 사용하는 용어다. 화장실을 뜻하는 '해우소'나 술을 뜻하는 '곡차'처럼 스님들이 사용하는 독특한 어휘들이 있다. 해우소나 곡차 풀이에는 스님들이 사용하는 어휘라는 점을 밝혀 놓았다. 마찬가지로 낭화 풀이에도 그런 사실을 풀어서 밝혀 주면 더 좋았을 것이다.

곡차라는 말은 조선 시대에 진묵대사가 처음 사용하기 시작했다고 하는데 낭화를 누가 국수 이름으로 처음 사용했는지는 불분명하다. 낭화라고 부르게 된 이유도 밀가루 반죽을 방망이로 밀어서 펼 때 생기는 굴곡이 바다에 이는 파도를 닮아서 그랬다고 하는 이가 있는가 하면, 국숫발을 끓는 물에 넣을 때 물결처럼 퍼진다고 해서 그랬다는 이도 있다.

절마다 낭화를 만들어 먹는 방법은 조금씩 차이가 있겠지만 대체로 표고나 송이버섯을 삶은 물에 밀가루 반죽을 해서 채를 썬 면을 넣고, 그 위에 다시 버섯과 애호박 등을 고명으로 얹는다. 경우에 따라 국물에 들깻가루를 넣어 끓이기도 하고 반죽을 할 때 막걸리를 조금 넣기도 한다.

낭화는 절에서 스님들이 별식으로 즐겨 먹었다고 한다. 특히 목욕재계를 한 뒤나 힘든 안거 생활을 마치고 나서 먹는 낭화는 스님들의 입맛을 돋우었던 모양이다. 그래서 스님들이 낭화만 보면 입가에 웃음을 띠었다고 해서 '승소(僧笑)'라는 이름으로 부르기도 한다. 하지만 이 말은 아직 국어사전에 오르지 못했다.

승소와 관련한 일화 한 토막이 전하고 있다. 운허(耘虛) 스님(1898~1980)이 동국역경원을 설립하여 불교 용어의 한글화를 위해 힘쓸 때다. 이때 각 분야 전문가들을 모아 불교용어심의위원회를 구성해서 운영했고, 국어학자들을 모셔서 의견을 듣기도 했다. 한번은 운허 스님이 국어학자 이희승 씨에게 승소 이야기를 하며 국어사전에 올려달라고 부탁을 했던 모양이다. 이희승 씨도 멋진 말이라며 고개를 끄덕였으나 그 후로 아무런 소식이 없었다고 한다.

지금이라도 승소(僧笑)라는 말을 국어사전에 올리면 좋겠다. 그렇게 되면 칼국수 좋아하는 이들이 입가에 미소를 짓지 않겠는가. 오래전에 마포구 망원동에 있다는 '고모네 냉화'라는 국숫집을 소개한 기사를 본 적이 있는데, 앞으로는 승소라는 이름도 사람들 입에 오르내리면 좋겠다. 말이란 건 다양할수록 사람들의 정서를 풍부하게 해 주는 법이므로.

참메늘치라는 나물 이름

『한국일보』에 전혼잎이라는 이름을 가진 기자가 있다. 이름이 참 독특해서 국어사전에서 '혼잎'을 찾아봤더니 나오지 않는다. 그래도 궁금해서 인터넷에서 '혼잎'으로 검색을 하니 '혼잎나물'이라는 말이 주르르 뜬다. 봄에 화살나무의 새순을 꺾어서 데친 다음 무쳐 먹는 나물이란다. 그런데 왜 국어사전에는 '혼잎'도 '혼잎나물'도 없는 걸까?

이상해서 다시 검색을 해 보니 화살나무와 함께 회잎나무의 새순으로도 나물을 해 먹으며, 둘 다 똑같이 혼잎나물이라고 한단다. 그리고 화살나무와 회잎나무는 생김새가 거의 구분이 안 될 정도로 가까운 사촌지간이라고 한다. 그래서 '회잎나물'을 찾아보니 표준국어대사전에 다음과 같이 나온다.

회잎나물 1. 생나물로 먹을 때의 회잎나무의 연한 잎. 2. 회잎나무의 잎을 데쳐서 양념에 무친 나물.

'회잎나물'이 변해서 '혼잎나물'이 된 듯한데, 그렇게 변하게 된 과정에 대해서는 잘 모르겠다. '회잎나물'보다는 '혼잎나물'이라는 말을 쓴 용례가 훨씬 많이 보이지만, '혼잎나물'은 표준어가 아니다.

'회잎나물'이 됐건 '혼잎나물'이 됐건 나에게는 생소한 나물 이름이다. 나물을 좋아하는 우리 민족은 웬만한 초목의 싹이나 이파리는 모두 나물로 해 먹었구나 싶을 정도로 국어사전에 수많은 나물 이름이 나온다. 혹시 다음과 같은 나물 이름을 들어 본 사람이 있는지 모르겠다.

> **부룻동나물** 연한 부룻동을 살짝 데쳐 껍질을 벗기고 짤막짤막하게 잘라서 기름과 장에 무친 나물. 늑불로상채.

부룻동이 대체 무어기에 먹으면 늙지 않는다는 뜻을 담아 '불로상채(不老裳菜)'라고까지 했을까? 다행스럽게 '부룻동'이 '상추의 줄기'라는 뜻을 가진 낱말로 표제어에 올라 있다. '부루'는 상추의 방언이라고 되어 있는데, '부룻동'은 왜 방언이 아닐까 하는 궁금증이 일었지만, 그런 정도의 모순은 국어사전 안에서 종종 발견되는 일이다.

부룻동나물의 정체는 밝혔는데, 더 애를 먹은 건 아래 나물 이름이다.

> **참메늘치** 지리산에서 주로 나는 멧나물의 하나.

멧나물의 종류가 얼마나 많은데 왜 구체적인 설명이 없을까 궁금했다. 웬만한 낱말은 인터넷에서 검색하면 용례가 나오지만 '참메늘치'라는 말이 쓰인 건 전혀 찾을 수 없었다. 그러다 표준국어대사전에서 발견한 게 아래 낱말이다.

금낭화채(錦囊花菜) 지리산에서 나는 참메늘치를 데쳐 기름소금에 무친 나물.

풀이 중에 "기름소금에 무친"다는 말이 걸린다. 기름소금은 고기 등을 찍어 먹기 위해 소금에 기름을 부어 놓은 것을 말한다. 그러므로 '기름소금'이 아니라 '기름과 소금을 넣어 무친다'고 해야 제대로 된 표현이다.

그건 그렇고, '채(菜)'가 나물이니까 '금낭화채'는 금낭화를 재료로 만든 나물이라는 건 금방 알 수 있는 일이다. 풀이에 '참메늘치'가 나오는 걸로 보아 금낭화와 참메늘치가 같은 말이라는 결론도 얻을 수 있었다. 그래서 이번에는 금낭화를 찾아보았다.

금낭화(錦囊花) [식물] 현호색과의 여러해살이풀. 줄기는 높이가 40~50 센티미터 정도이고, 온몸이 흰색이 도는 녹색이며 잎은 어긋나고 깃 모양으로 갈라진다. 5~6월에 불그스름한 꽃이 줄기 끝에 총상(總狀) 화서로 피고 열매는 삭과(蒴果)를 맺는다. 관상용이고 중국이 원산지로 마을 근처에 자라는데 우리나라 전역에 분포한다. 늑며느리주머니.

풀이 끝에 유의어로 '며느리주머니'를 제시해 두었다. 주머니라는 말이 붙은 건 금낭화 꽃이 주머니 모양(자세히 보면 종 모양도 닮았다)으로 생겼기 때문이다. 그런데 왜 '참메늘치'가 아니고 '며느리주머니'일까? 여기서 또 잠시 생각을 가다듬어야 했다. 결국 내가 알아낸 건 금낭화를 '며느리주머니'라고도 하지만 '며느리취'로 부르기도 한다는 사실이었다.

이 정도면 참메늘치의 정체를 거의 밝힌 셈이다. 며느리를 남쪽 지방에서 흔히 '메느리'라고 하며, 줄여서 '메늘'이라고 한다는 건 웬만한 사람은 다 알고 있는 사실이다. 그렇다면 '메늘치'는 며느리취를 남쪽 지방 사람들이 부르는 이름인 셈이다. 앞에 붙은 '참'은, 우리 식물 이름에서 흔히 볼 수 있는 접두어다.

'참메늘치'는 표준어라고 보기 어려운 낱말이다. 그리고 앞서 말한 것처럼 폭넓게 쓰이고 있는 말도 아니다. 그런 걸 어떻게 찾아서 표제어로 올렸는지 신기한 일이다.

이건 어느 나라 죽일까?

죽 이름을 찾다가 '영락죽(瓔珞粥)'이라는 낱말을 만났다. 우선 낱말풀이부터 보자.

> **영락죽**(瓔珞粥) [불교] 채소를 쌀에 섞어서 끓인 죽. 채소가 서로 얽힌 데에 쌀알이 붙어 있는 모습이 영락과 같다는 데서 유래한다.

우선 낱말 분류를 [불교]라고 처리한 게 눈에 띈다. 그렇다면 절에서 스님들이 즐겨 먹던 음식일까? 하지만 각종 요리를 소개한 자료와 옛 문헌에도 영락죽은 보이지 않는다. 이리저리 찾아본 끝에 발견한 건 대만의 불광사에서 발행한 『불광사전(佛光辭典)』에서였다.

> 纓絡粥爲糝野菜和米煮成之粥(영락죽위삼야채화미자성지죽) 以菜牽連(이채견련) 猶如瓔珞(유여영락) 故有此稱(고유차칭).

간단하게 해석을 하면, 영락죽은 나물죽으로 야채와 쌀을 삶아서 만드는데 채소가 쌀을 끌어당겨 마치 영락과 닮아서 그런 이름을 얻었다는 내용이다. 위 원문에서 영락죽에 쓰인 '영락(纓絡)'과 뒤에 나온 '영락(瓔珞)'의 한자어가 다른데, 옛날에는 '纓絡'과 '瓔珞'이 함께 쓰이기도 했다는 걸 다른 자료에서 확인할 수 있었다. 그러니까 영락죽은 옛날 중국의 선가(禪家)에서 스님들이 해 먹던 죽으로, 우리 고유의 음식은 아니며 지금은 찾아보기 힘든 음식임을 알 수 있다. 국어사전을 볼 때마다 지금은 거의 쓰지도 않는 말을 대체 어디서 가져오는 걸까 하는 궁금증이 일곤 한다.

영락죽 풀이에서 두 번째로 눈에 띈 건 '영락'이라는 낱말이다. 영락이 무얼 가리키는 걸까? 국어사전 표제어에 '영락'이 나온다.

영락(瓔珞) 1. 구슬을 꿰어 만든 장신구. 목이나 팔 따위에 두른다. 2. [공예] 금관 따위에 매달아 반짝거리도록 한 얇은 쇠붙이 장식. =달개.

백과사전에서 '영락'을 찾았더니 더 자세한 내용이 나온다. 영락은 원래 인도 귀족들이 구슬을 꿰어 몸에 달고 다니던 장신구를 말한다. 그러다가 나중에 불상의 손과 팔, 다리 등을 장식하는 데 사용했다. 그리고 『보살영락본업경(菩薩瓔珞本業經)』이나 『보살영락경(菩薩瓔珞經)』 같은 자료에는 보살의 수행에 따라 금·은·동·유리·수정 등으로 된 영락을 얻을 수 있으며, 각기 다른 기능과 위력을 지닌다고 되어 있다. 우리나라에도 삼국 시대부터 그런 풍습이 전래되었으며, 통일신라 시대를 거쳐 고려 때까지 다양한 영락 장식이 유행했다.

영락의 첫 번째 풀이에 아래와 같은 예문이 달렸다.

청초한 선에 현란한 색채, 가슴까지 늘어진 영락이며, 화만은 찬란하고 투명한 베일 속의 청정한 육신이 숨 쉬고 있는 것만 같다.

　　―박경리, 『토지』

이번에는 예문에 나오는 '화만'을 국어사전에서 찾아보았다.

화만(華鬘) 1. 옛날 인도 사람들이 몸을 꾸미던 제구. 2. [불교] 승방이나 불전(佛前)을 장식하는 장신구의 하나. 본디 인도의 풍속이다.

풀이에서 알 수 있는 것처럼 화만은 영락과 같은 종류의 장신구임을 알 수 있다. 그렇다면 화만과 마찬가지로 영락의 첫 번째 풀이에서도 [불교]라는 분류 항목을 표시해 주었어야 한다.

이야기를 앞으로 돌려서 『불광사전』에 나오는 다른 죽에 대해서도 알아보자.

五味粥乃十二月八日佛成道日(오미죽내십이월팔일불성도일) 以雜穀眾味所作(이잡곡중미소작) 故稱臘八粥(고칭납팔죽) 又稱紅糟(우칭홍조).

풀이를 하면, 오미죽은 12월 8일 부처님이 도를 이룬 날에 여러 맛을 내는 잡곡으로 만드는데 그래서 이름을 '납팔죽' 또는 '홍조'라고 했다는 내용이다. 본문에 '중미(眾味)'라는 말이 나오는데, 명칭이 '오미죽(五味粥)'이므로 다섯 가지 곡식으로 쑤었을 것이다.

그렇다면 오미죽, 납팔죽, 홍조는 국어사전 표제어에 있을까? 오미죽은 어디에도 없고 납팔죽은 고려대한국어대사전에서만 보인다.

납팔죽(臘八粥) 중국에서 음력 12월 8일에 죽을 쑤어서 부처에게 바치고, 서로 나누어 먹던 풍속을 따라 쑤는 죽.

한자어 '납(臘)'은 음력 섣달, 즉 12월을 가리킨다. 풀이에서 부처님이 도를 이룬 날을 기념한다는 내용이 들어가면 좋았겠다는 생각이 든다. 표준국어대사전에는 납팔죽이 없는 대신 홍조가 나온다. 거꾸로 고려대한국어대사전에는 홍조가 없다.

홍조(紅糟) [불교] 선원에서, 음력 섣달 여드렛날 아침에 먹는 팥죽. 석가모니가 깨달음을 얻기 직전에 양 치는 여인의 유미죽(乳糜粥)을 받아 먹은 일에서 유래한다.

그런데 아무리 봐도 풀이가 이상하다. 오미죽, 납팔죽, 홍조가 똑같은 죽을 이르는 말인데 왜 '홍조' 풀이에서는 팥죽이라고 했을까? 이에 대한 의문은 잠시 후에 풀기로 하고, 풀이에 나오는 '유미죽'부터 살펴보자. 그런데 이 유미죽은 표준국어대사전과 고려대한국어대사전 양쪽에 모두 나오지 않는다. 표준국어대사전은 이상하게도 자신들이 올린 표제어 풀이에 등장하는 낱말을 외면하는 경우가 많다. 다행히 〈우리말샘〉에서 유미죽을 찾을 수 있었다.

유미죽(乳米粥) 쌀죽에 소나 양의 젖을 넣어 만든 음식.

낱말을 실은 것까지는 좋은데, '미'의 한자가 다르다. '糜'라고 해야 할 것을 '米'라고 했다.

유미죽은 석가가 6년간의 고행 끝에 영양실조로 쓰러져 다 죽어 갈 때 우루벨라 촌장의 딸인 수자타라는 여인이 만들어 바친 죽이다. 석가는 이 죽을 먹고 기운을 차린 다음 고행만이 득도로 가는 길이 아님을 깨달았으며, 이후 보리수나무 아래 앉아 정진한 끝에 비로소 불성을 깨우쳤다고 한다. 후대에 사람들이 수자타의 집터에 수자타 탑을 세웠으며, 지금도 순례자와 관광객의 발길이 이어지고 있다.

이제 '홍조(紅糟)' 풀이에 나오는 팥죽에 대해 알아볼 차례다. 결론부터 이야기하면 홍조와 팥죽은 아무런 관계가 없다. 풀이가 잘못됐다는 얘기다. 『불광사전』에서 죽의 종류를 설명하는 대목에 아래 구절이 바로 이어진다.

紅調粥卽赤豆粥(홍조죽즉적두죽) 爲正月十五日所食之粥(위정월십오일소식지죽).

홍조죽은 곧 적두죽을 말하며, 정월 15일에 먹는 죽이라는 뜻이다. 여기서 '적두(赤豆)'는 붉은 팥을 말한다. 그러니까 표준국어대사전의 편찬자가 한자가 다른 '홍조(紅糟)'와 '홍조죽(紅調粥)'을 혼동해서, 채소를 넣고 끓인 죽이라고 해야 할 걸 팥죽이라고 엉뚱하게 풀이한 셈이다. 국어사전을 찾다 보면 이런 일이 비일비재하다. 홍조죽(紅調粥)은 어느 사전에도 표제어로 올라 있지 않다. 그런데 재미있는 건 이 홍조죽이 일본에서 발견된다는 사실이다.

일본에 '아즈키카유(小豆粥)' 혹은 '운조슈쿠(紅調粥)'라고 부르는 팥죽이 있으며, 소두(小豆)는 팥을 가리킨다. 일본 사람들은 자신들이 소정월(小正月)이라고 하는 1월 대보름에 붉은 색깔의 팥이 귀신을 쫓아낸다고 해서 팥죽을 쑤어 먹는다. 날짜만 다를 뿐 우리가 동지에 팥죽을 쑤어 먹는 것과 같은 풍습인 셈이다. 일본 팥죽도 팥물에 시라타마코(白玉粉, しらたまこ)라고 하는 새알심을 넣어서 먹는데, 우리 팥죽에 들어가는 새알심보다 훨씬 크다.

중국에서 옛날 1월 15일에 홍조죽을 해 먹던 풍습이 언제 일본으로 건너갔는지는 모르지만 지금도 남아 있다는 게 신기하다.

어미죽(御米粥) 푸른 대를 태울 때에 나오는 진액에 양귀비씨를 탄 다음에 멥쌀을 넣고 쑨 죽.

대를 태울 때에 나오는 진액을 죽력(竹瀝)이라고 한다. 죽력을 사용해서 만든 소주를 죽력고(竹瀝膏)라 해서 약효가 있는 명주(名酒)로 취급한다. 죽력에 양귀비씨까지 사용한다고 하니 쉽게 해먹을 수 있는 죽이 아니다. 이 죽 이름은 조선 시대 서유구가 지은 『임원경제지』에 나오는데, 출처를 『개보본초(開寶本草)』라고 밝혀 놓았다. 『개보본초』는 중국 송나라 때 편찬된 의학서다. 그러므로 '어미죽(御米粥)'은 중국 사람들이 약으로 쓰던 음식이었음을 알 수 있다. 어미죽의 효능으로는, 단석(丹石)의 독으로 인한 발작으로 음식이 내려가지 않는 증상을 치료한다고 되어 있다.

아주 특이한 죽 하나를 더 소개한다.

인유죽(人乳粥) 멥쌀로 쑨 죽에 사람의 젖과 우유를 붓고 끓인 죽.

사람의 젖을 넣어서 끓인 죽이라고 하니, 정말 그런 죽이 있었나 싶을 정도다. 이 죽 역시 중국 의학서에 등장한다. 청나라 때 우승(尤乘)이 편찬한 『수세청편(壽世靑編)』, 비백웅(費伯雄)이 편찬한 『식감본초(食鑑本草)』 등에 소개되어 있다. 인유죽은 혈액과 폐를 건강하게 하고 변비에도 좋다고 한다.

특이하다 싶은 음식은 대체로 중국 사람들이 개발한 것이라고 보면 된다. 여기 소개한 음식 말고도 자세히 찾아보면 그런 게 더 있을 것이다.

남의 떡 훔쳐오기

국어사전에 등장하는 떡 이름은 많기도 하다. 죽을 때까지 찾아다
니며 먹어도 못 먹을 만큼 많다. 이름이 많다는 건 선조들이 그만
큼 다양한 종류의 떡을 만들어 먹었다는 얘긴데, 간혹 이름이 너무
낯설어서 정말 우리가 해 먹던 떡이 맞나 하는 의문이 들 때가 있
다. 그중 몇 가지 이름을 추적해 보았다.

외랑병(外郞餅) 떡의 하나. 찹쌀과 멥쌀과 칡뿌리의 가루를 넣고 찌다가
김이 오르면 검은 설탕을 넣고 다시 쪄 내어 가늘게 썰어 먹는다.

『해유록』이라는 책이 있다. 조선 후기에 신유한(申維翰)이라는
사람이 통신사의 일원이 되어 일본에 갔다가 거기서 보고 들은 일
본의 문물과 풍속을 기록한 책이다. 그 책에 '외랑병(外郞餅)'이 등
장한다.

외랑병(外郞餅)이란 것이 있는데 소종(篠糉)과 대략 같다. 길이는 한
자 남짓하고 모가 있고 마디가 나고 색은 붉고 맛은 단데 댓잎으로 싸
서 형상이 죽간(竹竿)과 같으므로 남에게 선사하는 자는 일간(一竿),

이간(二竿)이라 한다.

'소종(篠椶)'은 저 대목의 앞부분에서 우리의 '권무병(拳拇餅)'과 닮았다고 했으며, 권무병은 가래떡을 이른다('권무병'은 국어사전에 나오지 않는다). 그리고 '죽간(竹竿)'은 대나무 장대를 이르는 말이다. 외랑병을 풀이한 우리 국어사전에 재료와 조리법이 자세히 나오는 반면 『해유록』에는 생김새만 나온다. 궁금해서 『고지엔 일한사전』에서 외랑병(外郎餅, ういろうもち)을 찾으니 "쌀가루·설탕·갈분(葛粉) 등을 섞어 찐 것"이라는 풀이가 나온다. 우리 국어사전에 갈분, 즉 칡뿌리와 설탕이 나오는 것으로 보아 일본어사전에서 떡의 조리법을 가져온 것으로 보인다. 외랑병은 나고야(名古屋)와 이세(伊勢) 지방의 명물이다. 일본 떡 이름인 외랑병 대신 우리가 가래떡을 가리키는 말로 쓰던 '권무병'이라는 낱말을 우리 국어사전에 실었어야 하는 게 아닌가 싶다.

앵병(櫻餠) 앵두의 씨를 빼고 체에 거른 다음에 녹말과 꿀을 치고 약한 불로 조려서 엉기게 하여 굳힌 음식. =앵두편.

'앵병(櫻餠)'이라는 말이 어디서 왔을까? '앵두편'은 우리가 해 먹던 떡이 맞으며, 한자로 표기할 때 옛 문헌에서는 '앵도병(櫻桃餠)'이라고 했다. 그런데 이 말이 고려대한국어대사전에는 없고 표준국어대사전에는 다음과 같이 되어 있다.

앵도병(櫻桃餠) → 앵두편.

잘못된 말이니 '앵두편'으로 쓰라는 얘기다. 그러면서 왜 앵도병을 버리고 앵병을 가져왔을까? 어찌 된 일일까? '앵병(櫻餠)'을 일본어사전『고지엔』에서는 다음과 같이 설명하고 있다.

> **さくらもち**(桜餠) 밀가루·곱게 빻은 찹쌀가루를 반죽하여 얇게 구운 피(皮)(홍백 2종류가 있다)에 팥소를 넣고, 소금으로 절인 벚나무 잎으로 싼 과자. 원래는 밀가루로 만든 피(皮)에 팥소를 넣고, 소금에 절인 벚나무 잎으로 싸서 찜통으로 찐 것. 벚꽃이 피는 계절에 에도(江戶) 조메이지(長命寺)에서 팔기 시작한 데에서 시작됨. 간사이(関西) 풍은, 쪄서 말린 찹쌀을 빻은 가루를 사용하여 만든다.

앵병(櫻餠)을 일본말로 읽으면 '사쿠라모치(さくらもち)'가 된다. 『고지엔』의 풀이에 벚나무 잎으로 싼다는 말이 나오는데, 한자어 '앵(櫻)'에는 앵두(앵두나무)와 벚꽃(벚나무)이라는 두 가지 뜻이 있다. 우리가 주로 앵두라는 뜻을 담아 쓰는 반면, 일본에서는 주로 벚꽃이라는 말을 담아서 쓴다. 우리가 쓰던 앵도병을 버리고 왜 일본 사람들이 쓰는 앵병을 국어사전에 끌어들였는지 모를 일이다.

구채병(韭菜餠): 반쯤 구운 돼지고기와 잘게 썬 부추에 간장과 후춧가루를 쳐서 함께 섞어 놓고 밀가루를 반죽하여 얇게 조각을 지어 겉에 싸서 구운 떡. =부추떡.

'구채(韮菜)'는 부추를 가리키는 한자어다. 그러므로 부추전이 '구채병(韮菜餅)'이 되는 건 아무런 문제가 없다. 다만 구채병이라는 떡을 우리가 해 먹었느냐 하는 점은 따져 볼 필요가 있다. 우리 전통 음식 중에서 구채병이라는 걸 찾을 수 없기 때문이다. 조선 시대의 어의(御醫) 전순의가 지은 『식료찬요(食療纂要)』에 구채죽(韮菜粥), 즉 부추죽이 등장할 뿐이다. 부추전이야 지금도 해 먹는 음식이니 '구채전(韮菜煎)'이라 부를 수도 있긴 하겠지만 구채전은 국어사전에 올라 있지 않다. 대신 '구채병'이 한 자리를 차지하고 있다. 우리가 해 먹는 부추전은 보통 부추만 들어가는 데 반해 구채병에는 돼지고기가 들어가는 점이 다르다.

구채병은 지금도 중국에 가면 만날 수 있다. 구채병 풀이에 "얇게 조각을 지어 겉에 싸서 구운 떡"이라고 했으므로 전 종류는 아니다. 오히려 밀가루 반죽으로 만든 피(皮)에 소를 넣어 만드는 교자(餃子), 즉 만두에 가까운 음식이다. 중국에서 만들어 먹는 구채병이 바로 그런 형태를 하고 있다. 그러므로 구채병은 우리 음식이 아니라 중국 음식이다. 그걸 우리말로 풀어 '부추떡'이라는 말을 동의어로 처리해 놓았는데, 우리는 부추전을 해 먹었지 위 낱말풀이에 나오는 부추떡이란 건 해 먹지 않았다. 부추를 갈아 쌀가루와 함께 반죽해서 만든 부추가래떡이란 게 있다는 얘기는 들었다.

소유병(素油餅) 밀가루에 참기름을 넣고 반죽하여 널빤지에 놓고 밀어서 조그마하게 조각을 내어, 설탕으로 소를 넣고 꽃 모양의 인(印)을 박아 화로에 구워 익힌 떡.

원나라 때 나온 『거가필용(居家必用)』이라는 책이 있다. 지은이는 알려져 있지 않으며, 중국과 몽골을 비롯해 인근 나라들의 생활과 관련한 방대한 내용을 담고 있다. '소유병(素油餠)'은 『거가필용』에 나오는 떡 이름이다.

시고(柹糕) 찹쌀과 곶감 가루를 버무려 찐 것에, 호두 가루를 묻힌 경단 모양의 떡. =감떡.

역시 『거가필용』에 '시고(柹糕)'가 나오는데, 여진족 음식으로 소개되어 있다. 국어사전에 나온 풀이와 거의 같으며 『거가필용』의 조리법에는 대추 살 등의 재료가 더 들어가며 꿀을 찍어 먹는다고 했다. 여진족의 시고를 본떠서 우리도 비슷한 형태의 감떡을 해먹었을 수는 있다. 하지만 본래 여진에서 건너온 음식임은 분명하고, 그렇다면 그런 사실을 밝혀 주어야 한다.

『거가필용』은 원나라 서적인 만큼 몽골 음식을 주로 다루고 있지만 위와 같이 여진족 음식뿐만 아니라 아랍에서 건너온 음식도 소개하고 있다.

권전병(捲煎餠) 밀가루를 반죽하여 만든 조각에 돼지고기나 닭고기, 파, 죽순 따위로 만든 소를 넣고 접어서 맞닿는 자리에는 밀풀을 발라 붙인 뒤에 기름에 튀기거나 번철이나 프라이팬 따위에 지져 만든 떡.

'권전병(捲煎餠)'이 바로 아랍 음식이다. 돼지고기나 닭고기 대신 원문에는 양고기를 넣는다고 했다. 아랍 사람들이 돼지고기를 안 먹는다는 사실을 상기할 필요가 있다. 시고와 마찬가지로 이 음식이 우리나라에 전래되었을 수는 있다. 그렇다 할지라도 널리 퍼지지 못했음은 분명하며, 우리 전통 음식이라고 할 수도 없다.

지금까지 소개한 떡 이름들이 우리 옛 문헌에 나온다면 국어사전에 실을 수도 있다고 본다. 하지만 단순히 조리법만 소개하면 마치 우리 선조들이 해 먹던 전통 음식으로 오해할 소지가 크다. 낱말 하나하나마다 출처를 찾아내서 밝히는 일에 게을리하면 부실한 국어사전이라는 오명을 피할 길이 없다.

『거가필용(居家必用)』에 실린 음식들

『거가필용』에는 떡 이름 말고 다른 음식들 이름도 많이 등장한다. 그중에서 우리 국어사전에 실린 것들을 모아 보았다.

저피수정회(豬皮水晶膾) 돼지가죽을 얇게 썬 것을 파의 흰 뿌리와 함께 푹 끓여 체에 밭아서 묵처럼 굳혀 초장에 찍어 먹는 술안주.

『거가필용』에는 '수정회(水晶膾)'라는 항목에서 돼지가죽을 이용한 것과 잉어 껍질을 이용한 것 두 가지를 소개하고 있는데, 그중에서 돼지가죽 부분만 가져온 게 '저피수정회(豬皮水晶膾)'다.

산약발어(山藥撥魚) 마의 뿌리를 삶아 껍질을 벗기고 으깨어서 콩가루·밀가루와 같이 반죽해서 끓는 물에 적당히 떼어 넣어 익힌 다음 육즙에 넣은 음식.

영롱발어(玲瓏撥魚) 된 밀가루 반죽에 콩알 크기로 썬 쇠고기나 양고기를 버무려 끓는 물에 넣고 영롱한 빛이 날 때까지 익힌 다음에, 장을 치고 후춧가루, 생강, 석이, 표고버섯 따위를 넣고 초를 친 음식.

같은 한자를 쓰더라도 나라마다 사람들이 주로 사용하는 조어법이 있기 마련이다. 그런 면에서 볼 때 '발어(潑魚)'라는 말은 우리가 즐겨 쓰던 조어법에 맞지 않는다. 저 두 낱말 외에 '발어'가 독립적으로 쓰인 예를 찾을 수 없는 것만 보아도, '산약발어'나 '영롱발어'가 우리말이 아님을 알 수 있다. '발어'가 들어간 음식은 풀이를 잘 보면 알 수 있듯이 수제비와 비슷한 음식이다. '발어'라는 말을 굳이 풀어 보면 끓는 물 속에 뜯어 넣은 수제비가 마치 헤엄치는 물고기처럼 보인다고 해서 만든 말이다.

영롱박탁(玲瓏餺飥) 양(羊)의 콩팥에 기름을 치고 밀가루와 함께 반죽하여 발이 굵은 국수를 만든 후에, 뜨거운 물에 삶아서 장국에 만 음식.
산우박탁(山芋餺飥) 마 뿌리 가루로 만든 수제비.

'박탁(餺飥)' 역시 중국 문헌에는 자주 보이지만 우리는 많이 쓰지 않던 말이다. 게다가 '영롱발어'와 마찬가지로 '영롱박탁'에도 양고기가 등장하는데, 양고기는 유목민들이 많이 먹는 고기로 우리 조상들은 양고기와 그리 친하지 않았다. 그런 면에서도 우리 고유의 음식이 아님을 알 수 있다.

우리는 박탁이라는 말을 잘 안 썼지만 일본에서는 '호토(ほうとう, 餺飥)'라는 이름의 음식이 있다. 『고지엔 일한사전』에 이렇게 나와 있다.

ほうとう(餺飥) 우동 생면과 호박 등 야채를 일본된장으로 조린 요리. 또

는 이 요리에 사용하는 우동 생면. 야마나시현(山梨県)의 향토요리. 옛날에는 당과자(唐菓子)의 일종.

풀이에 '당과자(唐菓子)'라는 말이 나오는 것으로 보아 역시 중국에서 건너온 것임을 알 수 있다.

다음은 『거가필용』에 나오는 국수 이름 중 우리 국어사전에 실린 낱말들이다.

경대면(經帶麵) 밀가루 반죽을 얇게 밀어 실처럼 가늘게 썰어 끓는 물에 익힌 다음, 찬물에 담갔다가 먹는 국수.

삭면(索麵) 밀가루를 소금물에 반죽하여 기름을 넣고 얇게 밀어서 가늘게 썬 것을 햇볕에 말린 국수. 삶아서 냉수에 담갔다가 먹는다.

취루면(翠縷麵) 국수의 하나. 회화나무의 어린잎으로 즙을 내어 가라앉힌 녹말가루를 반죽하여 가늘게 썰어 만든다. 삶아서 찬물에 담갔다가 맑은장국이나 깻국에 넣어 먹는다.

탁장면(托掌麵) 국수의 하나. 소금물에 반죽한 밀가루를 조금씩 떼어서 쌀가루를 덧쳐 가며 방망이로 밀어 잘게 썰어서 뜨거운 물에 삶은 다음 찬물에 담갔다가 쓴다.

홍사면(紅絲麵) 국수의 하나. 왕새우를 짓이겨 삶아서 메밀가루, 밀가루, 녹말 섞은 것에 넣고 한데 반죽하여 만든다.

다음은 죽 이름들이다.

양육죽(羊肉粥) 삶은 양고기와 인삼 가루, 백복령, 대추, 황기, 멥쌀을 한데 넣어 쑨 죽.

죽엽죽(竹葉粥) [한의] 댓잎과 석고(石膏)를 물에 달여 웃물을 따라 멥쌀을 넣고 끓인 죽. 지갈(止渴), 청심(淸心), 해열(解熱)의 약으로 쓴다.

녹신죽(鹿腎粥) [한의] 녹신을 잘게 썰어 소금을 쳤다가 멥쌀을 넣고 쑨 죽. 원기(元氣)가 허약할 때 먹는다.

저신죽(豬腎粥) [한의] 인삼, 방풍(防風), 총백(葱白)을 함께 넣어 반쯤 끓인 다음 돼지의 콩팥을 넣고 끓인 죽. 귀먹은 데 쓴다.

『거가필용』에서 '저신죽'은 귀먹은 데가 아니라 노인의 각기병을 다스리는 데 좋다고 했다. 그리고 이명을 다스리는 데 좋은 것은 '녹신죽'이라고 되어 있다. 약효 설명도 틀린 셈이다.

끝으로 음료 이름 두 개 소개한다.

제호탕(醍醐湯) [한의] 오매(烏梅), 사인(沙仁), 백단향, 초과(草果)를 가루로 만들어 꿀에 재어 끓였다가 냉수에 타서 마시는 청량제.

'제호탕'을 고려대한국어대사전에서 찾으면 "우리나라의 전통적 청량음료"라고 해 놓았는데, 틀린 말이다. 위 풀이에 나오는 '사인(沙仁)'을 국어사전에서 찾으면 축사(縮沙/縮砂)라는 식물의 씨앗이라고 했으며, 다시 '축사'를 찾으면 중국 남부에 분포한다고 되어 있다. '초과(草果)' 역시 중국의 윈난(雲南) 등지에 분포한다고 되어 있다. 따라서 중국 사람들이 먼저 제호탕을 만들어서 복용했을 것이고, 우리도 중국에서 수입한 재료를 이용해 같은 방식으로 제조해서 마셨을 것이다.

> **봉수탕**(--湯) 속껍질까지 벗긴 실백잣과 호두를 찧어서 꿀을 섞은 다음 끓인 물에 타서 마시는 차.

'봉수탕'은 고려대한국어대사전에만 실려 있다. '봉수'의 한자 표기가 없는데, 『거가필용』에는 '鳳髓湯'이라는 한자를 사용했다. 조리법은 국어사전과 똑같으며, 폐를 깨끗하게 하여 해수(咳嗽) 치료에 좋다고 했다.

이 음식 이름들이 국어사전에 실리게 된 까닭은 서유구가 지은 『임원경제지』를 비롯한 우리나라 서적에 소개되어 있기 때문이다. 그런 책에 소개된 것들은 우리 전통 음식도 있지만 중국 문헌에 나오는 걸 단순히 소개한 것들도 많다. 그리고 대체로 출처를 밝혀 놓았다. 그런데도 우리 문헌에 보인다는 이유만으로 마치 우리 음식인 것처럼 국어사전에 표제어로 올리는 건 문제가 있다. 올리더라도 정확한 출처를 밝혀서 오해가 없도록 해야 한다.

팔선고와 팔진고

표준국어대사전에 특이한 이름의 음료가 나오는데, 아무래도 정체가 이상하다.

> **팔선고**(八仙糕) 섣달에 만들어 먹는 음료. 볶은 찹쌀과 백출, 백복령, 산약, 연실, 감인, 진피, 감초 따위의 약재를 함께 갈아서 찬물에 타서 마신다.

앞에 '팔선(八仙)'이 붙은 건 여덟 가지 재료를 사용했기 때문일 테고, '고(糕)'는 떡을 가리키는 한자어다. 그런데 왜 음료라고 했을까? 『한의학대사전』(한의학대사전 편찬위원회, 정담, 2001)을 보면 '팔선고' 항목 마지막 부분에, 가루를 낸 다음 "더운물에 타서 자주 먹는다"라고 되어 있다. 아무래도 이러한 해석에서 풀이를 가져온 듯하다.

팔선고는 『동의보감』에 약효와 제조방법, 복용법이 나온다. 원문의 마지막 구절을 보자.

> 取食之, 以湯漱口送下(취식지, 이탕수구송하)

'취식지(取食之)'는 먹는 법을 말하고, '탕(湯)'은 끓인다는 뜻, '수(漱)'는 양치질하다, 빨다, 씻다, 헹구다 등의 뜻을 지니고 있다. 여기서 '탕수(湯漱)'를 어떻게 해석하느냐 하는 점이 문제가 되는데, 동의과학연구소에서 펴낸 『동의보감 제1권: 내경편』(휴머니스트, 2002)에서는 "끓인 물로 양치하고 먹는다"라고 풀이했다. 어떤 해석이 맞을까? 내가 보기에는 끓인 물로 입을 헹군 다음에 먹으라는 뜻으로 읽는 게 합당해 보인다.

다시 표준국어대사전의 풀이를 보자. '음료', '갈아서', '찬물'이 모두 틀렸다. 그리고 "섣달에 만들어 먹는"다는 말은 어디서 가져왔는지 모르겠다. 내가 찾아본 자료 어디에도 그런 설명은 보이지 않는다.

팔선고와 비슷한 이름을 가진 음식이 표준국어대사전에 나온다.

팔진고(八珍糕) 쌀과 약재(藥材)로 만든 음식. 묵은쌀과 찹쌀에 백복령(白茯苓), 산약(山藥), 율무, 백변두(白藊豆), 연육(蓮肉), 감인(芡仁) 따위의 약재를 함께 섞고 가루로 만들어 설탕을 치고 버무려서 쪄 낸 다음 다식판에 박아 낸다.

우선 풀이에서 '음식'이라고 한 부분이 걸린다. '떡'이라고 구체적으로 풀어 주는 것이 좋다. '팔진고'는 우리나라 음식이 아니라 중국 황실에서 해 먹던 떡이므로, 그런 설명이 들어갔어야 한다. 팔진고는 청나라 말기에 서태후(西太后, 1835~1908)가 즐겨 먹었다는 기록이 있으며, 흔히 '청궁팔진고(清宮八珍糕)'라고 한다. 팔진고를 특히 좋아하던 황제로는 건륭제(乾隆帝, 1711~1799)를 들 수 있다. 건륭제는 기존의 팔진고에 자신의 몸에 맞는 몇 가지 약재를 바꿔 넣어서 만들어 매일 네 개씩 먹었다고 한다. 이 팔진고를 따로 '건륭팔진고(乾隆八珍糕)'라고 부른다. 건강에 무척 신경을 썼던 건륭제는 꼭 팔진고 덕분은 아니겠으나 60년 동안 황제의 자리에 있으면서 89세까지 살았다. 지금도 중국 일부 지방에 가면 팔진고를 만날 수 있다.

중국 궁궐에 팔진고가 있었다면 조선 왕실에는 '구선왕도고(九仙王道糕)'라는 게 있었다. 이 말은 표준국어대사전에 실려 있다.

> **구선왕도고**(九仙王道糕) 아홉 가지 재료로 만든 떡의 하나. 연밥, 산약, 백복령, 율무, 백편두, 감인, 곶감, 설탕, 멥쌀 따위를 섞어서 찐다. =구선왕도떡.

풀이에서 구선왕도고가 궁궐 음식이라는 걸 밝혀 주면 좋았겠다는 생각이 든다. 구선왕도고는 왕실의 보양식으로 비장과 위가 허약하여 입맛이 없을 때나 먹은 것이 잘 내려가지 않고 몸이 점점 마르는 증세에 효과가 있었다고 한다. 세종이 즐겨 먹었다고 하며, 『승정원일기』에 보면 인조, 영조, 순조 때에도 구선왕도고에 대한 기록이 나온다. 애초에 궁궐 음식으로 만들어졌으나 이후에 민간에서도 구선왕도고를 만들어 먹었다고 한다.

약재로 쓰인 똥들

개똥도 약에 쓰려면 없다는 속담을 들어 봤을 텐데, 정말로 개똥을 약으로 썼을까? 기록을 찾아보면 허준 선생이 쓴 『동의보감』에 '백구시(白狗屎)'라는 게 나온다. 흰 개의 똥을 가리키는 말로, 종기나 부스럼을 다스리거나 타박상으로 인해 몸 안에 피가 맺힌 어혈을 풀어 주는 데 효능이 있었다고 한다.

개똥만 약으로 썼을까? 국어사전을 보면 온갖 짐승의 똥을 약으로 썼다는 걸 알 수 있다. 주로 한의학 용어로 분류되어 있는데, 어떤 것들이 있는지 목록을 뽑아보았다.

구인니(蚯蚓泥) [한의] 지렁이의 똥을 한방에서 이르는 말. 이질의 만성열(漫性熱), 단독열(丹毒熱)의 치료에 약재로 쓴다.

무가산(無價散) [한의] 개, 고양이, 돼지의 똥을 말린 것이나 말려서 태운 것을 빻은 가루. 어린아이의 곽란, 학질과 월경 불순, 큰종기, 정(疔), 창병(瘡病) 따위에 쓴다.

백정향(白丁香) [한의] 참새의 똥을 한방에서 이르는 말. 산증(疝症), 적취(積聚), 종기, 눈병 따위를 치료하는 약재로 쓰인다.

야명사(夜明沙/夜明砂) [한의] 박쥐의 똥을 한방에서 이르는 말. 열을 내리고 눈을 밝게 하며 감병(疳病), 학질(瘧疾), 안질(眼疾), 암내 따위에 쓴다.

오령지(五靈脂) [한의] 날다람쥐의 말린 똥을 한방에서 이르는 말. 혈액 순환을 원활하게 하고, 어혈과 통증을 없앤다.

완월사(玩月沙/玩月砂) [한의] 토끼의 똥을 한방에서 이르는 말. 안질, 폐로(肺癆), 치루(痔瘻) 따위에 쓴다.

유두분(柳蠹糞) [한의] 버드나무벌레의 똥을 한방에서 이르는 말. 장풍(腸風), 하혈(下血), 치통 따위에 쓴다.

응시백(鷹屎白) [한의] 매 똥의 흰 부분을 한방에서 이르는 말. 어루러기를 고치는 데 쓴다.

잠사(蠶沙/蠶砂) [한의] 말린 누에의 똥을 한방에서 이르는 말. 풍습(風濕)으로 인한 마비 증상, 관절염 따위에 쓴다.

토분(兔糞) [한의] 토끼의 똥. 열을 내리는 데 쓴다.

소똥찜 쇠똥을 구워서 부스럼 자리에다 대는 찜질. =쇠똥찜.

'구인니(蚯蚓泥)'에서 보듯 지렁이의 똥까지 약으로 쓴다고 되어 있는데, 지렁이의 똥은 대체 어떻게 구하는지 궁금하다. 국어사전에 올라 있지는 않지만 다른 동물들의 똥도 약으로 쓰인 것들이 많다. 닭똥, 돼지똥, 제비 똥 등이 모두 약재로 쓰였다. 그중에도 대표적인 게 말똥이다. 『동의보감』에는 생 말똥의 즙을 약으로 이용했다는 내용이 있고, 『승정원일기』에는 영조가 말똥을 이용한 차를 즐겨 마셨다는 기록이 있다. '마분차(馬糞茶)' 혹은 '마통차(馬通茶)'라고 하는데 국어사전에는 오르지 않은 낱말이다. 음력 섣달에 말린 말똥을 넣고 끓여서 차로 만드는데, 위장을 보호할 뿐 아니라 여름철 더위를 막는 데 효과가 좋았던 모양이다. 영조가 임금에 오르던 해에 여름 감기에 걸려 고생을 하다가 마분차를 마시고 효과를 보았다고 한다. 마분 중에서도 제주에서 자란 어린 말의 똥을 사용하는 게 좋단다.

동물의 똥은 그렇다 치고 사람의 똥은 어떨까? 예전에 소리꾼들이 아무리 연습을 해도 제대로 목청이 트이지 않을 때 똥물을 마셨다는 얘기는 많이 알려진 편이다. 국어사전에 사람의 똥을 이용한 약을 가리키는 낱말이 두 개 나온다.

> **파관탕**(破棺湯) 똥을 말리어 태워서 물에 오랫동안 담갔다가 그 웃물을 뜬 것. 인사불성 및 정신 이상 증상에 쓴다.

이 말은 2018년 tvN에서 하는 예능 프로그램 〈문제적 남자〉에 퀴즈로 나온 적이 있으며, 다른 말로 '야인건수(野人乾水)'라고도 한다. 조선 중종 임금이 화병이 나서 파관탕을 먹고 나았다는 기록이 실록에 남아 있다. 모두 여덟 번을 먹었다고 한다. 국어사전의 풀이에 나오는 것처럼 정신이 혼미하고 오락가락할 때도 사용하고, 해열과 해독에도 약효가 있는 것으로 알려졌다.

> **금즙**(金汁) [한의학] 사람의 똥과 쌀겨, 그리고 감초 가루 따위를 넣어서 만드는 탕약. 해수(咳嗽)와 감기 따위에 쓴다. ≒분청, 인중황, 황룡탕.

유의어로 나온 '분청(糞淸)', '인중황(人中黃)', '황룡탕(黃龍湯)' 외에 옛 기록에는 '감중황(甘中黃)'이라는 용어도 함께 나온다. '금즙(金汁)'은 고대 중국에서도 약으로 사용했다는 기록이 있다. 그런데 왜 금즙(金汁)이라는 용어를 붙였을까? 생각하기에 따라 '금(金)'이라는 글자에서 황금을 떠올리며 귀한 약이라는 뜻으로 만들었을 거라고 짐작할 수도 있겠지만 실은 똥의 빛깔이 황금색이라서 그런 명칭을 붙였다고 보는 게 옳겠다. 똥이 주는 혐오스러운 감정을 가리기 위한 의도도 작용했을 법하고.

파관탕이나 금즙이 실제로 얼마나 약효가 있었는지 모르겠으나 지금 저런 약을 처방해서 주면 그대로 받아서 먹을 사람이 얼마나 있을까? 예전에는 똥도 약으로 썼다는 사실만 기억하면 되지 않을까 싶다.

똥 이야기가 나온 김에 하나 더 살펴볼까 한다. 국어사전에 '개똥', '소똥', '말똥'은 표제어에 있는데 '멸치똥'은 왜 없을까? 복합어로 인정하지 않는다는 말인데, 멸치똥도 일상생활에서 많이 쓰는 말인 만큼 이제 복합어로 인정할 때가 되지 않았나 싶다(《우리말샘》에 '멸치 똥'으로 올라 있기는 하다). 그런데 우리가 멸치똥이라고 부르는 게 실은 멸치 내장이라고 한다. 그래서 멸치를 먹을 때 멸치똥, 즉 멸치 내장을 떼지 말고 함께 먹는 게 건강에 좋다는 이야기도 있다. 칼슘 등 영양분이 풍부하기 때문이고, 통풍 환자에게 좋다고 하는 이도 있다.

그러고 보니 똥이라고 부르는 것들을 우리가 너무 하찮게 여긴 게 아닌가 싶다. 이참에 똥을 귀하게 모시는 태도를 익혀야 하지 않을까?

제5부
동물과 식물
탐구하기

뱀이 흙덩이를 물고 잔다고?

뱀이 겨울잠을 잘 때 흙을 물고 잔다는 말을 들어 본 사람이 있는
지 모르겠다. 나로서는 금시초문이지만 동물사전이 아닌 국어사전
에 그런 내용이 나온다.

> **사함석**(蛇舍石) [한의] 뱀이 겨울을 지낼 때에 입에 물었다가 봄에 뱉은
> 흙덩이. 모양이 총알 같고 매우 단단한데 난산(難産), 경간(驚癎) 따위의
> 치료에 쓴다. ≒사황.

풀이에 나오는 '경간(驚癎)'은 어린아이가 놀랐을 때 발작하는 간
질을 말한다. 그런데 풀이 내용이 아무래도 믿기지 않는다. 『동의보
감』에 '사함석'에 대한 설명이 나온다. 원문은 이렇게 되어 있다.

> 一名蛇黃 蛇蟹時黃土也(일명사황 사해시황토야)

앞부분을 '일명 사황이라고 한다'로 해석하는 건 누구나 알 수
있는 일이다. 그런데 뒷부분은 아무리 해석을 하려 해도 해석이 되
지 않는다. 한자로 된 저 문구를 '뱀이 겨울을 날 때 입에 물었던

황토'라고 해석해 놓은 걸 몇몇 자료에서 볼 수 있고, 거기서 국어
사전의 풀이가 나왔을 것이다. '蟹(해)'는 '게'라는 뜻 외에 다른 의
미를 갖고 있지 않은 한자다. 거기서 어떻게 '겨울'과 '입에 문다'
는 뜻을 도출해 냈는지 이해할 수 없는 노릇이다. 누군가 억지 해
석을 해 놓은 게 퍼져 나간 듯하다. 아울러 『동의보감』을 편찬하면
서 한자를 잘못 사용한 게 아닌가 싶기도 하다.

사함석과 유의어로 '사황(蛇黃)'을 제시하고 있는데, 사함석과
사황은 다른 물건이다. 『네이버 한자사전』에서는 사황을 다음과
같이 설명하고 있다.

蛇黃(사황) 약재의 일종. 뱀의 쓸개에서 병적으로 엉기어 생긴 물질. 워
낙 구하기 어려우므로 흔히 사함석으로 대신하여 씀.

사황은 곰의 웅담과 비슷한 성질을 가진 물질이라는 걸 알 수 있
다. 그렇다면 사함석의 진짜 정체는 무얼까? 『고려대 중한사전』에
나와 있는 풀이를 보자.

蛇含石(사함석) 석탄층에서 캐내는 갈철광(褐鐵鑛)으로서 내부에 방사
상(放射狀)의 무늬가 있음. 경련이나 사지통(四肢痛)에 사용됨.

사함석은 뱀이 입에 물었던 황토가 아니라 약재로 쓰는 광물질
을 가리키는 말이다. 『동의보감』은 약재로 쓸 수 있는 돌의 이름 수
십 개를 소개하고 있는데, 그중 상당수가 중국에서 수입해 온 것이

며 사함석도 마찬가지다.

사황과 사함석의 정체는 밝혔지만 국어사전 애용자로서 마음은 씁쓸하기만 하다. 혹시라도 누군가 국어사전에 나와 있는 풀이를 보고 남들이 잘 모르는 신기한 내용을 알게 됐다며 자랑하고 다닐지도 모른다는 생각을 하면 우울해지기도 한다. 실제로 어떤 시인이 그런 내용을 담아 시를 써서 발표한 것도 보았다. 시인의 잘못이 아니라 국어사전 편찬자의 잘못에서 비롯한 일이다.

개가 아니라 망아지

국어사전 속에는 수많은 낱말들이 들어 있고, 그런 낱말의 숲을 헤매다 보면 생전 처음 보는 낱말들을 무수히 만난다. 그럴 때면 마치 이름을 모르는 낯선 나무나 꽃을 만난 것처럼 생경한 느낌을 받곤 한다. 물론 아무런 설명이 없는 나무나 꽃과 달리 국어사전 속에는 해당 낱말에 대한 풀이가 달려 있으므로 똑같은 상황이라고 할 수는 없다. 그렇지만 낱말과 풀이가 어쩐지 어울리지 않는 것 같아 고개를 갸웃거릴 때도 많다. 표준국어대사전에 나오는 아래 낱말을 보면서 한참이나 고민에 빠졌다.

> **천마구**(天馬狗) [불교] 힘차고 날쌔서 잘 달리는 말이라는 뜻으로, 임기응변이 뛰어난 사람을 이르는 말.

'천마구(天馬狗)'에 쓰인 '구(狗)'는 분명히 개를 가리키는 글자인데, 풀이에는 개와 관련한 내용이 전혀 나오지 않는다. 그뿐만 아니라 앞 구절과 뒤 구절이 어떤 맥락으로 연결될 수 있는지 아무리 생각해도 이해하기 어렵다. 다른 국어사전에는 없는 낱말이라 풀이가 맞는지 비교해서 확인해 볼 수도 없었다. 더구나 분류 항목이

[불교]라고 되어 있는데, 풀이 내용이 불교와 그다지 어울리는 것 같지도 않았다. 웬만한 불교용어집에도 나오지 않는 말이라 어디서부터 실마리를 찾아가야 할지 난감한 상황에 빠졌다. 그러다 표준국어대사전이 한자를 잘못 표기했다는 사실을 알게 되었다. '天馬駒'가 맞는 말이며 '天馬狗'는 존재하지 않는 말이다. 그리고 '구(駒)'는 망아지를 뜻하는 한자다.

이제 '천마구(天馬駒)'의 정체를 알아볼 차례다. 중국의 사서인 『한서(漢書)』와 사마천이 지은 『사기(史記)』「대원열전(大宛列傳)」 등에 대원(大宛)이라는 나라에 있었다는 천마(天馬)에 대한 기록이 나온다.

대원(大宛) [역사] 중국 한나라·위나라 때에 중앙아시아의 동부, 페르가나 지방에 있던 나라. 특산물로 포도, 말 따위가 있었다.

페르가나는 지금의 우즈베키스탄 동부에 있는 지역이다. '宛'의 발음이 '원'과 '완' 둘로 나기 때문에 '대완' 혹은 '대완국'이라고 표기하는 경우도 있으나, '원'으로 읽는 게 맞다. 말 꾸며내기 좋아하는 누군가 지어낸 이야기겠지만 천마와 관련해서 흥미로운 이야기가 전한다. 대충의 내용은 이렇다.

대원(大宛)이라는 나라의 높은 산에 말이 한 마리 살고 있었는데 아무도 잡을 수가 없었다. 그래서 다섯 가지 털 색깔을 지닌 암말을 가지고 유인하여 교미하도록 한 후 망아지를 얻었다. 그 망아지가 피 같은 땀을 홀리는 명마라서 사람들이 천마의 새끼라고 일컬었다.

천마의 새끼가 바로 천마구(天馬駒)인데, 말에 관심이 있는 사람이라면 위 이야기가 한혈마를 이야기한다는 걸 금방 떠올릴 수도 있겠다.

한혈마(汗血馬) 피땀을 흘릴 정도로 매우 빨리 달리는 말이라는 뜻으로, 아라비아에서 나는 명마를 이르는 말.

한혈마가 아라비아에서 난다고 했지만 실은 중앙아시아 지역의 한혈마가 유명했다. 특히 대원(大宛)은 본래 좋은 말이 많이 나는 곳이며, 한혈마의 생산지로 여러 기록에 나온다. 이 지역의 말이 워낙 유명해서 당나라의 시인 이백(李白)과 북송의 시인 소식(蘇軾)의 시에도 '천마구(天馬駒)'가 등장한다. 이 시들에서는 잘 달리는 준마 혹은 명마의 뜻으로 사용되었다.

그런데 이 천마구가 어떻게 해서 불교의 세계 속으로 달려 들어가게 되었을까? 송(宋)나라 때 선(禪)의 수행에 귀중한 지침서였던 『벽암록(碧巖錄)』에 천마구가 등장한다.

祖域交馳天馬駒(조역교치천마구)
化門舒卷不同途(화문서권부동도)
電光石火存機變(전광석화존기변)
堪笑人來捋虎鬚(감소인래날호수)

조사(祖師)의 영역을 이리저리 달리는 천마구여

교화의 문을 펼치고 거두는 건 같은 길이 아니어서

전광석화 속에서도 상황에 딱 맞게 했으니

가소롭구나, 사람이 와서 호랑이 수염을 뽑으려 하다니.

번역하는 이에 따라 조금씩 차이는 있지만 대체로 위 풀이에서
크게 어긋나지 않는다. 첫 구에 나오는 '조(祖)'는 마조도일(馬祖道
一)을 가리키며 표준국어대사전에 나오는 인물이다.

마조도일(馬祖道一) [인명] 중국 당나라의 선승(709~788). 남종선(南宗
禪) 발전에 공이 크며, 평상심(平常心)이 곧 도라고 주장하여 생활 속의
선(禪)의 실천을 강조하였다. 저서에 『어록(語錄)』 1권이 있다. ≒마조.

성이 마씨라서 흔히 마조(馬祖)라고 하며, 도일(道一)은 본명이다.
그리고 위 계송에 나오는 주인공은 마조도일의 제자인 백장(百丈)
스님이다. 그러므로 첫 구의 내용은 스승의 가르침을 온전히 이어
받아 거침이 없는 경지에 이른 백장을 천마구(天馬駒)에 비유한 것
이다. 마조(馬祖)라는 이름과 대응시키느라 천마구(天馬駒)를 끌어
들였을 것이다. 그리고 셋째 구는 배움을 청하러 온 제자를 백장이
대뜸 후려치며 가르침을 주었다는 걸 나타내는 구절이다. 구절 끝
에 나오는 '기변(機變)'이라는 말을 국어사전 편찬자 혹은 정보를
제공해 준 사람이 '임기응변'으로 연결시킨 것으로 보인다. 하지만
임기응변이라는 말은 꼭 긍정적인 경우에만 사용하는 게 아니라

술수에 능하다는 정도의 어감도 갖고 있는 말이라서 적절한 풀이라고 보기는 어렵다. 판단력과 대처 능력이 뛰어난 고승을 가리킨다는 정도로 풀어서 설명해 주는 게 나았다.

정리하자면 표준국어대사전의 '천마구(天馬狗)' 항목의 풀이는 둘로 나누었어야 한다. 옛날 대원이라는 나라에 있던 명마를 가리킨다는 뜻과 불교에서 비유로 사용한 말이라는 걸 나란히 제시해 주어야 오해의 소지가 없다.

준마로 이름 떨친 말들

동물 중에서 전쟁과 가장 밀접한 관계를 맺고 있던 게 말이다. 몽골이 제국을 건설할 수 있었던 이유로 꼽는 것 중의 하나가 바로 기마부대의 위력이었다는 건 누구나 알고 있는 사실이다. 그건 몽골뿐만 아니라 중국을 비롯해 우리도 마찬가지여서 말을 무척 중요하게 여기고 다루었다. 특히 명장일수록 그게 걸맞은 준마를 타고 다녔다는 이야기부터 고구려를 세운 주몽이 준마를 알아보고 자신의 소유로 만드는 과정에 대한 이야기 등 많은 일화가 역사 기록에 남아 있다. 기록에 남아 있는 유명한 말들이 많은데 그중에서 중국 주나라 목왕이 타고 다녔다는 말들의 이름이 국어사전에 나온다.

팔준마(八駿馬) [역사] 중국 주나라 때에, 목왕이 사랑하던 여덟 마리의 준마. 화류(華騮), 녹이(綠耳), 적기(赤驥), 백의(白義), 유륜(踰輪), 거황(渠黃), 도려(盜驪), 산자(山子)를 이르며 역사적으로 유명하다.

대륙의 왕이니만큼 말도 여러 필, 그것도 준마로 유명한 말만 타고 다녔던 모양이다. 풀이에 나온 여덟 마리 중에 두 마리의 이름이 별도로 표제어에 올라 있다.

> **녹이**(騄耳/騄駬/綠耳) 중국 주나라 목왕이 타던 팔준마(八駿馬) 가운데 하
> 나로, 좋은 말을 비유적으로 이르는 말.
> **적기**(赤驥) 중국 주나라 목왕의 팔준마 가운데 하나.

풀이가 무척 간단하다. 여덟 마리 중 왜 두 마리 이름만 올렸을
까? 궁금증을 품자면 한이 없다. 중국 역사에서 준마를 거느리고
있던 왕이 한둘이었겠는가. 기록으로 전하는 것들만 따져 봐도 진
시황은 칠준(七駿), 당태종은 육준(六駿)을 거느렸고, 한나라 문제
(文帝)는 말 욕심이 많아 아홉 마리의 준마를 거느리며 이를 구일
(九逸)이라고 했다. 이들은 모두 국어사전에 이름을 올리지 못했는
데, 주나라 목왕의 팔준마가 워낙 많이 알려졌고 그림이나 시의 소
재로 많이 다루어졌기 때문일 것이다.

여기서 잠시 '녹이'가 들어간 낱말 하나를 더 살펴보고 가자.

> **녹이상제**(騄耳霜蹄) 빠르고 좋은 말을 비유적으로 이르는 말. '녹이'와 '상
> 제'는 모두 중국 주나라 목왕이 타던 준마(駿馬)이다.

'녹이상제'는 고려말의 장군인 최영이 남긴 시조 '녹이상제 살
지게 먹여 시냇물에 씻겨 타고'라는 구절에도 등장할 만큼 유명하
다. 위 풀이는 표준국어대사전에서 가져왔는데, 녹이와 상제가 둘
다 주나라 목왕이 타던 말이라고 했다. 하지만 위에서 보았듯이 팔

준마 이름 중에 녹이는 있어도 상제는 없다. '상제'가 별도 표제어로 올라 있는데 풀이는 다음과 같다.

상제(霜蹄) 굽에 흰 털이 난 좋은 말.

여기에도 주나라 목왕과 관련한 내용은 없다. 고려대한국어대사전에서도 '녹이상제' 풀이에 "빠르고 좋은 말"이라는 풀이는 있어도 주나라 목왕과 연결한 내용은 담지 않았다. 그렇다면 '상제'는 말의 이름이 아니라 말의 종류를 가리키는 일반 명사로 보는 게 타당할 듯싶다. 목왕이 거느리던 여덟 마리 말 중에 상제에 해당하는, 즉 굽에 흰 털이 난 말이 있었을지도 모르겠다. 그럼에도 상제를 목왕이 타던 준마라고 단정지어 풀이한 건 문제가 있어 보인다.

중국에 팔준마가 있었다면 우리는 어땠을까? 다행스럽게도 조선을 건국한 이성계가 타고 다녔다는 여덟 마리의 말이 국어사전에 나온다.

팔준(八駿) [역사] 조선 태조 이성계가 가졌던 여덟 마리의 준마. 횡운골(橫雲鶻), 유린청(遊麟靑), 추풍오(追風烏), 발전자(發電赭), 용등자(龍騰紫), 응상백(凝霜白), 사자황(獅子黃), 현표(玄豹)를 이른다.

주나라 목왕의 팔준마에 대응해서 여덟 마리의 준마를 거느렸고 그와 구분하기 위해 뒤에 붙은 '마(馬)'를 빼고 그냥 '팔준(八駿)'으로 명명한 듯싶다. 아쉬운 건 이성계의 팔준 중 별도로 표제어에 올린 말 이름은 하나도 없다는 사실이다.

　이성계의 팔준은 그림과 시로 전해지기도 한다. 세종은 〈몽유도원도〉로 유명한 당대 최고의 화가 안견에게 팔준도를 그리게 했고, 신하들에게 팔준도를 소재로 시를 지어 바치도록 했다. 안타깝게도 안견의 그림은 소실되어 사라졌고, 안견의 그림을 다른 사람이 모사한 작품만 전하고 있다. 팔준도를 소재로 한 시로는 성삼문의 「팔준도명(八駿圖銘)」이 전해지고 있어, 여덟 마리 말들의 특징을 알 수 있게 해준다.

　팔준마 중 이성계가 가장 아꼈던 말은 '유린청(遊麟靑)'이다. 유린청은 이성계가 여진과 왜구에 맞서 싸울 때 함께 했으며, 전투중 화살을 세 번이나 맞았다. 그런데도 서른한 살까지 살았으며 그런 유린청이 죽자 이성계는 돌로 관을 만들어 묻어 줄 만큼 각별한 애정을 표했다. 그 밖에도 홍건적을 물리칠 때 탔던 '횡운골(橫雲鶻)'과 위화도 회군 때 탔던 '응상백(凝霜白)'이 유명하다. 이성계의 팔준을 일일이 소개하기 힘들었다면 방금 예를 든 말들 이름이라도 표제어로 올리면 어땠을까 싶다. 그게 주나라 목왕의 팔준마 중 '녹이'와 '적기'를 표제어로 올린 것보다는 낫지 않았을까?

　고대에 명마로 이름을 떨쳤던 것들은 주로 중앙아시아나 북방 지역에서 생산된 말이 주를 이루었다. 하지만 이성계가 타고 다닌 명마들 중 유린청은 함흥에서, 응상백은 제주에서, 사자황은 강화도에서 생산된 말이다. 그만큼 우리나라 여러 곳에서도 좋은 말들을 생산하고 육성했음을 알 수 있다.

　우리나라에서 유명했던 명마로는 또 어떤 것들이 있을까? 국어사전에 말 이름 몇 개가 더 나온다.

오명마(五明馬) 몸의 털 빛깔은 검고 이마와 네발은 흰 말.

'오명마'는 세종 때 토종말과 중앙아시아의 말을 교배해서 얻은 품종이다. 이 말이 유명해지자 명나라에서 조공으로 바칠 것을 요구했고, 해마다 1000마리씩 바치는 바람에 나중에는 씨가 마를 정도였으며 그런 까닭에 지금은 품종 자체가 전해지지 않는다.

벌대총(伐大驄) [역사] 조선 시대에, 효종이 특별히 아껴 강화도에 놓아 기르던 말의 이름.

효종은 인조의 둘째 아들로, 병자호란 때 청나라에 8년간 볼모로 잡혀가 있다 돌아와서 왕이 되었다. 그런 수모를 겪은 까닭에 재위 중 청나라를 치기 위한 북벌 계획을 세웠다. 뜻대로 북벌이 진행되고 성공했다면 효종은 자신이 아끼는 벌대총을 타고 중국 대륙을 밟았을 것이다. 말 이름에 '벌대(伐大)'라는 이름을 넣은 건 대륙을 정벌한다는 뜻을 담고 싶었기 때문이다. 하지만 이미 알고 있는 것처럼 효종이 재위 10년 만에 사망하면서 뜻을 이루지 못했다.

서양에도 당연히 유명한 말들이 있었을 테고, 그중에서 알렉산더 대왕이 타고 다녔던 부케팔로스가 유명하지만 이 말 이름은 국어사전에 없다. 참고삼아 표준국어대사전에 나오는 서양 말의 품종을 소개하면 다음과 같다.

포니(pony) 말의 한 품종. 몸이 작고 튼튼하며 인내력이 강하다. 영국이 원산지로 셰틀랜드 포니 따위가 있다.

셰틀랜드포니(Shetland pony) 말 품종의 하나. 어깨높이는 1미터 정도이며, 털빛이 아름답다. 작은 말이지만 튼튼하고 애완용으로 기른다. 영국의 셰틀랜드 제도가 원산지이다.

서러브레드(thoroughbred) 말 품종의 하나. 영국에서 영국 재래종과 아랍 말을 교배하여 개량한 경주 말로, 체질과 체형이 모두 뛰어나고 기품이 있다. 시속 60킬로미터 이상의 속도로 달릴 수 있다.

앵글로·노르만(Anglo-Norman) 말의 한 품종. 어깨의 높이는 1.7미터 정도이며, 프랑스 재래종에 서러브레드 따위를 교배시킨 것이다. 짐말, 속보형, 승마형이 있다.

앵글로·아랍(Anglo-Arab) 말의 한 품종. 몸의 높이는 1.6미터 정도이며 건장하다. 서러브레드의 암컷에 아랍의 수컷을 교배시킨 승용마로 프랑스 서남부가 원산지이다.

해크니(Hackney) 말 품종의 하나. 앞무릎을 높이 올려 경쾌하고 화려하게 걷는데, 주로 바퀴가 넷 달린 수레를 끄는 데 쓰인다. 영국 노퍽 지방이 원산지이다.

말을 잘 다루던 백낙과 왕양

말을 잘 타거나 다루는 것 못지않게 좋은 말과 그렇지 않은 말을 알아볼 수 있는 눈을 지니는 것도 중요하다. 표준국어대사전에 말을 잘 볼 줄 아는 사람 이름이 나온다.

백낙(伯樂) [인명] 중국 주나라 때의 사람(?~?). 말의 좋고 나쁨을 잘 가려냈으며, 말의 병도 잘 고쳤다고 한다.

이 사람 이름이 〈우리말샘〉에도 나온다.

백락(伯樂) [인명] 중국 춘추 시대 진(秦)나라의 정치가(?~?). 손양(孫陽)이라고도 한다. 진목공(秦穆公) 때 말을 보는 일을 맡았는데 '백락일고'라는 말로 유명하다.

두 사람은 같은 사람일까 다른 사람일까? 둘 다 말과 관련한 인물인 데다 한자가 똑같은 걸 보면 같은 사람 같은데, 표준국어대사전에서는 주나라 사람, 〈우리말샘〉에서는 진나라 사람이라고 했다. '낙'과 '락'으로 한자를 읽는 표기도 다르다. 어느 게 맞을까?

일단 주나라 사람이 맞으며, 〈우리말샘〉에 나온 손양(孫陽)이 본명이다. 별자리를 다룬 『석씨성경(石氏星經)』이라는 책에 의하면, '백낙(伯樂)'은 본래 전설에 나오는 천마(天馬)를 주관하는 별자리를 가리키는 말이었는데, 손양이 워낙 말에 대한 지식이 뛰어나서 본명 대신 백낙으로 불리게 되었다고 한다.

표준국어대사전에 백낙과 관련한 말이 두 개 더 나온다.

백낙일고(伯樂一顧) 명마가 백낙을 만나 세상에 알려진다는 뜻으로, 자기의 재능을 알아주는 사람을 만나 대접을 잘 받음을 이르는 말.

〈우리말샘〉에 나오는 다음 낱말과 비교해 보자.

백락일고(伯樂一顧) 명마가 백낙을 만나 세상에 알려진다는 뜻으로, 자기의 재능을 알아주는 사람을 만나 대접을 잘 받음을 이르는 말. ⇒규범 표기는 '백낙일고'이다.

풀이는 똑같다. 그런데 이상하게도 〈우리말샘〉의 '백락' 항목에서는 규범 표기가 '백낙'이라는 말이 없는데, '백락일고' 항목에서는 규범 표기가 '백낙일고'라는 설명을 덧붙였다. 이해하기 힘든 일이다. '백낙일고'가 규범에 맞는 표기라면 굳이 '백락일고'라는 표제어를 별도로 올릴 이유가 없지 않겠는가.

문제는 한자 '樂'을 어떻게 읽을 것이냐 하는 점이다. '樂'이 뒤에 올 경우 보통 '락'으로 읽는다. 그렇게 보면 '백락'이 맞는 표기일 텐데 표준국어대사전은 왜 '백낙'과 '백낙일고'로 표기했을까? 고려대한국어대사전에서는 어떻게 표기하고 있는지 살펴보고 싶지만 두 낱말 모두 표제어에 없다. 짐작건대 '樂'이 외자 이름이고, 성과 별도로 독립성을 지니고 있으므로 '낙'으로 발음하는 게 맞다고 보아서 그랬을 것이다.

다음 낱말을 가지고 생각을 이어가 보자.

양락(良樂) 말을 잘 분별하거나 부리는 사람을 비유적으로 이르는 말. 옛날 중국의 왕양(王良)은 말을 잘 부리고 백낙(伯樂)은 말을 잘 고르는 사람이었다는 데서 유래한다.

표준국어대사전에 나오는 낱말이다. 여기서는 분명히 '락'이라고 표기했다. 일관성이 무너진 셈이다. 같은 낱말이 고려대한국어대사전에도 실려 있다.

양락(良樂) 말을 잘 분별하거나 부리는 사람을 이르는 말. 옛날 중국의 왕량과 백락 두 사람이 말의 좋고 나쁨을 잘 알아냈던 것에서 유래했다.

풀이는 거의 같다. '양락'에서 표준국어대사전이 '락'이라고 표기했지만 '良'이라는 사람과 '樂'이라는 사람 이름을 단순히 붙여 놓은 것이므로 이번에도 '양낙'이라고 해야 하지 않았을까? 반면 고려대한국어대사전은 '왕량'과 '백락'으로 표기했다. 성과 별도로 독립성을 가진 이름이라는 측면에 주목한 게 아니라 뒤에 붙은 글자라는 측면에 주목해서 그랬을 텐데, 표준국어대사전과 고려대 한국어대사전의 견해 중 어느 게 타당한지는 독자들의 판단에 맡긴다.

왕양이라는 이름은 따로 표제어에 없다. 왕양이라는 사람 이름이 『회남자』, 『순자』, 『한비자』를 비롯해 중국의 여러 고전에 나오는 걸로 보아 백낙에 비해 결코 중요성이 떨어지지 않는 인물인데도 그렇다.

왕양은 말을 잘 다룰 뿐만 아니라 말이 끄는 수레를 잘 몰기로 유명했다. 왕양이 말을 잘 다루는 건 채찍을 사용하는 대신 평소에 좋은 사료와 물로 말의 마음을 얻었기 때문이라고 한다. 그런 왕양에 얽힌 일화가 『맹자』에 나온다. 내용은 대충 이렇다.

왕양은 춘추시대 진(晉)나라 재상 조간자(趙簡子)의 말몰이꾼이었는데, 어느 날 조간자가 자신의 부하인 폐해(嬖奚)와 함께 사냥을 나가도록 했다. 사냥터에 나간 왕양은 정상적으로 수레를 몰았으나 폐해는 한 마리도 사냥을 하지 못했다. 화가 난 폐해는 왕양이 수레를 제대로 몰지 못해서 그랬다는 식으로 말을 하고 다녔다. 자존심이 상한 왕양은 폐해에게 다시 사냥에 나갈 것을 청했고, 이번에는 폐해가 많은 짐승을 잡게 되었다. 기분이 좋아진 폐해는 조간자를 찾아가 왕양이 수레를 무척 잘 몬다며 칭찬했다. 이 말을 들은 조간자가 왕양으로 하여금 폐해의 전속 말몰이꾼 노릇을 하라고 했으나 왕양은 거절했다. 정상적으로 수레를 몰면 한 마리도 못잡으면서 변칙적으로 수레를 몰아 짐승을 막다른 길목에 몰아넣자 그제서야 잡아 놓고는 자신의 실력 탓 대신 말몰이꾼에게 모든 걸 떠넘기는 태도를 받아들일 수 없다는 거였다.

이 이야기를 전하며 맹자는 이렇게 말했다.

枉己未有能直人(왕기미유능직인)
나를 굽혀 다른 사람을 곧게 만들 수는 없다.

내가 원칙을 버리고 남에게 맞춘다고 해서 그 사람이 올곧은 사
람이 되는 건 아니라는 말이다. 나 역시 무조건 국어사전 풀이에
나를 맞출 생각이 없다. 그런다고 해서 국어사전의 오류가 정설이
되는 건 아니기 때문이다.

왕양은 죽어서 말을 관장하는 별이 되었다는 전설이 전하며, 국
어사전에 말을 잘 볼 줄 알았다던 사람 이름 하나가 더 나온다.

박로(博勞) 소, 말 따위를 사고파는 상인을 이르는 말. 중국 주(周)나라 때
에 말의 좋고 나쁨을 잘 구별하던 '박로'라는 사람의 이름에서 유래한다.

박로(博勞)라는 사람에 대해서는 알려진 게 별로 없어 구체적으
로 어떤 인물이었는지 알 수 있는 자료를 찾지 못했다.

국어사전에는 '청마'가 없다

2014년 갑오년은 말의 해였다. 2014년 새해가 밝자 각 신문사에서는 청마의 해가 시작되었다며 말의 역동적인 기운을 받아 새로운 한 해를 열어 가자는 식의 기사를 쏟아 냈다. 그런데 푸른 말을 뜻하는 '청마(靑馬)'라는 낱말이 국어사전에 없다는 사실을 아는 사람이 얼마나 될까? 국어사전에서 '청마'를 찾으면 시인 유치환의 호를 가리키는 항목과 장기나 쌍륙 따위에서, 푸른 칠을 한 말을 가리키는 항목은 있어도 푸른색을 띤 말을 가리키는 낱말은 보이지 않는다. 왜 그럴까? 말은 털의 빛깔과 생김새 등에 따라 각기 달리 부르는 이름이 무척 많다. 그중에는 '푸를 청(靑)'자가 들어간 이름도 몇 개 보인다.

> **청총마**(靑驄馬) 갈기와 꼬리가 파르스름한 백마. 늑천총마.
> **청부루**(靑--) 푸른 털과 흰 털이 섞인 말.
> **철청총이**(鐵靑驄-) 푸른색의 털에 흰 털이 조금 섞인 말.

이름에 '푸를 청(靑)'이 들어가긴 했으나 풀이를 보면 몸 전체가 푸른 건 아니고 대체로 흰 털이 섞인 것들을 지칭하고 있다. 심지어 '청총마'는 몸통의 빛깔이 흰색이고 갈기와 꼬리만 파르스름하다고 했다. '푸를 청(靑)'이 쓰이진 않았지만 푸른색을 지닌 말 이름 하나가 더 있다.

찬간자 [동물] 온몸의 털이 푸르고 얼굴과 이마만 흰 말.

말을 기르는 사람들에 따르면 털빛이 완전히 푸른색을 띠는 말은 없다고 한다. 다만 햇살이나 빛이 내려앉을 때 빛의 반사 현상에 따라 푸르스름하게 보이는 것일 뿐, 진짜 푸른색은 아니라는 얘기다.

말 이름을 살피다 보면 유독 '총(驄)'이 들어간 이름이 많다.

돗총이 몸의 털빛이 검푸른 말.

백설총이(白雪驄-) [동물] 온몸의 털이 희고 입술만 검은 말.

오총이(烏驄-) 흰 털이 섞인 검은 말. ≒오총마.

은총이(銀--) 불알이 흰 말.

그은총이(--驄-) 그을린 듯이 흰 바탕에 얼룩이 진 말.

먹총이(-驄-) 검은 털과 흰 털이 섞여 난 말.

털총이(-驄-) [동물] 검고 푸른 무늬가 장기판처럼 줄이 진 말.

'총(驄)'을 자전에서 찾으면 '총이말'과 '청총마'라는 풀이가 나온다. 청총마는 위에서 소개를 했고, 총이말은 국어사전에 다음과 같은 풀이를 달고 표제어에 올라 있다.

총이말(驄--) 회색 털이 몸 전체에 펴져 있는 말. ≒총마.

'총이' 앞에 어떤 말이 붙느냐에 따라 말의 특성을 나타내는 걸 볼 수 있는데, '총이말' 풀이에서 보듯 '돗총이'와 '은총이'를 제외하면 대체로 백마의 변종을 가리킨다는 걸 알 수 있다.

청나라 때 편찬한 『강희자전(康熙字典)』에 따르면, 『설문해자』에 나온 내용을 인용해 '총(驄)'을 '馬靑白雜毛也(마청백잡모야)'라고 했다. 청색과 백색이 섞여 잡색을 나타낸다는 건데, 청색과 백색이 합쳐지면 회색으로 보인다고 해서 '총이말'을 회색 털이 덮인 말을 가리키는 이름으로 쓴 게 아닌가 싶다.

'청마(靑馬)'라는 용어가 옛 기록에 전혀 보이지 않는 건 아니다. 한자로 된 낱말을 적은 다음 그걸 우리말로 번역하고, 중국말, 청나라말, 몽고말, 일본말의 발음을 표기한 『방언유석(方言類釋)』(방언집석(方言集釋)이라고도 한다)이라는 책이 있다. 거기 '청마(靑馬)'라는 낱말이 등장하는데, 우리말 풀이가 '총이물'로 되어 있다. 이런 것들을 종합해 볼 때 털이 온전히 푸른색으로 된 말은 없으며, 회색 털을 가진 말이 빛을 받으면 푸르스름하게 보이기도 해서 '푸를 청(靑)'을 끌어다 썼던 모양이다.

청마와는 관련이 없지만 국어사전에 다리가 흰 말 이름을 가리키는 것들이 있어 잠시 살펴보기로 한다.

후일족(後一足) 뒷다리 하나만 흰 말.

은제마(銀蹄馬) 네 굽이 흰 말. =사족발이.

계복(啓服) 네발이 모두 흰 말.

'후일족(後一足)'은 위에 소개한 『방언유석』과 이규경(李圭景)이 편찬한 백과사전 『오주연문장전산고(五洲衍文長箋散稿)』의 「경전잡설(經傳雜說)」이라는 글에 '고제(孤蹄)'라는 이름으로 등장한다. 하지만 이 말은 국어사전에 없다. 뒷다리 중 흰 게 왼쪽인지 오른쪽인지, 혹은 구분 없이 둘 중의 하나가 흰 건지 확인되지 않는다.

'은제마'는 네 굽이, '계복'은 네발이 모두 희다고 했으니 다른 종류다. 둘 다 「경전잡설」에 소개가 되어 있으며, 은제마를 '답설마(踏雪馬)'라고도 한다는 내용이 있다. 눈을 밟은 것처럼 네 발굽이 희다는 뜻으로 붙인, 멋진 이름이다. 하지만 '답설마'라는 이름도 국어사전에 없다.

'계복'의 풀이는 틀렸다. 같은 책에서 '계복'은 오른쪽 앞발이 흰 말을 이른다고 했다. 고증이 부족해서 일어난 일이다.

백마는 말일까 아닐까?

국어사전에 철학에서 사용하는 개념어가 꽤 많이 실려 있다. 철학
용어가 기본적으로 일반인들에게 어렵게 다가갈 수밖에 없다는
걸 모르지 않는다. 그럼에도 어떤 용어는 심하다 싶을 정도로 간단
하게 풀이를 해 놓아서 도무지 이해할 길이 없는 경우도 있다.

> **겸명**(兼名) [철학] 둘 이상의 개념을 포함하는 명사. 백마(白馬) 따위가
> 있다.

분류를 보면 철학 용어라고 되어 있다. 따라서 철학 공부를 따로
하지 않은 사람이라면 저 용어와 풀이를 보고 무슨 내용인지 이해
할 사람이 거의 없을 듯하다. 나 역시 예를 든 '백마(白馬)'라는 낱
말을 보면서 '희다'라는 뜻과 '말'이라는 두 가지 개념이 들어 있
다는 걸 알기는 하겠는데, 그게 왜 철학의 개념으로 연결되는지 이
해하기 어려웠다
　같은 낱말을 고려대한국어대사전은 이렇게 풀이하고 있다.

> **겸명**(兼名) [논리] 둘 이상의 개념을 포함하는 명사. '백마(白馬)', '견백석

(堅白石)'등이 그 예이다.

　'견백석(堅白石)'이라는 예시가 하나 더 들어갔을 뿐 내용은 똑같다. '견백석(堅白石)'은 한자의 뜻으로만 풀면 '단단하고 흰 돌'이라는 뜻일 텐데, 별도 표제어로는 올라 있지 않다. 그러니 겸명(兼名)의 개념을 제대로 이해하는 데는 하등의 도움이 되지 않는다. 국어사전이라는 한계 때문에 전문 용어의 뜻을 간단하게만 풀이할 수밖에 없다고 해도 너무 간략해서 차라리 싣지 않느니만 못했다는 생각이 들 정도다. 겸명(兼名)이 대체 어떤 개념을 지닌 용어인지를 알기 위해 어쩔 수 없이 철학 공부를 해 보기로 한다.

　백마와 견백석은 국어 문법으로 따지면 합성어에 속한다. 하지만 철학 용어의 개념을 설명하기 위한 예로 제시한 낱말이므로 합성어라는 틀로 해석을 시도해서는 풀리지 않는 지점이 있다. '겸명(兼名)'이라는 용어는 『순자(荀子)』의 「정명편(正名篇)」에 나온다. 여기서 순자는 명사를 단명(單名), 겸명(兼名), 별명(別名), 공명(共名)으로 구분했다. 제목에 있는 '정명(正名)'이라는 말처럼, 어지럽게 사용되는 말들의 개념을 바로잡기 위해 순자가 내세운 용어들이다. 겸명(兼名)과 함께 단명(單名)이라는 개념어는 국어사전에 있지만 별명(別名)과 공명(共名)의 개념에 대한 설명은 없다.

　순자가 정명을 내세운 건 그 당시 명가(名家)라고 불리던 사상가들 때문이었다. 일단 국어사전에 나오는 '명가(名家)'에 대해 알아보자.

명가(名家) [역사] 중국 춘추 전국 시대에 제자백가 가운데 명목(名目)과 실제(實際)가 일치해야 함을 주장한 학파. 세상이 혼란한 것은 명목과 실제가 일치하지 않기 때문이라고 보았으며, 대표적 인물로 등석(鄧析)·윤문자(尹文字)·공손용자(公孫龍子) 등이 있다.

대표적 인물로 거론한 사람 중에 공손용자(公孫龍子)가 보인다. 보통 공손룡(公孫龍)이라고 하는데, 이 사람도 표제어에 나온다.

공손룡(公孫龍) [인명] 중국 전국 시대 조(趙)나라의 사상가(B.C. 320?~B.C. 250?). 자는 자병(子秉). 백마비마론(白馬非馬論)과 견백동이(堅白同異)의 궤변으로 알려져 있다. 저서에 『공손룡자』가 있다.

'명가'의 풀이에서는 '공손용자'가 나오고, '공손룡'의 풀이에서는 '공손룡자'가 나온다. 학자를 지칭할 때 공자, 맹자처럼 뒤에 자(子)를 붙이므로 공손룡 다음에도 자(子)를 붙였을 수는 있으나 '공손룡자'라고 하면 보통 공손룡이 남긴 책을 이른다. 사람을 가리킬 때는 '공손용자', 책을 가리킬 때는 '공손룡자'라고 표기하는 건 이해하기 어렵다. 어느 쪽으로든 통일을 시켜야 한다.

이제 다시 겸명(兼名)으로 돌아가 풀이에서 왜 하필 '백마'와 '견백석'을 예로 들었는지 살펴보기로 하자. '공손룡' 풀이에 '백마비마론'과 '견백동이'라는 말이 나오는데, 이들 용어에서 바로 백마와 견백석이 나왔다. 친절하게도 두 용어를 국어사전에 표제어로 올려 두었다.

백마비마론(白馬非馬論) [철학] 말은 형태를 가리키고 백(白)은 색깔을 가리키므로 백마는 말이 아니라는 논리. 고대 중국의 전국 시대에 월나라 출신의 궤변학자인 공손룡(公孫龍)이 주장한 궤변의 명제이다.

견백동이(堅白同異) 중국 전국 시대 조나라의 문인 공손룡이 논한 궤변. 단단하고 흰 돌은 눈으로 보아 흰 것은 알 수 있으나 단단한지는 모르며, 손으로 만져 보아 단단한 것은 알 수 있으나 빛이 흰지는 모르므로, 단단한 돌과 흰 돌은 동시에 성립하는 개념이 아니라고 하였다. ≒견백론·견석백마.

'백마비마론' 풀이에 공손룡을 월나라 출신이라고 했으나 월나라는 공손룡이 태어나기 전에 망했으며, 공손룡은 조나라 사람이다. 월나라의 '월(越)'이 조나라의 '조(趙)'와 글자가 비슷해서 착오를 일으킨 것으로 보인다. 백마비마론을 조금 더 자세히 설명하면 이렇다. 백마라고 하면 털빛이 흰 말만을 가리키며 따라서 털이 누런빛이나 검은빛을 띤 말은 백마의 개념 속으로 들어올 수 없다. 그러므로 백마라는 낱말은 말의 종류를 모두 포괄하는 '말[馬]'이라는 낱말과 결코 등치될 수 없다는 주장이다. 그런 논리를 바탕으로 백마는 말이 아니라는 결론을 끌어냈다. 그래서 공손룡의 이런 주장을 많은 사람들이 궤변이라고 비난했다. 견백동이는 따로 설명하지 않아도 국어사전의 풀이만 참고해도 어렵지 않게 이해할 수 있을 듯하다.

백마(白馬)에는 '희다'와 '말'이라는 두 가지 뜻이 들어 있고, 견백(堅白)에는 '단단하다'와 '희다'라는 두 가지 뜻이 들어 있으므로 이런 낱말들이 겸명(兼名)에 해당하고, '말', '희다', '단단하다' 같은 것들은 한 가지 뜻만 지니고 있으므로 단명(單名)에 해당한다. 그리고 두 낱말 사이에 혼란을 일으킬 게 없으면 같이 써도 되며, 이런 것들을 공명(共名)이라고 했다. 국어 문법 용어에 따르면 동의어에 해당한다고 하겠다. 별명(別名)에 해당하는 건 우마(牛馬)와 같은 낱말들이다. 우(牛)와 마(馬)라는 대등한 위치에서 별개의 뜻을 지닌 말이 독립성을 유지하며 결합되어 있다고 해서 별명(別名)이라는 용어를 붙였다. 우리가 이름 대신 부르는 별칭으로서의 별명이라는 말과는 완전히 개념이 다른 용어다.

공손룡의 백마비마론과 견백동이를 궤변으로 치부하는 이들도 있지만 한편으로 그의 주장은 개념의 동일성과 차이를 분명히 밝힘과 동시에 유개념(類概念)과 종개념(種概念)을 구분해서 인식하자는 것이며, 이런 주장이 서양의 형식논리학과 닮아 있다는 옹호론을 펴는 이들도 있다. 공손룡 등 명가에 속하는 학자들이 논리학의 발전에 상당히 기여했다는 것이다. 공손룡이 남긴 저서 『공손룡자(公孫龍子)』는 아쉽게도 전체가 아닌 일부만 전해지고 있다. 그래서 그의 사상 전모를 알기는 어렵지만, 단순히 궤변론자로만 치부할 건 아닌 듯싶다.

'백마비마론'이라는 말을 생각하고 있노라니 자연스레 덩샤오핑이 말했던 '흑묘백묘론(黑猫白描論)'이 떠오른다. 검은 고양이든 흰 고양이든 고양이는 쥐만 잘 잡으면 된다는 논리로 자본주의든 공산주의든 상관없이 인민을 잘살게 하면 그만이라고 해서 만든 말이다. 이름과 실제를 명확하게 구분하고자 했던 공손룡이 덩샤

오펑의 이런 주장을 들었다면 아마 이따위 궤변론자가 어디 있냐고 펄쩍 뛸지도 모르겠다는 생각도 해 보았다.

사연(社燕)과 제비행전

옛날에는 흔하던 제비가 요즘은 찾아보기 힘든 새가 되었다. 제비를 뜻하는 한자어 여러 개가 국어사전에 올라 있는데 그중에 '사연(社燕)'이라는 낱말이 있다. 국어사전에서는 그냥 제비와 동의어라고만 되어 있는데, 중국 사람들이 제비를 이를 때 쓰는 말이다.

제비는 봄에 왔다가 가을에 떠나는 철새로, 인도나 태국, 캄보디아, 베트남, 오스트레일리아 등지에서 겨울을 난다. '사연(社燕)'이라는 낱말이 생겨난 유래를 알려면 일단 아래 낱말부터 알아야 한다.

사일(社日) [민속] 입춘이나 입추가 지난 뒤 각각 다섯째의 무일(戊日). 입춘 뒤를 춘사(春社), 입추 뒤를 추사(秋社)라 하는데, 춘사에는 곡식이 잘 자라기를 빌고 추사에는 곡식의 수확에 감사한다.

중국에서는 사일(社日)에 토지 신에게 제사를 지낸다. '사(社)'는 토지를 관장하는 신을 뜻한다. 그런데 제비가 춘사(春社) 무렵에 왔다가 추사(秋社) 무렵에 돌아간다고 해서 '사연(社燕)'이라고 불렀다. 당나라의 시인 소식(蘇軾)이 지은 시에 '사연'이 나온다.

有如社燕與秋鴻(유여사연여추홍), 相逢末穩還相送(상봉미온환상송)
마치 봄 제비와 가을 기러기처럼, 만나자마자 서로 헤어지는구나.

이 구절이 들어 있는 시는 후난(湖南)성 창사(長沙)인 담주(潭州)로 부임하는 친구 진목(陳睦)을 위해 지은 작품이다. 사연(社燕) 뒤에 오는 '추홍(秋鴻)'은 가을 기러기를 말한다. 제비가 떠날 무렵에 기러기가 온다고 해서 둘이 서로 이별할 수밖에 없는 상황을 나타내고 있다. 그래서 잠시 만났다 헤어지는 일을 '사연추홍(社燕秋鴻)'이라고 한다. 하지만 이 말은 국어사전에 오르지 못했다. 대신 아래 낱말들이 보인다.

연안대비(燕雁代飛) 제비가 날아올 때는 기러기가 날아가고 기러기가 날아올 때에는 제비가 날아가 서로 교체하여 각각 다른 방향으로 간다는 뜻으로, 사람의 일이 서로 어긋남을 이르는 말.
연홍지탄(燕鴻之歎/燕鴻之嘆) 여름새인 제비가 남쪽에서 날아와 여름을 보내고 가을에 다시 남쪽으로 날아가고 겨울새인 기러기는 북쪽에서 날아와 겨울을 보내고 다시 북쪽으로 날아가서 서로 만나지 못하여 탄식한다는 뜻으로, 길이 어긋나서 서로 만나지 못하여 탄식함을 이르는 말.

제비가 들어간 말을 찾다가 이런 낱말을 만났다.

제비행전(--行纏) '행전'(行纏)을 속되게 이르는 말.

'행전'은 예전에 바지나 고의를 입을 때 정강이에 감아 무릎 아래 매는 물건을 말한다. 그런데 왜 행전을 속되게 이를 때 제비라는 말을 끌어왔을까? 결론부터 이야기하면 풀이가 잘못되었다. 제비행전은 행전 종류 중의 하나이다. 아래 낱말을 보자.

통행전(筒行纏) 아래에 귀가 없고 통이 넓은 행전.

'통행전'을 풀이하면서 아래에 귀가 없다고 했는데, 그렇다면 귀가 달린 행전도 있지 않을까? 귀가 달린 것이 바로 제비행전이다. 아래쪽이 제비의 부리처럼 비죽 튀어나와서 그런 이름을 붙였다. 고리바지처럼 끝에 발을 꿸 수 있는 고리가 달렸으며, 하층민이 주로 사용하던 행전이라고 한다. 그래서 국어사전 풀이에 "속되게 이르는 말"이라는 풀이가 달린 것으로 보인다. 일반 행전과 모양이 다른 행전이므로 뜻을 정확하게 풀어주었어야 한다.

끝으로, 여름에 더위를 많이 타는 사람을 위한 낱말 하나를 소개한다. 표준국어대사전에는 없고, 고려대한국어대사전에 실린 낱말이다.

제비맞이 봄에 제비를 처음 보았을 때, 그 제비에게 절을 세 번 하고 왼손으로 옷고름을 풀었다가 다시 여미어 매는 풍습. 이렇게 하면 여름에 더위가 안 든다고 한다.

『한국세시풍속사전』에 전라남도 지방에서 행하던 풍습이라고 나온다. 지금은 현지 사람들도 그런 풍속에 있었다는 걸 기억하는 이가 드물지 싶다.

조복성박쥐

생물 이름 중에는 그 종을 발견한 사람의 이름을 따거나, 그동안의 공로를 기리기 위해 이름을 헌정해서 붙인 것들이 있다. 생물 종류가 워낙 많다 보니 국어사전 안에 그런 생물 이름을 모두 담을 수는 없다. 그런 가운데서 찾은 낱말을 소개하려고 한다.

> **조복성박쥐**(趙福成--) [동물] 애기박쥣과의 하나. 날개의 길이는 3.5~3.8 센티미터이며, 색깔은 집박쥐와 비슷하여 붉은색을 띤 등황색이나 귀가 좀 길고 다리가 크다. 귀는 붉은 갈색이고 끝과 양 가장자리는 검은색이다. 우리나라 특산 아종으로 냇가나 연못가에 날아다닌다. =붉은박쥐.

앞에 붙은 '조복성'은 사람 이름이 분명하다. 관련 학계 전공자가 아니라면 이름을 처음 들어 보는 사람이 많을 텐데, 한국의 파브르라고 불릴 정도로 유명한 곤충학자다. 서양에 『파브르 곤충기』가 있다면 한국에는 『조복성 곤충기』가 있다. 조복성(1905~1971)은 청소년들에게 곤충의 생태를 재미있게 소개하기 위해 1948년에 을유문화사에서 『곤충기』라는 제목의 책을 펴냈다. 그 후 곤충 애호가 황의웅 씨가 수년 동안 고서점을 뒤진 끝에 이 책을 발굴하여 2011년에 다시 『조복성 곤충기』라는 이름을 달아 재출간했다.

'조복성박쥐'가 조복성의 이름을 딴 것이라면 뜻풀이에서 그런 사실을 밝혀 주었어야 한다. 그래야 조복성이 왜 앞에 붙었는지 이해할 수 있을 것 아닌가. 다행히 고려대한국어대사전에서는 그런 사실을 다음과 같이 밝혀 놓았다.

> **조복성박쥐**(趙福成--) [동물] 포유류 애기박쥣과에 속한 종. 몸길이는 5~7센티미터이고, 몸빛은 붉은 주황색이며 털의 끝은 백색으로 차돌박이 무늬가 있다. 우리나라 특산종으로 냇가나 연못가에 날아다닌다. 발견자인 고려 대학교 조복성(趙福成) 교수의 이름을 따서 붙여진 이름이다. 학명은 *Myotis formosus tsuensis*이다. 유의어: 붉은박쥐, 오렌지윗수염박쥐(orange-鬚鬣--)

두 사전에 모두 유의어로 '붉은박쥐'를 제시하고 있는데, '오렌지윗수염박쥐'는 고려대한국어대사전에만 표기되어 있다. 그런데 표준국어대사전에도 별도 표제어로 '오렌지윗수염박쥐'를 올린 다음 유의어로 '붉은박쥐' 하나만 제시해 놓았다. 셋은 모두 같은 박쥐를 가리키는 말인데, 그런 점에서 표준국어대사전의 치밀하지 못한 점을 엿볼 수 있다.

한편 동물도감이나 곤충도감을 보면 같은 명칭으로 '황금박쥐'라는 말도 제시하고 있다. 하지만 두 사전 모두 황금박쥐는 표제어에서 배제하고 있으며, 최근에 〈우리말샘〉이 황금박쥐를 표제어로 올려 조복성박쥐와 같은 뜻으로 풀이해 놓았다.

조복성은 1928년 8월에 울릉도로 곤충 채집 여행을 떠났다. 이 여행에서 20여 종 200여 마리의 나비와 7종 100여 마리의 하늘소를 채집했다. 그중에서 나비만 추리고 정리하여 다음 해인 1929년 『조선박물학회잡지』에 「울릉도산 인시목(鬱陵島産鱗翅目)」이라는 제목으로 한국 최초의 곤충학 논문을 발표했다. 이때 조복성의 나이가 스물다섯이었다. 제목에 쓰인 '인시목'이란 국어사전에 없는 말인데, 나비 종류를 말한다.

하늘소 중에는 울릉도에서만 서식하는 고유종도 채집했는데, 이 개체는 지금 국어사전에 '울도하늘소'라는 이름으로 표제어 자리를 차지하고 있다. 일반 사람들은 그냥 '울릉도하늘소'라고 부르기도 한다.

> **울도하늘소**(鬱島---) [동물] 하늘솟과의 곤충. 몸의 길이는 1.9~2.7센티미터이며, 검은 바탕에 누런빛을 띤 회색 털이 있다. 아래쪽 옆구리에는 흰 털 뭉치가 있고 딱지날개에는 엷은 황색의 둥근 얼룩무늬가 있다. 한국, 일본, 중국, 대만, 인도차이나 등지에 분포한다. ≒별수염하늘소. (*Psacothea hilaris*)

조복성은 이후에도 해방 전까지 조선 반도는 물론 중국, 대만, 몽골, 일본 등지를 답사했고, 그 결과를 모아 발표한 곤충 관련 논문만 83편에 이른다. 조복성은 그림 실력도 뛰어나서 곤충을 실제 모습 그대로 실사(實寫)하는 데 탁월했다. 그런 능력을 눈여겨본 출판업자가 1934년에 그가 그린 나비 그림을 모아 『원색 조선의 접류(原色 朝鮮の蝶類)』(조선인쇄주식회사 인쇄, 대판옥호서점 발행)라는 책을 출간하기도 했다. 도판은 조복성이 그리고 글은 모리 다메조(森為三)와 도이 히로노부(土居寛暢)라는 일본인 학자가 썼다. 비록 일본인들과 함께 만든 책이지만 한국 사람 이름이 들어간 한국 최초의 나비도감이다.

1933년에는 도봉섭, 석주명, 정태현 등과 함께 조선박물연구회를 조직해 동식물 연구를 본격화하고 그 결과를 강연회 등을 통해 대중화하는 데 힘썼다. 그뿐만 아니라 주로 중국식 한자어이거나 일본 사람들이 붙인 동식물 이름을 우리말 이름으로 바꾸는 노력도 기울였다. 해방 후에는 초대 국립과학박물관장을 맡았으며, 이후 성균관대와 고려대에서 교육과 연구를 이어갔다.

조복성 교수의 이름 자를 붙인 곤충이 몇 개 더 있다. 성을 딴 '조흰뱀눈나비'와 가운뎃자를 딴 '복풀거미' 같은 것들인데, 아쉽게도 국어사전에서는 찾아볼 수 없다. 조복성 교수는 몰라도 석주명이라는 이름을 아는 사람은 제법 될 것이다. 석주명을 일러 흔히 나비박사라고 부르는데, 실은 조복성 교수가 나비 연구의 선구자이며, 앞서 말한 대로 가장 먼저 나비 관련 논문을 집필했다. 석주명의 성을 딴 '석물결나비' 역시 국어사전에는 올라 있지 않다. 대신 석주명이라는 이름은 표준국어대사전에 표제어로 올라 있다. 그에 반해 조복성은 없다. 수많은 인명이 표준국어대사전에 실려 있는데, 조복성이라는 이름이 빠진 건 아쉬운 일이다. 대신 조복성박쥐가 올라 있어 그런 아쉬움을 조금은 달래 주고 있는 셈이다.

마지막으로 조복성이 지은 곤충기에 '소금쟁이'라는 이름이 짠 맛을 내는 소금과는 아무런 관련이 없다는 얘기가 나온다. 조복성에 따르면 먹잇감을 주둥이로 쏜다고 해서 '쏨쟁이'라고 했던 것이 변해서 소금쟁이가 됐다고 하는데, 상당히 신빙성이 있어 보인다. 어원을 연구하는 사람들이 참고할 만한 내용이다.

해당과 개아그배

표준국어대사전을 보면서 짜증이 날 때가 한두 번이 아니지만 아래와 같은 낱말을 만나면 그저 한숨이 나온다.

서부해당(西部海棠) [식물] 해당화의 하나.

이토록 성의 없이 풀이할 거면 차라리 싣지 말았어야 한다. 해당화 종류라는 것 외에 아무런 정보가 없다. 대체 어떻게 생겼으며 일반 해당화와 어떤 차이가 있는지라도 알려주어야 사전으로서의 역할을 했다고 할 수 있지 않을까? 다른 식물에 대해서는 지나치다 싶을 정도로 온갖 식물학 용어까지 동원해 가며 풀이를 해 놓은 게 많은데 '서부해당'에 대해서는 왜 그런 수고조차 들이지 않았는지 모르겠다. 서부해당이 정원수로도 많이 이용되므로 식물과 원예에 관심 있는 사람이라면 어떤 식물인지 사전을 찾아볼 이유가 없을 것이다. 하지만 그렇지 않은 사람이라면 사전을 통해 정보를 얻을 수밖에 없다.

궁금증을 해결하는 건 오로지 독자의 몫으로 돌려 버리는 태도에 대해 화가 나지만, 어쩔 수 없이 '서부해당'의 정체를 알아보기 위해 조사를 시작했다. 그러다 뜻밖의 사실을 알게 되었다. 일단 서부해당은 해당화 종류가 아니며, 둘은 전혀 다른 식물군에 속한다는 얘기부터 시작해야겠다. 중국과 우리가 같은 한자를 사용하고 있기는 하지만 뜻이나 쓰임새가 다른 경우가 적지 않게 발견된다. 중국에서 '해당(海棠)'이라고 할 때는 대개 꽃사과나 아그배 종류를 말한다. 그러므로 찔레꽃을 닮은 해당화와는 거리가 멀다. 표준국어대사전의 짧은 풀이가 그마저도 틀린 것이다.

아울러 앞에 붙은 '서부(西部)'라는 말에 대해서도 살펴보아야 한다. '서부해당'을 설명하는 자료에는 대부분 중국 원산이라는 내용이 들어 있는데, 정작 중국에서는 한자 표기를 '西部'가 아니라 '西府'로 쓴다. 어떤 과정과 연유를 거쳤는지 모르겠으나 '西府'가 우리나라로 들어오면서 '西部'로 바뀌었다. 아마도 처음에 누군가 잘못 표기한 게 그대로 굳어진 게 아닐까 싶다. 중국 산시성(陝西省) 지역에서 많이 자라며, 산시성 서쪽에 있는 바오지(寶鷄)시의 시화(市花)다.

서부해당의 정체를 더 찾아가 보자. 고려대중한사전 풀이를 보니 서부해당(西府海棠)을 개아그배나무라고 풀이했다. 아그배는 꽃사과와 모양이 비슷하며, 개아그배나무가 표준국어대사전 표제어에 있다.

개아그배나무 [식물] 장미과의 낙엽 활엽 소교목. 잎은 타원형이며, 톱니가 있다. 5월에 연한 붉은색 또는 흰색 꽃이 짧은 가지 끝에 피고 열매는 이과(梨果)로 9월에 붉은색 또는 노란색으로 익는다. 정원수로 재배하며 가구재로 쓴다. 산과 들에서 자라는데 한국의 제주도, 일본, 중국 등지에 분포한다. ≒제주아그배나무. (*Malus micromalus*)

풀이 뒤에 붙은 학명이 중국 자료에 나와 있는 서부해당의 학명과 일치한다. 그러므로 엄연히 제주도에서 자라고 있는 서부해당을 중국 원산이라고 할 이유는 없다. 서부해당이 중국에서 건너와 제주 지역에서 자라는 동안 개아그배나무라는 이름을 얻게 되었을 수도 있으므로 그 부분은 식물학자들이 연구해서 밝혀야 할 대목이기는 하다. 나아가 서부해당이라는, 오해하기 딱 알맞은 용어를 써야 할 이유도 없다. 물론 정원수로 심는 개아그배나무가 있고, 그걸 많은 사람들이 서부해당이라고 부르고 있는 것도 사실이므로, 국어사전에 표제어로 올릴 수는 있다. 다만 그럴지라도 서부해당이 개아그배나무라는 사실만큼은 분명히 밝혀 주어야 한다.

중국식 용법으로 사용한 해당 종류 하나가 〈우리말샘〉에 실려 있다.

환엽해당(丸葉海棠) [식물] 사과나뭇속 식물의 하나. 종자로 번식하는 대목으로 많이 이용된다. 고접병에 잘 걸리고 발아력이 떨어지지만 사과면충에 대한 내충성, 내습성, 내한성이 강하다. (*Malus prunifolia*)

사과나뭇속이라고 한 표현이 눈에 띌 것이다. 이 밖에 '수사해당', '심산해당'이라는 이름으로 부르는 나무들도 있는데 국어사전에는 오르지 않았다.

등대시호와 등대풀

식물에 관심과 지식이 많지 않은 사람이라면 '등대시호'라는 이름을 가진 풀이 있다는 걸 잘 모를 것이다. 주변에서 흔히 볼 수 있는 풀이 아니기에 더 그렇다. 표준국어대사전 표제어에 등대시호가 올라 있다.

> **등대시호**(--柴胡) [식물] 산형과의 여러해살이풀. 높이는 30센티미터 정도이며 잎은 어긋나고 잎자루가 없다. 7~8월에 노란 꽃이 산형(繖形) 화서로 줄기 끝과 가지 끝에 피며 열매는 타원형이다. 한국의 관모봉·금강산·낭림산·백두산·설악산·덕유산, 만주, 우수리강 등지에 분포한다. (*Bupleurum euphorbioides*)

'등대'에 한자 표기가 없다. 언뜻 생각하면 배의 안전한 항해를 위해 바닷가나 섬에 세운 '등대(燈臺)'에서 온 이름이 아닐까 싶지만, 국어사전 편찬자들은 그렇게 볼 만한 근거가 명확지 않다고 해서 한자 표기를 하지 않았을 것이다. 1937년에 정태현, 도봉섭, 이덕봉, 이휘재가 지은 『조선식물향명집』에 등대시호라는 풀이름이 나온다. 그런데 훗날 위 책의 저자 중 한 명이었던 정태현

(1882~1971)이 1965년에 펴낸 『한국동식물도감 제5권 식물편(목·초본류)』에는 '등때시호'라고 표기해 놓았다. 조판 과정에서 발생한 오기일까? 오기인지 아닌지 정태현 박사가 돌아가신 지금에 와서 확인할 길은 없다. 아무튼 그래선지 여러 자료에서 등대시호의 이명(異名)으로 등때시호를 제시하고 있기도 하다.

정태현 박사는 우리나라 초창기 식물분류학의 대가였다. 우리나라 특산종인 줄댕강나무의 학명(*Abelia taihyoni*)에 이름을 올릴 정도였으니, 식물학계에서 정태현 박사의 권위와 공로가 얼마나 컸는지 짐작할 수 있다. 그래서 '등때시호'를 오기라고 생각하고 넘기기도 쉽지 않다. 어쩌면 초기에 기록한 '등대시호'라는 이름이 잘못된 걸 알고 훗날 바로잡았다는 식으로 해석할 수도 있지 않을까?

그래서 몇몇 사람들은 바닷가의 등대가 아니라 다른 뜻을 지닌 등대에서 풀 이름의 유래를 찾는다. 다음 낱말을 보자.

등대(燈-) 〈등때〉 선술집의 등을 달아 놓는, 4미터가량의 대.

표준국어대사전은 표기와 발음이 다른 경우 위 낱말처럼 정확한 발음을 제시하고 있다. 그러니까 등대시호는 바닷가의 등대가 아니라 등을 달아 놓는 등대〈등때〉 모양에서 가져온 이름이라는 것이다. 그러면서 등대시호의 모습을 보면 충분히 납득할 수 있다는 주장을 편다. 이런 추론이 맞는다면 '등대시호'에서 〈등때시호〉라고 발음 표시를 해 주어야 한다.

여기서 잠시 비슷한 풀 이름 하나를 더 보자.

등대풀(燈臺-) [식물] 대극과의 두해살이풀. 줄기는 높이가 23~33센티
미터이고 뭉쳐나며 꺾으면 흰색의 즙이 나온다. 잎은 어긋나고 쐐기 모
양 또는 주걱 모양이다. 5월에 황록색 꽃이 작은 산형(繖形) 화서로 피고
열매는 삭과(蒴果)를 맺는다. 독이 있으며 뿌리는 약용한다. 경기, 경남,
제주 등지에 분포한다. ≒녹엽녹화초·택칠. (*Euphorbia helioscopia*)

이 낱말에는 '등대(燈臺)'라는 한자 표기가 있다. 이 풀 이름이 일
본어 '등대초(灯台草/燈臺草, とうだいくさ)'에서 왔기 때문이다. 그런
데 일본 사람들은 '등대(灯台/燈臺)'라는 말에 뱃길을 인도하는 등
대라는 뜻 외에 등잔 받침대와 촛대라는 뜻도 함께 담아서 쓴다.
우리나라 표준국어대사전의 '등대(燈臺)' 풀이에는 등잔 받침대의
뜻이 없지만 고려대한국어대사전에는 "주로 등잔을 걸어 놓을 수
있게 나무로 만든 대"라는 뜻이 하나 더 붙어 있다. 고려대한국어
대사전 편찬자는 일본 사람들이 쓰는 용법을 그대로 가져와서 풀
이한 셈인데, 등대를 그런 뜻으로 사용하는 한국인은 거의 없다.
그렇다면 등대풀은 바닷가에 있는 등대의 모습을 본떠서 붙인 이
름인가, 아니면 등잔 받침대의 모양을 본떠서 만든 이름인가 하는 점
이 남는다.
일본에서 펴낸 『어원유래사전(語源由來辞典)』에, "등대풀에서 등
대란 항로 표시를 위한 등대가 아니라 옛날에 집안의 조명기구인
등명대(燈明臺)를 말한다. 등대꽃을 보면 심지처럼 노란 꽃대가 올

라와 있고 꽃잎이 그 주변을 받쳐서 마치 등잔처럼 보여 이렇게 부른다"고 되어 있다. 그렇다면 이름을 가져올 때 한자를 그대로 가져올 게 아니라 등잔풀이나 등잔걸이를 뜻하는 등경(燈檠)을 써서 '등경풀' 정도로 바꿨어야 한다. 아니면 그냥 등대풀이라 하더라도 일본 사람들이 등잔 받침대를 뜻하는 말로 사용하는 '등대(燈臺)'가 아니라 우리나라에서 사용하는 말인 '등대(燈-)'와 연결시켜 발음을 〈등때풀〉로 올렸어야 한다. 처음에 이름을 잘못 붙이다 보니 등대풀이 바닷가의 등대와 닮았다고 오해하기에 맞춤한 상황이 되고 말았다.

비짜루와 아스파라거스

우리나라 식물 이름에는 독특한 게 참 많다. 아래 이름도 그중의 하나다.

> **비짜루** [식물] 백합과의 여러해살이풀. 줄기는 높이가 50~100센티미터 이며, 잎은 가지마다 촘촘히 붙어 나고 실 모양이다. 5~6월에 연한 녹색 꽃이 피고 열매는 둥글고 붉게 익는다. 어린잎은 식용한다. 한국, 일본, 대만 등지에 분포한다. 늑닭의비짜루. (*Asparagus schoberioides*)

이 식물이 '비짜루'라는 이름을 얻게 된 건 여러 그루를 꺾어서 묶으면 마치 빗자루와 같은 모양이 된다고 해서 그랬단다. 비짜루라는 이름이 생소한 사람도 아스파라거스라는 말은 낯설지 않을 것이다. 건강 문제로 육식 대신 채식을 선호하거나 녹즙을 내서 마시는 사람들이 늘면서 각종 채소 소비량이 늘었다. 그런 채소들 가운데는 우리가 전통적으로 가꾸어 먹던 채소뿐만 아니라 외국에서 들여온 채소도 많은 비중을 차지하고 있으며, 아스파라거스도 그런 종류의 하나다.

그런데 왜 비짜루 얘기를 하다가 갑자기 아스파라거스를 꺼내든 걸까? '비짜루'의 풀이 끝에 달린 괄호 속 학명에 '아스파라거스(*Asparagus*)'가 보이기 때문이다. 즉 비짜루가 토종 아스파라거스에 해당한다는 얘기다. 표준국어대사전에 실린 '아스파라거스'의 풀이는 이렇다.

아스파라거스(asparagus) 1. [식물] 백합과의 아스파라거스속의 식물을 통틀어 이르는 말. 2. [식물] 백합과의 여러해살이풀. 높이는 1.5미터 정도이며, 잎은 퇴화하여 비늘 모양이고 가는 가지가 잎의 작용을 한다. 초여름에 흰색 꽃이 피고 열매는 장과(漿果)로 둥글고 붉게 익는다. 종자는 검은색이며 어린줄기와 순은 식용한다. 유럽이 원산지로 서늘한 기후에서 잘 자란다. (*Asparagus officinalis*)

둘 다 백합과에 속한다고 되어 있긴 하지만 각각의 낱말 뜻만 가지고는 두 식물 사이의 유사성을 얼른 알아채기 어렵다. 물론 식물에 관심이 많은 사람이라면 설명해 주지 않아도 이미 알고 있는 사실일 수도 있지만, 보통 사람들은 잘 모르고 있는 사실이다.

'비짜루' 말고 아스파라거스 종류에 속하는 풀 이름이 하나 더 있다.

천문동(天門冬) [식물] 백합과의 여러해살이풀. 줄기의 높이는 1~2미터이고 덩굴성이며, 방추형의 뿌리줄기가 여러 개로 되어 있다. 5~6월에 누런색 꽃이 잎겨드랑이에 1~3개씩 뭉쳐나고, 둥근 열매는 지름이 6밀리미터 정도이며 흰색이다. 애순은 식용하고 뿌리는 약용한다. 바닷가에서 자라는데 한국, 일본, 중국 등지에 분포한다. 늑호라지좆. (*Asparagus cochinchinensis*)

역시 학명에 '*Asparagus*'가 보인다. 아스파라거스와 비짜루, 천문동 모두 나물로 해먹을 수 있는 식물인데, 그중에서도 천문동이 가장 널리 이용되었던 모양이다. 천문동이 들어간 낱말로 표준국어대사전에 나오는 것들은 다음과 같다.

천문동주(天門冬酒) 천문동의 즙을 섞어서 빚은 술.
천문동나물(天門冬--) 천문동의 어린싹을 데쳐서 무친 나물.
천문동정과(天門冬正果) 천문동으로 만든 정과. 쌀뜨물에 천문동을 담갔다가 심을 빼고 물에 삶아서 쓴맛을 우려낸 뒤에 꿀을 치고 끓여서 만든다.

비짜루의 어린 순도 나물로 해 먹었지만 '비짜루나물'이라는 말은 국어사전에 없다.

감 속에 또 감이 들어 있다고?

국어사전에 있는 낱말들을 통해 내가 몰랐던 새롭고 신기한 사물이나 현상을 알게 될 때가 있다. 세상은 넓고도 넓으니 내가 지금까지 모르고 있던 사실이 얼마나 많겠는가. 그러다가 알게 된 사실 중의 하나가 감 안에 또 감이 들어 있는 특이한 형태를 한 감이 있다는 거였다.

쌍시(雙枾) 속에 작은 감이 들어 있는 감. 늑쌍감.

'쌍시'와 함께 '쌍감'도 동의어로 실려 있다. 낱말을 보면서도 정말 저런 감이 있을까 하는 의문이 머리를 떠나지 않았다. 노른자가 두 개 들어 있는 쌍란은 흔치는 않아도 아예 구경을 못 해 볼 정도는 아닌데 '쌍시'는 구경은커녕 들어 본 적도 없어 어떻게 생겼는지 감이 잡히지 않았기 때문이다.

그러던 중에 이리저리 알아보니 진짜 쌍시라는 감이 있다는 걸 알게 됐다. 나주시 다도면 암정리에 운흥사(雲興寺)라는 절이 있다. 다성(茶聖)으로 불리는 초의선사가 출가하여 계를 받았다는 절이다. 그 절에 있는 감나무에 열린 감을 쪼개 보면 정말로 감 안에 도

토리만 한 감이 또 하나 자리 잡고 있다. 오래전에 텔레비전 방송에도 소개된 적이 있었던 모양이다. 식물학에 대한 지식이 없어 왜 그런 형태의 감이 생겼는지, 다른 지역에도 같은 종류의 감이 있는지는 확인하지 못했다.

운흥사 쌍시가 절 뒤편에 있는 덕룡산 산신령의 기운 혹은 부처님이 베푼 불법(佛法)의 힘이 작용해서 생겼다고 말하는 이들도 있는 모양이다. 아이를 갖지 못하는 부부가 그 감을 먹으면 잉태를 한다는 속설도 전해지는 모양이고. 그런 비과학적인 얘기야 재미 삼아 듣고 흘리면 될 일이다. 돌연변이 종일 가능성이 많다는 생각이 들기는 하지만 어쨌든 운흥사에 다녀온 사람들이 쌍시를 갈라서 찍은 사진을 보면 믿지 않을 수 없는 사실이다.

절의 스님들은 안에 들어 있는 작은 감이 마치 연꽃 봉오리를 닮았다고 해서 '연화감'이라는 말로 부르기도 한다. 불가의 표현다운 말이긴 하지만 당연히 국어사전에서는 찾을 수 없다. 대신 아래 낱말이 하나 더 표제어로 실려 있다.

속감 쌍시(雙柿)의 속에 들어 있는 감.

'속감'에 대비되는 '겉감'이나 '바깥감' 같은 말은 없다. 인형 안에 같은 모양의 인형이 들어 있는 러시아 전통 인형 마트료시카(matryoshka)를 떠올릴 사람도 있겠지만 그건 인공의 힘으로 만든 것이니 쌍시하고 비교할 일은 아니다. 돌연변이가 됐건 어쨌건 자연의 기이함은 언제나 놀라움을 안겨 준다.

신이화(辛夷花)라는 꽃

비표준어라고 규정한 낱말들을 찾다 고려대한국어대사전에서 아래 낱말을 만났다.

신이화(辛夷花) '개나리꽃'의 비표준어.

보통 비표준어라고 하면 '귓불'을 '귓볼'이라고 한다든지 '겨자'를 '개자', '파일(file)'을 '화일'이라고 하는 식이다. 그에 반해 '신이화(辛夷花)'처럼 한자로 된 말을 비표준어라고 하는 경우는 드물다. 그렇다면 왜 '신이화'가 '개나리꽃'의 비표준어가 되었을까? 표준국어대사전에는 '신이화'라는 항목 자체가 없다. 대신 아래 낱말이 보인다.

신이(辛夷) 1. [식물] 목련과의 낙엽 교목. 높이는 15미터 정도이며, 잎은 어긋나고 거꾸로 된 달걀 모양인데 어린잎은 잎 뒤에 잔털이 있다. 봄에 종 모양의 희고 향기 있는 꽃이 잎보다 먼저 피고 가을에 갈색 골돌과(蓇葖果)가 익는다. 관상용으로 재배한다. 중국이 원산지이다. ＝백목련. 2. [식물] 목련과의 자목련, 백목련 따위를 통틀어 이르는 말. ＝목련. 3. [식물]→개나리.

3번 풀이에 나오는 '→' 표시는 비표준어라는 뜻이다. 그러니까 '신이' 혹은 '신이화'는 본래 개나리가 아니라 목련을 가리키는 말인데, 개나리를 가리키는 말로 잘못 쓰이고 있다는 얘기다. 한편 한의학에서는 신이화를 백목련의 꽃봉오리를 가리키는 말로 쓴다. 꽃봉오리의 맛이 맵다고 해서 '매울 신(辛)'이라는 한자를 썼다고 한다. 표준국어대사전에서는 신이화 대신 아래 낱말을 표제어로 올렸다.

신이포(辛夷苞) [한의] 목련 또는 백목련의 꽃봉오리. 진정·진통 작용이 있어 코염, 축농증, 두통, 두중감 따위에 사용한다.

이제 신이화가 개나리의 비표준어가 된 까닭을 살펴볼 차례다. 옛사람들이 신이화를 개나리를 지칭하는 말로 쓰기도 했다는 건 분명하다. 개나리와 목련이 똑같이 이른 봄에 피어서 둘을 구분 없이 신이화로 부르곤 했다는 것이다. 봄을 맞이하는 꽃이라는 뜻을 담아 목련을 '영춘화(迎春花)'라고도 하는데, 이 말이 개나리를 가리키기도 하는 것과 마찬가지라고 하겠다.

일제 강점기의 민족 지도자 월남 이상재 선생은 촌철살인의 말을 많이 남겼는데, 이런 일화가 전한다. 한번은 친일파들이 많이 모인 자리에 가게 되었는데, 좌중을 둘러본 선생이 "에이쿠, 신이화가 많이 폈군"이라고 말했다. 신이화가 개나리를 바꿔 부르는 말이고, '나리'는 '나으리'와 통하므로 개 같은 나으리들이 왜 이렇게 많이 모였냐는 식으로 비꼬아서 한 말이다. 이렇게 신이화가 개나리를 지칭하는 말로 쓰였다면, 개나리의 별칭으로 쓰인 적이 있다고 하는 게 정확한 설명 아닐까? 그냥 무작정 비표준어라고 하는 건 지나친 감이 있다.

목련을 가리키는 말로 '목필(木筆)'과 '북향화(北向花)'가 있다. '목필'은 꽃봉오리가 붓처럼 생겼다고 해서 붙은 이름이고, '북향화'는 꽃잎이 북쪽을 향하고 있다고 해서 붙은 이름이다. '목필'은 표준국어대사전과 고려대한국어대사전 양쪽에 다 실려 있는데, '북향화'는 〈우리말샘〉에만 실려 있다.

> **북향화**(北向花) [식물] 목련과의 낙엽 활엽 교목. 높이는 10미터 정도이며, 잎은 거꾸로 된 달걀 모양이고 넓다. 가지는 굵으며 털이 없고 많이 갈라진다. 이른 봄에 크고 향기 있는 흰 꽃이 잎보다 먼저 피고, 열매는 골돌과(蓇葖果)이다. 나뭇결이 치밀하여 가구재나 건축재로 쓰고, 꽃은 향수의 원료로 쓰며 꽃망울과 나무껍질은 약용한다. 한국의 제주, 일본 등지에 야생종이 있으며 각지에서 관상용으로 재배한다. (*Magnolia kobus*)

풀이에 꽃잎이 북쪽을 향하고 있어 붙인 이름이라는 내용이 없다. 저런 이름이 붙었으면 왜 그랬는지 궁금해하는 사람들이 있을 테고, 그런 의문점까지 풀어 주는 국어사전을 바란다면 지나친 욕심일까?

대부분의 꽃이 햇살이 잘 드는 남쪽을 향해 피는 데 반해 목련은 그와 반대라서 옛사람들은 북쪽에 있는 임금을 향하는 마음을 담았다고 해석하면서 목련을 충절의 꽃으로 여겼다고도 한다. 그건 말 만들어 내기 좋아하는 사람들의 얘기일 뿐이고, 과학적인 논리로는 어떻게 해석해야 할까? 목련 꽃이 워낙 큰 데다 남쪽과 북쪽의 일조량이 다르다 보니 햇살을 더 많이 받은 남쪽 방향의 꽃잎이 더 크게 자라고, 그로 인해 꽃봉오리가 남쪽에서 북쪽으로 휘어지게 됐다고 한다. 그럴듯한 해석이 아닐까 싶다.